ちくま学芸文庫

北一輝

渡辺京二

筑摩書房

目次

北一輝

序章　佐渡

佐渡はひしゃげた糸車のようなかたちをした島である。上錐を大佐渡、下錐を小佐渡という。新潟港から船に乗ってこの島に近づけば、まず眼に入るのはやわらかな小佐渡の山々である。船が東岸に沿ってよほど進むと、はじめて大佐渡のけわしい山容が前方に現れる。それはまるで、今過ぎつつある島のむこうに、さらに大きな島影が突如として出現したという趣きである。太宰治はその小説のなかで、こういう島の、いわばだまし絵的な構造について、落語まがいの冗談をのべた。むこうに見え始めた島が佐渡ならば、今左に過ぎつつあるこの島は何だろう。あるいは、この過ぎつつある島が佐渡ならば、かの前方の陸影は何だろう。「満州ではないか」と思ったと、太宰はひどいことを書いている。

両津《りょうつ》はこの大佐渡、小佐渡の接続するへこみの、いちばん奥まったところにある。後背部は糸車の軸にあたる国仲平野なので、船で近づいて行くと、この港町の町並みはずいぶん低く、まるで波に洗われそうに見える。ことに左手の湊《みなと》町の家並みがそうで、北国風の傾斜のきつい屋根をいただいた間口の狭い家々が、波打際に櫛の歯のように列を作っているのが、何かわびしく心細く眺められる。

両津は明治三十四年に夷町《えびすまち》と湊町、それに加茂歌代の一部が合併して出来た町である。すぐうしろに加茂湖をひかえたほそい帯状地で、加茂湖から海への流水口にかかる両津橋を境に、北の砂嘴が夷町、南の砂嘴が湊町になる。私が佐渡をたずねた昭和五十二年六月現在、夷町は小さいながら繁華な港町で、もはや明治の面影をとどめてはいないが、湊町のほうは、家々の表口こそアルミサッシュや新建材で補修されているものの、町並み自体は、明治のころとそれほど変っていないのではないかと思われるほど、ひっそりとひなびたたたずまいであった。

湊町を貫く町筋は二本しかない。加茂湖に近いほうの大通りを若宮通りというが、『両津町史』によれば、これは明治以後加茂湖を埋立てた新開地にできた通りで、明治三十二年にこの裏通りに遊廓が生れ、次第に今日の若宮通りが形をなしたのだという。つまりこれは、わが北一輝の生れた頃には、まだ影も形もなかった大通りなのである。海岸寄りの細い通りが、もともと湊町の唯一の道路であった本町通りで、北の生家はこの通りの中ほどの東側、つまり海岸側にある。二階建ての家で、当時の姿をわりによく伝えたものだそうだが、明治二十一年の湊町の地図を見れば、北慶太郎家は他家の二倍ないし三倍の間口となっており、現在の家は当時の間口よりかなり狭まっているのかも知れない。この通りの家はみんなそうであるが、通りに面した表口から裏の海岸までぶち通しの、短冊形の地所いっぱいに家が建てられている。

私はもともと佐渡行に何の期待ももってはいなかった。北一輝の生地と青少年期の環境については、すでに先行する調査・研究があって、北研究者ともいえない私ごときが、いまさら数日の短い旅行のあいだに、あれこれほじくり返すことはあるまいと信じていたからである。また、北の思想家としての生命はただ彼の残したテクストの普遍性にのみ存在すると信じる私には、北の思想をことさら生地の島的風土に結びつけねばやまぬ指向を、軽侮する思いがつねにあった。

だが、風土とは、そして風景とは、まことに妙なものである。湊の町並みと北の生家をこの眼で見て、私にはたちまちわかったことがあった。北は海辺の岩にしがみついている牡蠣殻のような漁師町の人間だったのだ。漁師町といっても、後に平地や台地をひかえた半農半漁の町ではない。私は湊という町について、本を読んでおよそまちがった印象を受けていた。こんなに細い帯状地とは思わなかったし、またこんな整然としたコンパクトな町並みだとも想像していなかった。広い通りの左右に、畑地などを交えながらのどかに拡がっている町筋を想像していた。ところがこれは、帯のような細い砂嘴の上に、目いっぱいにひしめきあって建てられたまじりっ気のない町なのだ。農村地帯とは加茂湖によって截然とへだてられているし、敷地は畑地などの農村的要素がまぎれこむのを許さぬほど、極端に狭いのである。町を貫く通りも狭く、左右に二階家が櫛比しているために、歩いていてすぐ周囲が海や湖であることを意識させず、ちょうど大きな都会の下町を歩いている感じがある。明治二十一年製の地図を見ると、当時すでに、湊はこのような、小さいながら完全に町らしい町であったことがわかる。

しかもこれは、土地によってはみずからを養うことのできぬ町である。この町は海によって生きている。湊は明治初期は漁師が住民の多数を占めていたというが、幕藩期に栄えた回船問屋も、まだそのころはいくばくか過去の栄光のなごりを存していたはずである。北はこういう、土地に依存することが出来ず、海へ向って生きる意志を排《は》けねばならぬ町に育った。とほうもない連想とは思うが、アテネやフェニキアなぞはそういう町であり、それゆえに海外に雄飛して植民都市を建設せねばならなかったのではなかろうか。

私はまさか、湊をアテネにたとえようというのではない。湊町の住民に植民志向の気風があったなどと、露思うものではない。ただ私は、ほとんど屋敷内に庭らしい庭も作れないような狭小な、あえていえば人工の出島のような町に育った北輝次には、土地に対する特殊な感受性があっただろうと想像するのみである。日本人には由来、土地に対するいわば人為的な感覚がとぼしい。むろん狭い国土であるから、猫の額のような小所有地に対する執着は強烈なものがあっただろうが、にもかかわらず土地は自然に存在するものだという感覚は普遍的である。土地に対する人為的な感覚は都会の産物であるのに、その都会が日本の場合、伝統的に田園的要素を内包した半都市であり、人工的な都市における土地に対する特殊な感覚、すなわち土地は制限されており人為的に産出せねばならぬという感覚は、ついに根づかなかったのである。北にはこの点でふつうの日本人と異る感覚、すなわち土地とは人為的に創出せねばならぬという感覚があったのではなかろうか。

周知のように後年彼は、大邸宅に住むのを好んだが、これも彼の土地に対する特殊な欠如感のせいと推定できないことはあるまい。私はさらに、彼の東部シベリア、オーストラリアに対する露骨な領土的欲望にも、土地を欠如する都市国家住民の植民志向とほぼ同質なものを、かぎとることができるようにさえ感じる。彼には日本という列島国家さえ、この湊町のようなものに見えていたのではなかろうか。日本という島国には、その奥に分け入れば、意外な大高原もあれば幽邃な森林もある。だが彼の眼には、そういう島国のかくされたゆたかさは映じないで、帯状の砂嘴の上に建った湊に育った人間にふさわしい、熱病のような国土への欠如感に一生つきまとわれていたのではなかろうか。

しかし、湊町という風土に誘われた想像は、もうここらあたりで十分である。こういう連想ないし妄想は、手ばなしに昂進させればろくなことにはならぬからである。私は湊という町が、こんな妄想的な連想を誘い出すほど、狭小な、そして変にまじりっけのない町だったことをいいたかっただけである。

だが私は、北輝次が小さいながら町らしい町の生れだったことだけは、ここではっきり確認しておきたい。一言でいって、彼は農村を知らぬ人、というよりそれに関心の向わぬ人だった。つまりその意味では彼は、日本についてじつに無知なところのある人だった。私はその理由が、湊という町を見ることによって、はっきり解けるような気がした。つまり彼は、小さいながらおよそ農村的なものときれいに切れている港町に育って、知的にものごころがついたときには、意識はつねに本土の文化の中心に向い、一度も後背の地の農村に眼が向かなかった人なのである。精神的に成人すると彼は、東京へ出ること以外、自分の一生の前途を思い描くことが出来なかった。私はどうしても、彼が佐渡から東京へ行ったような気がしない。私の感じでは、たしかに彼は、この湊町という出島のような特殊な港町から、佐渡という空間はとばして、ただちに東京へとび立ったのである。

佐渡についてはもうひとつ、自分なりにうなずいたことがある。佐渡は北海に泛ぶ荒涼たる孤島なのではない。佐渡は荒海という歌の文句、順徳・日蓮の配流の地という史的記憶などから、佐渡について絶海の孤島的イメージを抱くと、まちがう。これは、その中にいればそこが島であることを、ほとんど忘れるような大島である。しかもその風物はきわめて柔らかい。このゆたかさ、柔らかさは、大げさにいえば全島を覆うように感じられる松林から来る印象なのかも知れないが、そればかりでなく、さまざまな歴史的遺跡や神社仏閣などもふくめた文化的蓄積にもかかわる印象のように思える。島人の言葉にも辺境の粗野さはなく、関西風な柔らかい響きが感じられる。もちろんこの島は、冬は海が荒れる。そのときの荒涼たる海の眺めは、よそものの私などの想像の及ばぬものがあるのかも知れないが、にもかかわらずやはりこの島の全体的な印象は、北海の孤島というにはあまりにも柔らかくゆたかなのである。

ある種の英雄が辺境に生れるという説を、何かの本で私は読んだことがある。アレクサンドロスとマケドニア、ナポレオンとコルシカ、スターリンとグルジア、北一輝と佐渡。もちろんこれは、出典など求めるほうが野暮といったていの、さして珍しくもない俗説で、頽唐の極に達した帝国文明を打倒して新しい血をもたらすのが、いわゆる塞外の蕃族であるという世界史上の通則を、英雄論に応用した思いつきにすぎまい。だが私がここで問題にしようとしているのはそういう英雄論の当否ではなく、佐渡を辺境とみなすとらえかたである。むろん佐渡は地理的に一個の辺境であろう。だが、私の見た佐渡は辺境と呼ぶには、あまりに柔らかくデリケートであった。そこには一種のみやびさえ感じられた。朔北の地をわたる蕭条たる風の音が聞かれないのは当然であるが、沖を過ぎる船を空しく呼んで色あせてゆく岩肌も、私はそこに見出すことはできなかった。順徳の遺跡で聞いた松籟は、わびしいというよりむしろみやびやかであった。相川に一泊した夜、土地の歌い手たちの民謡を聞いたが、「どっと笑うて立つ波風の」という印象的な一句で始まる相川音頭は、何と義経の屋島における弓流しの故事を歌っているのであった。私は思わず、わが九州の離島天草のことを思った。佐渡は天草にくらべて、何と都であることか。

天草が辺境だというのは、それが古来、人や物貨や文化の表通り、つまりそれらが往来する大動脈から遠く離れているということである。ところが佐渡は、はやく古代において、みちのくの貢租を京にもたらす幹線航路の経由するところであったばかりでなく、幕藩時代には、いわゆる西廻り回船の寄港地として海上交通の要衝だったのである。近世後期の佐渡は、わずか幅三十キロの海峡をへだてる越後よりも、むしろ瀬戸内との関係が深い。私はこの事実を田中圭一編の『佐渡海運史』で知って、瞠目した。同書によると、佐渡の小木港に塩飽諸島を基地とする讃岐船がひんぱんに寄港したのは、寛政より化政期にかけてであって、佐渡の金毘羅信仰はこの讃岐船によって将来されたものという。佐渡と讃岐間には人や財貨の流れがあったばかりではない。同書の示唆するところでは、佐渡弁の関西風な抑揚は瀬戸内からの影響であるらしい。つまりここには現代人には見えなくなった海上の道というものがあって、「瀬戸内と佐渡は意外にちかい」(同書)のである。

海上の幹線道路に位置する佐渡は、他国びとの寄りつどうところでもあった。順徳上皇、僧日蓮、歌人京極為兼などふるい流されびとのことは措くとして、近世の佐渡の港には、毎年立ち寄る諸国の船があり、あるいは風待ちして冬を越すこともあった。彼らは土地の女を仮りの妻とし、子をなし、さらにはその地で死んで寺の過去帳に名を残した。つまり、これはにぎやかな島であった。こういう島がたんなるわびしい辺境であるはずはない。しかもこの島は、うちにひろい平野も奥深い山険も、さらには湖さえも抱いた大島であり、かえってその自然は複雑な陰影にみちている。島人の気質が古拙樸直な味わいから遠く、かえって複雑かつデリケートなものを感じさせたとしても、それは不自然ではない。

私はこういう佐渡のデリケートな柔らかさ、いわばその都ぶりを、いかにも北一輝の生地にふさわしいものに感じた。というより、かねて北のなかに感じていた柔らかでデリケートな感性の根拠を、風土が裏づけてくれたというふうに思った。私は何も、人間の感性に対する風土の規定力が一義的だなどと信じてはいない。ただ、つねづね感じとっていた北の感性の特質を、生地の風土が裏切らなかったことに、新鮮なおどろきを覚えただけである。

周知のように二・二六事件軍事法廷の判士吉田悳少将は、その手記のなかに第一回公判における北の印象について、次のような記録をとどめた。「北の風貌全く想像に反す。柔和にして品よく白皙。流石に一方の大将たるの風格あり」。北がたんに「柔和にして品よく白皙」といった人間でないこと、一面においては怪力乱神を語ることを辞せぬ魔人にほかならぬことは、その生涯と著作に徴して明らかである。「観世音首を回らせば即ち夜叉王」という『支那革命外史』の一句は、北その人の人格の素描とさえ読める。にもかかわらずこの吉田判士の評語は、深く北の本質を云い当てている。「柔和にして品よく白皙」、私は佐渡の風土にまったくこれとおなじ印象をもった。

私は佐渡をそして両津という町を、最大限に北にひきつけてみせた。私はただ、自分が佐渡で発見したと信じたものを正直に語ったにすぎないが、これが行きずりの旅人のいいかげんな思いこみかも知れぬことを、疑ぐっていないわけではない。だから私はこの章の最後に、私が佐渡で見たもっとも確実なものについて書いておく。

両津の港に着いて最初に見たものは、若宮通りの八幡若宮神社境内に立つ北一輝・昤吉の記念碑であった。若宮社は松林に囲まれた、加茂湖畔のかわいらしいお宮で、記念碑は鳥居のすぐ右側にある。昭和四十四年十月に建てられたもので、表に一輝と昤吉のレリーフがはめこまれ、裏には安岡正篤による碑文が刻まれている。碑文の内容についても、お世辞にも似ているといえないレリーフについても、私は刺すような悲哀を感じた。だが、それはいうまい。この碑は国が建てたものでも、両津市が建てたものでもない。彰徳碑保存会と称するささやかな地元の有志たちが発意し、苦労して金を集めて建てたものである。そしてこれは、そのような善意にふさわしく、厭味なところのない、あえていえばつましい記念碑なのである。しかし、秘かな北の敬慕者のひとりである私には、一輝が昤吉とならんで記念され顕彰されている事実がたえがたかった。両津、あるいは佐渡との一輝の関係は、結局こういうものでしかありえないのだ。むろん、故郷とそむきあうのはあらゆる思想家の運命であるだろう。だが、一輝が昤吉と名をならべてのみ建碑の対象となりえたということほど、佐渡と一輝の関係を露骨に示す事実はないように思えた。

周知のように昤吉は一輝のすぐ下の弟であり、早大教授を経て衆議院議員となり、戦後は自民党の長老的存在として、外交調査会長などをつとめた。佐渡人にとって、一輝などよりはるかにまっとうな成功者であることはいうまでもない。しかし昤吉は兄の思想上の同志でなかったことはもちろん、その思想の理解者ですらなかった。彼は若き日に兄の危険な本質を直覚して、それから遠ざかろうと努めることで賢明に自分の一生を確保した人である。西田税の妻初子によれば、一輝は昤吉のことを俗物と呼んでいた。「わしの弟で昤吉というばかがおる」というのは一輝の口癖であったという。むろんこれは一種の親愛を示す表現だとしても、兄から遠ざかっておのれを保とうとするこの弟のことを、彼がつねに揶揄するような思いで見ていたことはこの一語からも読みとれる。むろんこの二人は、蘇峰・蘆花兄弟のように骨肉あい喰む関係ではなかった。しかし昤吉が、大正十四年から一輝が二・二六事件によって捕われる昭和十一年にいたる十二年間、一度も兄の家の敷居をまたがなかったのは、一個の厳然たる事実である。兄の刑死の前後から、彼はにわかに骨肉の情につき動かされ始めたとみえ、兄の救助に努めもし、また兄を雪冤するていの文章を書きもした。しかしこの弟が兄をなつかしみいとおしむ気持になれたのは、その兄がもはや世になければこそであったのである。

私が佐渡で見たもうひとつの確かなものは、北一輝の墓である。いや、厳密にいうとそれは一輝の墓ではなく、明治十七年に死んだ祖父六太郎の墓である。北の遺骨の所在については、北研究家などというには遠い素人の私には、いまだに解けぬ謎がある。松本健一の『若き北一輝』によれば「(湊町の北家の菩提寺勝広寺で)昭和十六年ごろ、北一輝と西田税の遺骨を墓に納めるための法会が行なわれた。北の遺骨は分骨されて佐渡へ戻ったのである。（中略）北の骨は勝広寺の椎崎墓地に埋葬された。（中略）北一輝の遺骨をもち帰った遺族たちは、北一輝の名を刻んだ墓碑を建てたがったけれども、憲兵は国賊の墓標を立てることを許さず、北の遺骨は代々の墓の片隅に、西田のを伴って埋葬された」のだという。佐渡に帰ったのが分骨ならば、分骨したもとの遺骨はいまどこに存在するのだろう。研究家には周知のことでも、私にはそうではない。

田中惣五郎は昭和二十四年頃、小石川区指ヵ谷町の集蚊閣に北未亡人スズを訪うたそうだが、二階の夫人の部屋には「北の写真を中心に、二・二六事件の死刑囚の人々その他の写真が整然と壇上にならべられ、その前にはくだものなどが累々と飾られ、香煙がたなびいてい」たという。分骨後の北の遺骨はそこにあったものであろう。北の著作集第三巻の巻頭には北と西田の位牌を安置した仏壇の写真が収められており、位牌の背後にはたしかに遺骨のごときものが認められるけれども、これがいつ頃の状態を示した写真か、またこの仏壇が今日どこに所在するのか、説明は一切付されていない。

しかし、北の遺骨の一部が椎崎墓地の北六太郎の墓に収められているのは、たしかな事実である。一輝の父慶太郎が死んだとき、北家にはもはやそのために墓標を建てる財力はなかったらしい。北の骨はおそらく父の骨とともに、祖父のために建てられた墓石の一隅に眠っているのであろう。つまり北一輝のために立てられた墓なるものはこの世に存在しない。この事実に行き当ったとき、私ははじめて佐渡に来た甲斐のようなものを感じた。柔媚な湖面を光らせている加茂湖を見はるかし、鬱然たる松林に囲まれたこの高台の一隅には、たしかに北の骨の一部が埋められている。だが、そこにあるのは彼の墓ではない。彼の骨は祖父の墓の一隅に寄寓しているにすぎぬのである。私は、彼の骨がおのれの名を刻んだ墓碑をもたぬことがうれしかった。北一輝はついに墓すらも立たなかった男なのだ。それが彼の生涯の意味であり、彼と佐渡との関係でもあったのだ。この事実をわが目でたしかめた以上、私はその足でこの島から立ち去ってもよかったのである。

第一章　早熟の魔

1

　北一輝には、自分の故郷ないし幼・少年時代を回想するような文章がひとつもない。これはある意味では当然なことで、彼は理論的な著作、経世の志をこめた政治的な論索ないし提言以外の、私的な文章をまったく書き残さなかった人なのである。これがたとえば宮崎滔天のような、死後に残された文章の大半が自伝的要素をふくんだ回想ないし身辺雑録という人物とちがうところで、北の伝記を録するうえでの困難は、もっぱらこの点にあるといっても過言ではない。

　しかし、その北に珍しく自分の生い立ちを語った言葉がある。それは文章ではなく、憲兵隊調書のなかの陳述である。つまり二・二六事件によって収監された北は、昭和十一年四月十七日、東京憲兵隊本部で、憲兵少佐福本亀治に次のように語り聞かせたのである。

「私は佐渡に生れまして、少年の当時、何回となく順徳帝の御陵や日野資朝の墓や熊若丸の事蹟などを見せられて参りまして、承久の時の悲劇が非常に深く少年の頭に刻み込まれました。帝の痛ましさと云ふ様な事、乱臣賊子の憎むべき事と云ふ様な事は単純な頭に刻み込まれて来ました。其当時の佐渡でありますから、ほんの絶海の孤島で私は漁夫の子供等と一緒に育つて来まして、何等外界の刺戟もなく、真実の自然児として生活して居りました」。

承久の悲劇云々、乱臣賊子云々の陳述については、われわれは判断をいましばらく留保していい。なぜならそれは、漁師の子とともに戯れて日々を過した自然児の問題ではなく、おなじ少年期といってももう少しあとの問題に属するだろうからである。私はまず、北が、少年のころ自分は漁師の子と遊んで暮す自然児だったといっているのに耳をとめる。

この述懐は、北の育った家庭について多少知るところあるものには、おそらく奇妙に聞えずにはいないはずである。彼は明治十六年四月三日、湊町の酒造家北慶太郎の長男として生れた。幼名は輝次、二十歳のとき輝次郎と改名した。一輝はむろん後年になって使用した号である。従来の伝記研究の明らかにするところでは、この慶太郎は湊町でも屈指の分限者であり、初代両津町長をつとめるほどの有力者でもあった。つまり一輝は町の名望家の坊ちゃんとして、ふつうの洟垂れ小僧とは区別された育ちかたをしたものと、一般には想像されて来た気味がある。

北家が湊町で有力者としてのしあがったのは、田中惣五郎によれば、一輝の曾祖父六郎次の代であるという。この人は文化三年の生れであるから、「魚類の加工に成功し、やがて酒造業をはじめ、肥料問屋にまで発展し、一代にして湊町の一二をあらそう分限となった」というのは、天保年間のことと考えて大過あるまい。一輝の父慶太郎の生年は安政元年であるが、その頃には北家の財産は「四棟の庫と千両箱が八つ、山林二ヵ所、田地二町余、それにおびただしい什器、骨董類」を数えたという。このうち千両箱八つというのは、私などには容易ならぬことのように思えるが、田中は、裏づけになる文書記録類をもち出していないところを見ると、おそらく当時存命していた北昤吉の談話にもとづいて、これらの数字を録したのであろう。

ところがここに、動かしえぬ資料がひとつある。明治二十年度の佐渡の租税下調書で、それによると、この年の北慶太郎の所得は三九四円であったことがわかる。これがどの程度の所得か判断するために、明治二十七年の湊町小学校教師の年俸を見ると一〇八円で、北家の所得はまず相当のもののようである。同二十七年の湊町の所得税納入者は四名、北慶太郎はそのひとりだったと考えてよい。ところが、佐渡の他の町村の場合を見ると、湊町の分限者北家が、佐渡全体ではどの程度の分限者かはっきりする。所得税納入者は、当時佐渡第一の都である相川町には八十名、湊の兄弟町といっていい夷町にすら八名存在するのである。つまり明治十六年、一輝の生れた年において一九〇〇人の人口をもっていた湊町は、その経済的実態において、北隣りの夷町に繁栄を奪われた貧寒たる漁師町だったのである。

明治二十年度の租税下調書に出ている人物は一七六名というが、北慶太郎の所得がその何位に位いするのかは分明ではない。田中圭一『北一輝と佐渡』（「新潟史学」六号）には、そのうち政治的に活動した二十五名が抄出してあるだけだからである。しかしその表のなかでは慶太郎の所得は最下位から三番目である。相川町秋田藤十郎の四七四三円に及びもつかぬのは当然としても、夷町土屋六右衛門の六三〇円、おなじく鈴木立庵の四三九円、湊町のすぐ南続きである原黒村鵜飼郁次郎の五八六円にくらべても、慶太郎の所得は下にある。

湊は、昤吉の形容によれば「海と湖に挟まれた浮州の如き」狭小な土地である。北家はその貧しい町内ではなるほど富裕さの目立つ家であったろうが、その実態は年所得四百円程度のささやかな造り酒屋にすぎなかった。

だとすれば北が後年、わが幼少時代をかえりみて、自分は漁師の子たちと遊び暮した自然児だったと語ったのは、いささかも不自然な言葉ではないことになる。彼は明治三十六年、満二十歳のときに（本書中の人物の年齢はことわらぬかぎりすべて満年齢による）、『佐渡新聞』の論客として『佐渡毎日新聞』と論争するが、そのさい相手がたから「酒屋のアンチャン」と罵られた。アンチャンというのは日常用語としては総領息子というほどの意味なのだろうが、むろん軽んじたひびきを伴なう。私はこの呼称を、はなはだ当時の一輝の実像に近いものに感じる。

一輝にはすでに青年になりかけの頃から、ある貴族的な雰囲気があった。伝わっている十八歳のときの写真も、はなはだ気品にみちた顔立ちである。この品のよさは、おなじ写真に写っている二人の兄弟にも感じられる。つまり十八歳の北の風貌は、たんなる漁師町の「酒屋のアンチャン」にしては、いちじるしく貴公子ふうなのである。私はこの貴公子ふうな風貌の出どころに、ほとんどいぶかしい感じをもつ。というのは、父慶太郎は明治二十二年六月に湊町長となり、明治三十四年には夷町と合併して出来た両津町の初代町長となるといったふうに、たしかに顔役的な人望を負う人物ではあったが、いっぽう、「そのくせ役人がこわく、小役人にも頭があがらな」い人だったそうである（田中惣五郎『北一輝』）。慶太郎は明治十年代から、自由党系の政治運動に奔走したといわれるが、その事跡からすると、町内のまとめ役としてはともかく、もっと広い舞台で発揮するような政治的手腕のもちあわせはなかったと見るべきだろう。

ただ、残された写真を見ると、やや貧相ではあるが眼の涼やかな人で、ちょっと村の漢学先生といったおもむきがある。町の顔役というイメージとも、造り酒屋の親方という感じともちがっていて、写真にただようなにか淋しげな気品は、この人が生来、商売にも政治にもふむきな人間だったことを物語っているように思われる。息子はたしかに父親の人品のよさをうけているのである。だが少年時代の一輝には、父の役人に対する卑屈さは許しがたいものに映ったであろう。父の家系に流れる卑俗性に対する嫌悪感は、彼が長ずるにしたがって自覚的なものになって行ったものと想像される。

私はここでついでに、母方の家系についても触れておこう。母リクの出は新穂村の本間家で、これは彼女の父の代から「急に産をふやした地主兼質屋」（田中前掲書）である。近くに日蓮ゆかりの大伽藍塚原根本寺があり、そういう環境のせいか、日蓮や順徳の事跡についてくわしかったといわれる。リクの弟が本間一松で、これは「当時島随一の理論家といわれ」（松本健一『若き北一輝』）、新潟県会議員にもなった男である。写真で見れば、目鼻立ちのはっきりした美男で、村夫子然としたところがまったく感じられない。またリクのいとこには、本間一松とならぶ佐渡政友会の闘将高橋元吉がいる。少年の頃、北が父よりもむしろ、本間や高橋にあこがれに似た気持をもっていたと推定できるいくつかの証拠もあるようである。

2

北が少年時代に受けた教育は、当時の地方名望家層の子弟として、ごくふつうのものだった。尋常小学五年、高等小学四年の課程を経て、明治三十年、十四歳で佐渡中学校へ進んだが、かたわら高等小学一年、すなわち十歳のときに、夷町の漢学者若林玄益の塾に入り、漢籍を学んだ。若林は明治二十八年に死んだから、北の塾がよいはほぼ二年間だったと推定される。

佐渡中学校は創立されたばかりで、この年の六月、一、二年生を仮入学させた。北は一年生として入学したが、翌年十月に選抜試験を受けて三年に進級した。つまり彼はこのとき、佐渡中学の一期生となった。一年生のときの成績はなかなかよかった。七十名中四番、とくに苦手というものはなく、各科ともバランスのとれた成績であった。

だが、三年の年度末考査は十三名中の十三番という転落ぶりを示した。平均点は七〇・九、これでビリというのもきつい話だが、一挙に平均が十点余もさがってはショックだったかも知れない。だが、この成績低下には、とび級の無理のほかに、眼病のせいも加わっているように思われる。

北は八歳のころ眼病をわずらって、一年ばかり学校を休んだことがあったが、このたびは新潟の病院で治療を受け、いったん軽快したがまた悪化して、帝大付属病院で手術を受けた。病名はプレテギュームである。新潟の阿部病院に入ったのは、北自身が十七歳の春、ひと月のあいだだったと書いており、年譜類はこのとおり記載したものが多い。ところが昤吉の回想では、彼が佐渡中学へ入学した明治三十二年四月には、一輝は東京の大学病院に入院中だったのである。だとすれば、阿部病院にいたのは、その前の三年三学期のことでなければならぬ。北のいう春とは新春、すなわち明治三十二年一月のことであろう。三年にとんでまなしに、ひと月も長期欠席すれば、成績も下ろうというものである。一度くらいは定期考査も受けていないのかも知れない。

昤吉は兄が学校に復したのは、二学期になってからだといっている。だとすると北は、明治三十二年の春から夏にかけて、かなり長期間東京に滞在したことになる。この東京滞在が、彼の生涯を訪れた最初の転機だったことは明白といってよい。昤吉は「東京から帰つて復校した兄は、思想は余りに早熟して、既に中学生ではなかつた」と回顧している。昤吉が佐渡中に入って兄と寄宿舎が同室になったとき、紅葉全集、露伴全集、民友社の国民叢書などがその蔵書にふくまれていたというのでわかるとおり、北はもともときわめて早熟な読書家であった。そのおませさんが、新知識渦巻く東京へ出たのである。帰郷したとき、「十六、七の年齢の者としては、類のない程の思想の持主となつてゐた」(北昤吉)のは、いわば当然の結果であった。

一輝が自分を中学生という存在から離脱させるに至ったのは、この東京経験によるものと断定してさしつかえない。東都の学芸言論の世界を知って来た少年の眼には、中学の空気は何もかも子どもじみたものに見えたはずである。大人になって帰ったつもりが、ふたたび子どもの生活に舞いもどらねばならぬ。不本意のいたりというべきで、駈足の野外行軍にかり出され、落伍すれば教師から尻を叩かれるのも癪の種である。八田三喜校長の話によれば、一輝はかならず落伍者のなかに入って、彼から尻を叩かれたそうだ。

一輝はこの中学四年生の一年間、自分をいわば流謫されたものといったふうに感じて過したかも知れない。八田校長は一輝を「なかなかの反抗児」と受けとったが、彼が赴任してすぐ一輝は病院へ去ったのであってみれば、これはもっぱら一輝の四年生時代にかかわる印象に相違ない。同級生の市橋輝蔵の「勉強の仕ぶりは己の好む方面に熱中し、然らざる方向を疎かにする傾向があつた」というのも、この四年生のときのことを回想したものであろう。学校での授業が幼稚なものに見えたのは当然であって、昤吉はこの頃の一輝について、「学校のことは少しも勉強せず、暇さえあれば、古今の名文を写し取ったり、学校の弁論部や雑誌部で旺んに活動してゐた」と述べている。

昤吉によれば、当時の彼の「思想は藩閥打破の民権思想と詩人的情操から出る『尊王心』との不思議な結合であった」。このうち民権思想については、彼の家庭的環境からすれば当然のことで、父慶太郎、叔父本間一松をはじめ彼の親戚縁者に、明治十年代以来の自由民権運動の関係者が多数ふくまれていることは、松本健一の研究によってすでにあきらかにされているとおりである。八田三喜も「北一輝君はその自由民権論者の雄なる論客であつた」と、昤吉の言葉を裏づけている。また感傷的な尊皇心という点についても、母が順徳の事蹟をつねに口にする人だったことからして、さもありぬべきであり、前引の憲兵隊調書もこれを裏づけている。

この結合はしかし、不思議な結合でも何でもない。それは明治初年以来、この国の思想的現象のうえにしばしば現れた結びつきで、たとえば北国佐渡と数百里をへだてる九州の村里にも容易に見出すことの可能なしろものにすぎなかった。われわれは増田宋太郎や宮崎八郎の事例にそのようなケースを見ることができるし、さらには杉山茂丸の『百魔』を読めば、彼のような玄洋社員にも、天皇は古代においては、垣の外を通る女に妻問いをするような、そんな粗末なふつうの家に住み、人民とへだてのない生活をする存在だったのだ、という「不思議」な平民的天皇像が抱かれていたことが知られる。この茂丸の考えかたは息子の夢野久作に伝わり、久作はある日、太宰府観世音寺の百姓姿の大黒天を指さし、息子の龍丸に「これが昔の天皇の姿だ。日本の天皇は本来百姓だったのだ」と語ったのだった。

吟吉はそのような「不思議な結合」のよって来るところを説き明かすべく、佐渡の特異な思想的風土を論じ立てているが、少年の一輝の頭に宿った民権と尊皇の結合は、何も佐渡の歴史的風土の特産ではない。それは『日本外史』風の南朝の悲運に涙する尊皇心が、〝天皇親政〟の御一新がもたらす四民平等の新時代への幻想的期待と結合するとき、必然的に産み落した観念連合というべきであって、「不思議」どころか、明治社会のなかに当然しかるべき根拠をもって存在した思想的底流だったのである。

北のそのような尊皇心は、彼の中学時代の作文『彦成王ノ墓ヲ訪フ記』によってたしかめることが出来る。吟吉もこの一文のことは記憶していて、『兄北一輝を語る』のなかでふれている。「嗚呼暴なる哉北条氏、嗚呼逆なる哉北条氏、北条以前に北条なく、北条以後に北条なし」という一節があったと書いているのだが、この記憶はおどろくほど正確で、原文が片仮名表記であるのと、句読点がない点をのぞけば、一字一句誤りはない。『佐渡中学校同窓会誌』第一号にのったこの文章は、今日現物を見ることが出来るが、まずわれわれが驚くのは、後年の文体の原型がすでに確立していることである。肉を鋭くそぎとったような簡潔さ、尻上りに情熱が昂揚して行って、読者を巻きこんでしまう狂的なリズム、これはまぎれもない後年の文体の萌芽、とくに『支那革命外史』のリズムの原型である。

「順徳帝陪臣ノ逆ニヨリ遷サレテ佐渡ニアリ。行宮雨雪ヲ防グ能ハズ、御衣凍寒ヲ免レズ。朝ノ饌アリテ夕ノ食ナク、今日ノ費アリテ翌日ノ資ナシ。龍顔ヤツレ玉体ヤセ、侍婢佮セズ、丁仕足ラズ。只悲風ノ窓戸ヲ叩クノミ」（原文句読点なし）。

もちろんこれは、漢文書き下し文体の一般的リズムを出ないものと見ることも可能であろう。それならばこれはどうか。「凹凸生敢テ漫言ス。公等万巻ノ冑ヲ干トシ来ラバ、乃公一言ノ戈ヲ執テ之レヲ挫カン。乃公ガ三寸ノ舌ハ十万ノ帯甲ニ勝リ、乃公ガ一片ノ丹心ハ百万ノ艨艟ニ優ル。公等乃公ノ舌下ニ斃レ腐腸儒者ノ名ヲ蒙ラントスレバ乃チ来レ」。これは北条氏弁護論者に対していわれた言葉であるが、このポレミカルな激越さと昂進する自信は、『国体論及び純正社会主義』はむろんのこと、彼の一生の著作を貫通する特色ではなかったろうか。

文体のみごとさにくらべて、この一文の思想的内容は少年らしくいかにも単純である。彼は高山彦九郎が尊氏の墓を鞭うった例を述べ、もし自分が義時の墓にめぐり会ったら、そのようにこれを鞭うちたいと書いている。これがこの一文のさわりで、要するに逆賊に対する切歯の情を叙べるのが文全体の眼目なのである。

しかし問題はこの文章が書かれた時日である。昤吉の叙述では、いかにも一輝が復学したのちのもののように受けとれるが、じつはこれは二年生になりたての頃に書かれた文章なのである。つまり佐渡中学は明治三十一年五月十六日から六泊七日の島内旅行を行なったのだが、一輝は「天稟多病故ヲ以テ此ノ行ノ一人タルコト能ハ」なかった。六月六日教室で『彦成王ノ墓ヲ訪フ記』の題で作文を課され、もとより訪問記は書きようがないが、「徒ラニ筆ヲ口ニシ茫然タランヨリハト」この一文を草したとは、彼が自ら文尾に記すところである。

二年生になりたての時に書かれたこの一文を、昤吉が四年生の頃の作のように受けとれる書きかたをしているところから、私は、一輝がこういう熱烈な尊皇心のとりこであった時期について、若干疑う気持がないでもない。東京から帰ったあとには、一輝は少なくともこういう無邪気な逆賊筆誅、尊皇慷慨の意識から抜けていたのではなかろうか。しかしそれはそれとして、少なくとも中学生のある時期まで、彼は尊皇と民権に心情的な等号をおく意識のもちぬしであった。むろん彼はこのあと数年を出ないうちに、この等号を破却してしまうが、少年の日にこういう心情的な観念連合に浸ったことは、後年、彼が天皇制社会の構造を読みとくうえで大いに役立ったはずである。

周知のように北は、翌年、五年生にあがるときに落第をした。教室での課業からすでに心は遠ざかっていたのだから、これもやむをえぬ仕儀で、平均点五〇点台というこんどこそほんとうに惨憺たる成績であった。昤吉は化学と体操の点が足りなかったといっているが、そんなことはない。倫理と漢文以外はみな校則の規定する落第点であった。落第のあと彼がどのくらい学校へ通ったか、あきらかにする資料は存在しない。退学届を正式に提出したのは明治三十三年十一月十九日である。この年、北の眼病はふたたび悪化して新潟の病院へ入院したが、そのことが退学と関連があるとしても、私の思うにはそれがあくまでも二次的な理由で、退学の意志は落第とともに兆し、眼病とは無関係に決定的になって行ったのではなかったか。むろん父に対しては、この眼病再発ということが退学のいいわけとなったであろう。昤吉は回想記のなかで、そっけなく「落第したので、退学した」とだけ書いている。

私は、この北の成績低下、落第、退学という一連の過程について、世に横行している見解に、ここでぜひとも一言しておきたい。それは、これら一連の蹉跌によって、それまで成り立っていた学校秀才としての自我空間を支える支柱が崩壊し、その代償として北は、文芸・政治思想などを材料とする唯我的な夢想的空間を構築する方向へ向ったのだ、とする見解である（たとえば竹山護夫『北一輝と生存空間の転換』）。

私はこういうラスウェルばりのパースナリティ分析自体について、いまどうこういう気はない。ただ私は、人はおのれの甲羅に似せて穴を掘るという言葉を、ほとんどユーモラスなものとしてここで思いうかべるだけである。まさにこれは、学校秀才がそのまま学者となりもの書きとなった人種に、ふさわしい見解ではなかろうか。世のなかには、卵が先か牝鶏が先かということがある。北は、落第し退学したから学校秀才の途を軽蔑してみせたのだろうか。それとも、学校秀才たることにもともと甘んじえない衝迫があったから、落第、退学の途をたどったのだろうか。学業成績低下が自我の存在空間を崩壊させるような衝撃であるとは、それは学校秀才諸君の価値観である。北にはその価値観をわけもたねばならぬ義理はない。なるほど一年次の彼の学業成績は優秀であった。しかし、彼がその成績を汲々として達成し、それを維持することに自我の誇りを見出していたというのは、まだ誰によっても、いかなる資料によっても証明されていない事実である。

前年東京から帰ったあと、彼の心はすでに中学を離れていた。現存する資料はそのことしか語っていやしない。彼は、成績低下や落第によって自我の誇りを失ったから、学校を去ったのではない。中学生たることに収まるべくもない知的自我の過早成長があったから、成績が下り落第したのである。成績低下はいわば覚悟のまえであった。それでも復学後おとなしく四年生の末まで学校へかよったところをみれば、成績なんぞは意に介さず、とにかく我慢して卒業の資格だけはとるつもりだったように思われる。落第したとなれば、彼の選択は退学しかなかった。彼にとって中学は、落第という屈辱を忍んでまでかよいとおさねばならぬところではなかったし、卒業が一年のびるというのもうっとうしいきわみだったにちがいない。

私のこういう理解を、北に対するひいきのひきだおしなどと思ってもらってははなはだ迷惑する。世の北研究家たちは、この頃の北の強大な自我と知力について正確な認識をもっていないようである。落第や退学が自我の崩壊をひきおこしたなどと考えるのは、その認識を欠くからである。これはわずか五年のちに、あの天才的な著作『国体論及び純正社会主義』を書くことになる少年である。いや、三年のちには『佐渡新聞』紙上で、おそろしいほどの知的成熟を見せる少年である。いや、すでにこの二年前にわずか十五歳で天下の腐儒わが前に来たれ、一言をもって撃破してみせんと呼号した少年である。これはたんに早熟な気負いというにとどまらぬ。そのように気負わしめる異常な知的早熟がその底にあったことは、その後の彼の思想的展開からあきらかではないか。昤吉がちゃんといっている、兄はその歳ではくらべるもののいないような思想のもちぬしになっていた、と。この証言を疑わねばならぬ理由は何もない。

世のなかに、異常に早熟な才能というものは存在する。この時期、北はたしかに、自分でどうにもならぬ知的過早熟の生理に追いあげられていた。それは自然のように彼の内部で噴火したのである。彼の中学生という存在形態は、認識力の過激な早熟によって追い越されたのだ。前年の秋すでに「中学生ではなかった」彼が、四年生を二度繰り返すことにたえられようか。退学は彼の強がりでもてれかくしでもなく、彼のなかで別な生きもののように過早な成熟をいそぐ知的認識力の、働きの結果だったのである。

退学は事実において彼のためにマイナスでも何でもなかった。彼は学校における学習よりもっと効果的なそれ、すなわち自分の目的のためにもっとも効率的に組織された独学を行なうだけの、知力と財力を所有していたからである。馬場園義馬の『北先生の面影』に収められている「後藤氏談」によれば、高等小学で北の師であった斎藤恵吉はのちに書店を開いたが、この店から中学退学後の北は、五、六百円ずつまとめて新刊を購入し、それを二、三カ月で読破したという。五、六百円という金額はそのままには信じがたいにせよ、彼のすさまじい独学のありさまはうかがうに足りよう。彼の猛烈な読書は、何も後年の上野図書館通いのときに始まったものではない。これはたしかに、中学できめられた幼いコースの上をのろのろと走るより、はるかに能率的な勉強の方法であった。しかし、こういう方法ではかならずしも得られないものがある。それは語学であって、彼が中学を中途で廃したために蒙った唯一のマイナスといえば、ついに英語がものにならなかったことであろう。後年彼が『日本改造法案大綱』において、中等学校における英語教育にむき出しの敵意を示したのをみれば、英語に対する彼の無念さはなかなかに深かったのである。

3

中学を退学してから翌々年の夏ごろまでの北の足どりは、いまのところ正確に叙述することが不可能である。与えられている情報があいまいで、かつ整合していないからである。

まず北昤吉は次のように述べている。退学後兄は「父母の膝下で読書生の生活を送つており、その毎日は「田舎の半インテリの遊民生活」であった。父は兄を北海道へやって実業家にしたいと思っていたが、兄はいうことを聞かず、ときどき中学の寮から家に帰って来る自分をつかまえて、遠洋漁業をやろうだの養豚をやろうだの、夢みたいなことばかりいっていた。いっぽう兄は詩作にふけり、『明星』に寄稿して鉄幹からほめられたりして、文学青年たる観もあった。兄は上京して勉強したい意志が固かったが、父は許さず、その不平からか『佐渡新聞』に国体に関する論文を連載し、同新聞の社長と主筆、それに本間・高橋の両叔父も、すっかり兄の文章のとりことなってしまった。しかしこの論文は不穏だというので、警察の注意もあって連載は中止された。以上は一輝十七歳、つまり退学の年の状況である。

兄は十八歳になると、祖母から旅費をもらって、父に無断で上京した。兄は「暫らく滞京してゐたが、眼が悪くなつてまた帰郷した。この時の兄は少々落つきが出て来て、釣をやつたり、附近の貧乏人の相談相手になつたりしてゐた」。帰郷後まもなく、兄は山路散歩のさい「過去十数年の間苦しみ抜いて治療した右眼を樹の枝で傷つけ」た。兄はただちに上京して大学病院で再手術を受けたが、右眼はこののち明暗を弁ずる程度になってしまった。治療から帰って来た兄はすでに社会主義者であった。

昤吉の叙述はこのあと父の死に接続しているが、それは明治三十六年五月のことであるので、彼は以上を一輝十八歳より十九歳にかけてのこととして書いているわけである。以上の叙述にはあきらかな誤りと脱漏がある。まず一輝は退学した十七歳の年には、七カ月にわたって新潟阿部病院へ再入院しているが、昤吉はそれに一言もふれていない。この事実は、一輝自身が明治三十六年『佐渡新聞』にのせた一文中に明記しているところで、『明星』明治三十四年二月号にのった短歌二首に越後北輝次と署名があることによって、少なくとも前年の暮には阿部病院に在院していたことを確実視してよい。また、誤りとはいうまでもなく『国民対皇室の歴史的観察』が『佐渡新聞』にのった日時である。これは明治三十六年六月、十七歳どころか彼の二十歳のときの話なのである。さらに『明星』に論文がのって鉄幹が手紙をよこしたというのも、おなじく明治三十六年のことである。さらにつけくわえれば、一輝が父の友人に連れられて一週間北海道に旅行したのも同年の出来ごとである。

こういう重大な誤りや脱漏が生じたのは、昤吉がこの時期佐渡中学の寮にいて、一輝と生活をともにしていなかったからであろう。兄の中学時代について昑吉は、かなり傍証と一致する証言をしているのである。昑吉のこの時期についての証言は、内容はともかく、ことの前後に関しては、まったく信頼のおきようがない。木の枝にふれて右眼が決定的に失明したのは、北自身がのちに「警視庁聴取書」のなかで、数え歳十九歳のときと述べているから、それに従っておいてよかろう。だが、それ以外のことがらは、前後は正確に判じようがない。ただ昑吉の話から信じてよいことは、退学後一輝が家庭で読書に没頭したこと、しかし家庭での遊民暮しにあきたらぬきもちと、ひとつは眼病との関連から、上京と帰郷を何度か繰り返したことである。昑吉の回想以外の資料を使っても、得られるのは似たりよったりのあいまいさにすぎない。

年譜とか伝記とかは、一応編年のかっこうをつけねばならぬから、この時期の北について、もっともらしく順序立てたストーリーを組み立てている人は、むろんいないわけではない。しかしそれはありうるストーリーのひとつにとどまる。たとえば、たしかな事実として認めうる阿部病院への七カ月間の入院と、父に無断で敢行された上京とを、どちらを先に編年するかという点でも、現存の情報は何も決定的なことは語っていないのである。

正確を期そうとすれば、この時期の北の足どりについて、私たちはこの程度のことを確認出来るにすぎない。頼りない話のように思えるかも知れないが、にもかかわらず、この頃の北がどのように生きていたかという点については、私たちは必要な情報はすべて与えられている。すなわち彼は家にあって猛然たる読書欲を示し、しばしば上京して東都の政治情勢と新思潮に触れ、最後に島に帰ったときには一個の明確な「社会主義者」となっていたのである。

しかしこの若き「社会主義者」が、翌年になって佐渡の言論界に巻き起した旋風について述べるまえに、私はなお、この時期の彼に切実な関係をもっていた二つの問題にふれておかねばならない。

ひとつは北家の家産の問題である。ふつう北家の家産が傾きはじめたのは、明治二十五年の「星野回漕店」の失敗によってであり、さらに決定的であったのが明治三十三年の酒造りの失敗だったといわれる。前者は、慶太郎の妹婿、つまり一輝にとっては叔父にあたる星野和三次が、越佐航海会社に対抗して回船業に乗り出し、一年そこそこで敗退したもので、慶太郎はこれにかなりの資金をつぎこんでいたらしい。後者は、加茂湖に海水が流入していたのを知らずに例年のごとく酒を仕込み、二度にわたって酒が出来そこなったというもので、北家はついにこの打撃から立ち直れなかったという。むろんこの前後には、そのために加茂湖対岸の第一の美林を人手に渡したという、一輝の眼病治療のものいりもあったわけである。だが要するに、北家の経済的没落は、当主慶太郎が商才ある人物ではなかったというに加えて、当時の経済的大勢によるものと見てよい。田中圭一によれば、「中小地主で、村の酒屋で、回船に関係している」といったタイプで、明治二、三十年に没落した自由民権家は、佐渡では多く見られるという。
第二の問題は一輝の恋愛で、これについてはややくわしい検討が必要である。

4

松本健一によれば、一輝の恋の相手は原黒村の造り酒屋の娘松永テルで、一輝よりひとつ歳下である。原黒は湊町を南に出はずれたあたりの部落で、両者の家はさほど離れてはいない。テルの弟がふたりの文の使い役となり、ふたりは加茂湖畔でしばしば逢瀬を重ねていたというから、これがかなり具体的な恋愛であったことは確実である。

しかしテルがどのような少女であったか、ふたりの恋愛の様相がどのようなものであったかということについては、それを推測する材料は、一輝の手になると見られる数篇の詩と短歌しか存在しない。むろん詩や短歌は、現実にある恋よりも、かくあってこそ望ましいという恋をうたうものである。一輝はこの少女のことを「むらさき玉綴る藤花の、おぼめきて咲けるにや似し」とうたっている。写真によって確かめれば、なるほどそれはおっとりしたところが藤の感じといえなくもないが、まずはふっくらした顔立ちの、ごく平凡な村娘である。

しかし、ともかく私たちは、これらの詩や短歌によって、北が主観的にこの恋愛をどのようなものとみなそうとしたか、最低限判断することができる。第一に彼は、ふたりが相思相愛であったことを強調した。第二に、この恋がさかれたとき、少女が悲しんでほとんど惑乱したことを強調した。第三に、この恋が成就しなかったのはただ周囲の妨害によるものであり、これが本来は成就するのがもっとも自然な恋であったことを強調した。つまり彼は、ふつう幼い恋をひきさかれた場合青年たちが示すであろうような、ごく一般的な反応をその作品のなかで吐露したにすぎない。

この誰でも一度や二度は青年時に経験したことがあるような平凡な恋から、とほうもない演繹を行なう人びとがいる。浪漫者北輝次郎の反現世的な恋、恋愛の絶対化と現実拒否、現実拒否としての恋から唯我的現実創造への旅立ち等々、私はとうていその論旨を原文どおりここに引用するに堪えない。こういう論者たちは、後になって北が書いたことや彼の生きざまと関連させて、ひとつの図式を作ってそれを彼の初恋にあてはめているのであるが、私たちはただ眼の梁りを除いて、あるがままの輝次郎の恋の様相を見つめればよい。

それは、ふつう初恋に破れた青年が示すものとして、何ら偏倚したところのない、いわば健全な感情の昂進であった。なるほど彼は詩のなかで、富豪がいくら金を積んでもわが恋人の微笑を買うことはできぬし、天子が手をのばしてもわが恋人の指からは拒まれるだろうとうたっている。さらに、富も地位も恋には如かずといい、智者も賢者も「この快楽を外に何処へ」迷うのかと問い、「月雲に入りぬ／いざ許せ甘き接吻」と結ぶ。たしかにこれは「恋愛の絶対化」というものに相違ない。だがこれはことごとく、晶子の名をひきあいに出すのも気のひけるような、明星派恋愛詩のマナリズムではないか。

恋をひきさかれる経験は、十九や二十の青年には十分ににがい。このことによって北がどれだけ悲痛な気分になり、百年の後を契りあった手をひき放って何の道徳ぞ、といきりたち、さらには、二十五の歳になってまで、自分は迫害にさらされてやがて獄門にかかる身だ、君はすぐれた背の君を得て、やがて「うまし愛児」を生むだろう、幸せになってくれ、というふうに、どれだけ自己憐愍の情に傾斜して行ったとしても、それはただただ若さのなすところというもので、このことを北の個性の異常さとしなければならぬ理由は何もない。それはただ青年としての極めて健全な反応という一語に尽きる。(付言するが松本健一は、五尺足らずの少女テルに対し、自分も五尺二、三寸しかない北が「君は秀でし背もあれよ」と歌ったのはほほえましいと書いている。おどろくべきことにこの人は、詩句中の「背」を背丈けのことと思っているのだ。もちろんこれは背の君のことで、それでこそ「うまし愛子も得つべし」という次の行と照応する。君にはさだめしよい旦那さんができて、やがて玉のような子も生れるだろう、北はこうむかしの恋人に対し、ロマンティックヒーローのセンチメンタルなきまり文句を呟いているにすぎない)。

竹山護夫は「たゞ清かりし君への其れ／我が始めにして我が永久のもの」という二行について、「恋愛の対象が理想化されればされるほど、恋愛が悲恋化され」るといい、さらにそういう恋愛の絶対化は、「北にとっては、この恋愛そのものが虚構の空間の構築」であることを意味すると主張する。じつに不思議きわまる主張というほかはない。私のいいたいのは、あんまり人情のわからぬことをいってもらいますまい、の一言に尽きる。この恋は一生のものだ、もう二度と恋はせぬとうわずり声をあげたくらいで、絶対化だの虚構の空間構築だのいわれてはたまらない。そんなものは、これまで初恋に破れた若者が開闢以来繰り返してきた陳腐な誓言ではないか。ここには、二十そこその青年の、明星派的マナリズムに託した恋愛至上主義が表白されているにすぎない。精神病理的兆候など、ありはしないのである。

この恋愛についてもう少し事実関係をたしかめておくと、そのおぼろげなはじまりは、明治三十一年のことだったようである。それは『侠少悲歌』に「蕾固き十五なる君を／美ましとのみは愛でしが」とあることからの推定である。私は北の恋愛詩は、むろん年時の思いちがえ、数え誤りのおそれはあるにせよ、そこに述べられている事実関係はほぼ信じてよいものと考えている。テルは明治三十一年に数え歳十五歳で、このとき北は佐渡中の二年生だった。乳母がついていない或夜、「松烟ぶる帰り路に」、二人は「恋としも知らず」手をとりあった、と彼はうたっている。それはすぐ口づけにすすんだ。「幼《いと》けなくいぢらしう／物怖ぢて否むも」というのにもリアリティがあり、「狂ひけらしな／わなゝく接吻」というのは、想像が生んだ詩句ではけっしてない。

この詩句から感じられるのは、この接吻が二人にとつじょとして訪れ、当人たちにとっても驚愕だったらしいことである。それまでは北は自分の感情は「罪なき女童の雛守る」ような感情だったといっている。このとき二人は自分たちの感情の性質について、はじめて覚るところがあったわけである。この明治三十一年のある日の事件以来、両人の恋はじょじょに育ち、北が中学を去るまで、周囲から邪魔されることもなく、たしかなものになって行ったものと察せられる。

この恋がへだてられたのは、たぶん明治三十三年であろう。明治四十年作の『俠少悲歌』がふたりの別離を七年前のこととしており、この年の十一月に北は中学を退学しているのであれば、テルの母親がふたりの逢瀬にいい顔をしなくなったのも、時期として自然であるからである。それは、『明星』明治三十四年二月号にのった二首の短歌がすでに別離の悲しみを歌っていることによっても裏づけられる。

ただし北は、こののちもテルに会っている。彼は明治三十七年の夏、佐渡を出郷したが、『別恨』によれば、出発の前夜、「永久の名残り」にというテルの母の「情」によって、「許されて一夜を逢」っているのである。しかも、このとき彼は二十日あまりテルと会わなかったと書いている。このことから推せば、明治四十年から七年前のある日、のちのちまで悲痛な記憶として残った別れの愁嘆場があって、それ以後北は東京へ去り、ふたたび佐渡に戻った後も、テルとの交際は公然とは許されぬ状況にあったこと、しかし事実においては明治三十七年夏の決定的な別れまで、ふたりは苦しい密会をしばしば繰り返していたこと、この二点はほぼあきらかといえよう。

松本健一はこの恋の始まりを明治三十三年とし、その恋の始まりの直後に「みえずみ江ずなる人かげをみおくりて逢はれん思あはれぬ思」の作があるところから、北の恋愛観は「隔絶」のなかに「恋の極致」を見ようとする「観念的」かつ「異常」なそれであったという。彼が北からこういう不可能性の恋の美学を抽出してみせるのは、その美学が北の革命観・世界像の核心をなしているという図式（この図式を精神病理学のタームを用いて拡大してみせたのが竹山である）によっているが、彼はやはり仮説の整合性のために、北自身の言葉を無視している。北ははっきり詩のなかに、テルが十五の年に、ふたりのあいだに接吻の行為があったと書いている。一輝十五歳のときに始まった恋は、彼の第一回の新潟・東京での眼病治療によって中断されつつも十七歳の年まで続き、おそらくその年になって、ふたりの仲は許されぬものになったのである。

テルとの恋には一輝の母が反対だったという説もあるが、北の詩に「世の母は斯くもあるべし／袖やはらかに蔽ひてぞ逢はさぬ」とある以上、反対はテルの両親から出たものであろう。北の落第・退学、一家の経済的破綻という明治三十三年の状況を考えれば、こう推定してあやまりはないはずである。つまり松本の北の不可能的恋愛志向という説は、明治三十一年から三十三年までのふたりの恋の継続という前段階をカットし、北が恋が始まったその年に、いきなり恋の断念を思うところに追いこまれた、いや、さらにはそう自分を追いこむことでこの世にありえない「恋の極致」をきわめようとした、というふうに断定することによって、かろうじて成り立っている説だということがわかる。

北とテルとの間には後日譚がある。これも松本健一の調べでわかったことなのだが、昭和九年夏、北はテルを訪れている。テルは明治三十九年五月、つまり北の『国体論及び純正社会主義』が出版され、すぐさま発禁をくらったころ、北海道余市郡の西堀良造との婚姻届を出している。夫とのあいだに八人の子をなした。昭和九年、テルが東京にいたのは、函館の家が大火で焼けたので、長男たちの家に身を寄せたのだというが、北はその本郷の家に自家用車で乗りつけ、娘に「お母さん居られますか」と問うたということだ。テルは取り次ぎをうけて、耳まで真赤になったそうである。テルと北とのあいだにそのほかどんな交渉があったものかわからないが、テルが見開きに「おテルさんへ　北一輝」と署名した大型聖書を大切にしていたというのをみれば、ふたりのあいだには、昭和九年以前にも何らかの交渉はあったのである。

しかし、こういう後日譚に過剰な意味を読みこむことはできない。生木を割かれるようにして別れさせられた恋人が、ましてやそれが初恋であれば、双方にとっていつまでも忘れがたい存在であるのは当然である。はたしてこの両人が結ばれてうまく行ったやらどうやら、保証のかぎりでないが、それが現実に化することがなかっただけに、もし彼女とあるいは彼といっしょになっていたらという思いは、年とともに甘美な想像になって行っただろう。この年ふたりは四十台の後半であるが、初老というのは、そういう想像がもっとも甘美でありうる年齢の限界であるのかも知れない。

しかし、事実において明治三十七年にこのふたりは別れた。テルは家をとび出してまで一輝のあとを追う激しさがなかったのが事実ならば、一輝が東京への旅立ちにあたってテルを盗みとろうとしなかったのも事実である。テルの心事は措くとして、一輝には思想家として世に立とうとする門出に、世間知らずの娘を伴なうような冒険をおかす気もちは一切なかったと見るべきだろう。私は彼に、自分の生きかたがこの女を不幸にするという、女へのいたわりの思いがなかったとはいわない。しかし、彼がこの門出にどれだけの意気ごみを秘めていたかということを知れば、生活力もなしに女を東京へ連れ出せばどうなるかぐらいの計算がこの男になかったはずはないと、たちどころに納得される。それはたしかに悲しい恋であり、その傷は痛みもすれば甘くもあった。その痛みと甘さは、それを新体詩に書いて慰めるにふさわしかった。彼はたしかに真情を詩に書いて、自分の慰めとした。だが、彼にはあらゆる犠牲を払ってなお悔いぬ目的があった。大著『国体論及び純正社会主義』の完成、それはこの時期彼にとりついた夢魔のような観念だった。この夢魔は、恋が彼を眠らせなかった夜よりも、もっと多くの夜、彼を眠らせなかったものと私は想像する。

第二章　貧と戦闘の運命

1

明治三十五年、帰島し、三十七年に離郷するまでの二年間は、北にとって、『国体論及び純正社会主義』の構想がじょじょにかたちをなしてゆく期間だった。『国体論及び純正社会主義』は、よくいわれるように、一年余の上野図書館通いのなかで構想されたものではけっしてない。彼は明治三十五年九月、はじめて『佐渡新聞』に論説を書き、翌三十六年には、同紙の新進の論客として縦横の筆陣を張ったが、今日の眼で見ると、そのいとなみはすべて、『国体論及び純正社会主義』の成立を準備する陣痛だったことがわかる。

じつは『北一輝著作集』第三巻には、『人道の大義』と題する一文が、北の『佐渡新聞』にはじめて書いた論文として収録されている（明治三十四年十一月二十一日〜二十九日掲載）。だが私は、この一文を北の作とすることに否定的で、両津町KT生署名の『中山氏の演説を聞く』（明治三十五年九月十一日掲載）をもって、北の佐渡紙への初登場と考えている。『人道の大義』だけではなく、著作集第三巻には、ほかにも北が書いたとは考えられぬ短歌が収録されているが、この点についての考察は一括して次章にゆずりたい。

北はおそくとも明治三十五年九月までには、東京の生活を切り上げて佐渡へ帰っている。これは、九月九日に行われた佐渡政友会の演説会で彼が演説しているのが、傍証によって確かめうることからの推論である。佐渡政友会は、この年の八月に行なわれた総選挙で、新人山本悌次郎を候補に立て、佐渡進歩党の中山小四郎に敗れていた。九月九日の演説会はこの敗北から再起するための第一着で、北がこの日演壇に立ったのは、叔父の本間や高橋が佐渡政友会の重鎮であることを思えば、自然ななりゆきというものだった。

翌三十六年二月、佐渡の政友・進歩両党は、来る三月の総選挙には一致して中山を推し、中山は一会期議員をつとめたのち辞職して、補欠選挙では山本を選出するという約定を結んだ。北は二月二十六・七日の佐渡紙に『善美なる妥協』を書き、この妥協を無用な党争の中止と賞揚した。ところが進歩党側は、この一文を政友会側が約定を破って進歩党を中傷したものとうけとり、前年『佐渡新聞』への対抗紙として創刊されたばかりの『佐渡毎日新聞』紙上で、北に攻撃を加えた。佐渡紙三月四日付の『頑鉄生殿に』、ならびに三月十八日付の『解難』は、この毎日紙の攻撃から身をまもるため、北が余儀なく筆をとって成った文章である。

北ははじめ佐渡紙に政友会系の気鋭の論客として現われ、北自身この種の言論活動に野心もあれば情熱もあったかに説くひとがいる。松本健一であって、彼はそれのみか、この種の活動は、彼が幼少時より鼓吹された自由民権運動への憧れのあらわれであり、いわばそれへの先祖がえりであるとさえ主張する。われわれは、もし思想家北一輝の実像にたどりつきたいならば、こういう俗説・謬見の雲霧を、根気よく一枚一枚ひき剝がしていくほか、途はないと覚悟すべきである。

『中山氏の演説を聞く』と『善美なる妥協』の二篇は、彼にとって義理にからまれたつきあいでしかなかった。彼には政友会系の政客たる野心もなければ、自由民権運動へのあこがれもなかった。彼にあったのは、おそらく一片の悪戯《わるさ》心であったろう。でなければ、からまれた義理につきあういわれもなかっただろうから。しかし彼はこのつきあいにおいてすら、無愛想といってよいほど主体的であった。そのなかで彼は、自分が既存の政党に野心を有するような阿呆でもなければ、かつての自由民権運動の栄光をあこがれるようなお人好しでもないことを、誤解の余地もない明瞭さで主張していた。

『中山氏の演説を聞く』は、あきらかに対立候補をおとしめるために書かれた文章である。北の政友会系の縁者たちは北に対し、おのれの陣営にはせ参じた一驍将としての役割を期待していたにちがいない。彼はその期待にこたえて、中山某の人格識見を嘲弄する、気の利いた一文を書いてみせた。しかし、彼はそこで、自分に課された任務をのりこえずにはいなかった。つまり彼は、中山を政友会の政敵としてこきおろしたのではなく、唾棄すべき田紳的政党人、つまり名誉欲にかられてシルクハットをかぶりたがる田舎大尽的政党屋の典型として、軽侮の念を書きつけたのである。

北の主体性はこのような攻撃の視角に、すでにはっきりとあらわれていた。しかも彼は、自分の一文が党派的利害に奉仕させられるのを嫌って、冒頭次のように自己の原則的立場を明記していた。「吾人は政友会に対して何の好意なし、又進歩党に向つて些の悪感あらず、而も茲に言ふを忍ぶ能ハざる者ハ実に事の忍ぶ能ハざる者あるを以てなり」。二十歳の北が切り開いていた思想的地平の一端は、『善美なる妥協』において明白に表明された。だがそれを見るまえに、私はこの論文について、従来どういうばかばかしい誤読が行なわれているかということに、一言触れぬわけにはいかない。たとえば松本健一は、北がこの一文で「政友会の見解を大幅に取り入れ、進歩党の目的は『問題にあらずして政権争奪なり』と非難を浴びせるが、自分の政友会派的立場にはほとんど無批判の弱味を暴露している」といい、さらにその点をあとで頑鉄生（すなわち佐渡進歩党側）から突きこまれたと書いている。

しかし松本が、政友会の見解を北が大幅に取入れたというのは、この論文の文脈がまったく読めていないからである。北はこの一文で、まず佐渡進歩党の佐渡政友会批判を紹介し、次に後者の前者に対する批判を紹介しているのである。政友会の主張を紹介するくだりに、その「見解が大幅に取入れ」られているのは、そもそもあたりまえの話である。

「問題にあらずして政権争奪なり」というのは政友会の進歩党への批判であって、北はただそれを紹介したにすぎない。北の主張でも何でもありやしないのだ。

さらに松本がどんな程度にテクストが読めていないかというと、政友会は進歩党の目的が政権争奪にあるといって非難したのではない。北の紹介によれば、政友会は、進歩党が地租増徴否認にばかりこだわって、藩閥からの政権奪取（すなわち政権争奪）こそ問題であることを自覚していない、と非難しているのである。松本の読みかたは二重に誤っている。何もかもめちゃめちゃではないか。

北は政友会の立場になど立っていやしない。彼は両党の主張を紹介した上で、そのような争点をはらむかに見える選挙が、じつは無意味な政争にすぎぬことを暴露しているだけである。彼は書く。「或る者は進歩党の提灯を持つ、而も是れ親戚婚嫁の情実に纏綿せられて然るのみ。或る者は政友会の太鼓をたゝく。而も亦是囲碁能楽等の交遊なるが為に然るに過ぎず——然り、政党にあらずして徒党たるなり（中略）。政党のノーセンスなる茲に至つて暴露し尽くして噴飯に堪へず。吾人は断言せむ、政党に奔走する者挙げてイカサマに非ずむば瓢簞なり」。このような政党の争いを回避する今回の妥協は、その動機はともかく、「善良なる郡民は小ざかしき新聞紙の論説や野呂間臭き父つあん連の演説などに煩はされ、阿房らしき喧囂紛擾に悩ませらるゝを免がるを得た」という点で、「讃美」されるべきなのである。

北の立場は、政友会・進歩党の対立を止揚し、小ブルジョワ・地主政党の意味を無化するところにあった。それだけではない。彼はこの論文において、自由民権の名残りの夢に対して重大な批判を提起したのであった。

彼は政友・進歩両党員の夢が、大臣、局長、知事の椅子であり、金貨・株券であり、さらには待合茶屋の芸妓であることを指弾した。だがこの種の批判は、何も北をまたずとも、当時の政治批判のステロタイプだったということができる。北の独自性はこの先にあらわれる。彼らはなるほど腐敗している。だがなぜ彼らは腐敗するのか。それは彼らの人格・品性の問題なのか。「問はん――今日の政党なる者果して理想と称すべき者ありや。自由は得たり、民権は得たり、憲法は敷かれたり、政党内閣も一たび二たび建てられたり。嘗て理想されし者既に悉く実現せられたり。而して共和政治といひ社会主義といふ如き新たなる理想は未だ彼等の夢に入らざるなり」。

はたして北のいうように、当時民権がすでに得られたか、隈板内閣のようなものを政党内閣と呼んでよいか、「研究者」的な眼鏡で見れば異論は続出せずにはいないだろう。だが、そんなことにこだわらなければ、ここで北が提出している論点の重大さは一目瞭然である。つまり彼は、かつての自由民権論者の堕落がなぜ必然か、その根拠を説いているのである。彼によれば、それは彼らがかつての純粋な熱情を失い、地位や利益に目がくらんだからではない。それはたんなる精神論的批判であって、原因と結果を逆倒するものでしかない。彼らが熱情を失ったのは、目標が実現されたからである。つまり彼らは闘争目標を喪失したのであって、これが彼らが堕落せざるをえない客観的根拠なのである。必要なのは政治道徳ではなくて、新たな闘争目標である。

われわれはここで、この二十歳の青年の政治思想家としての素質を知ることができよう。北一輝が政治思想家としてもっている一定のすごさは、何も鬼面人を脅やかしたり、もうもうと殺気が身のまわりにたちこめていたりする点にはなく、このような認識のつき抜ける力、いってみればその徹底性にある。彼は自由民権のかつての理想と熱情にかえれ、などとおろかなことはいわない。その理想はすでに死んだと宣告する。その理想をいつまでも後生大事に守りつづけ、かつての闘士の誇りを馬鹿のひとつおぼえみたいに抱きつづけることが、即、堕落なのだという。そういう闘士たちは、かつてのたたかいの日をどんなになつかしんでいても、目標を失っている以上、構造的に堕落せざるをえないのだという。北は政治思想を現実の構造的根拠において把握する。やがて大著『国体論及び純正社会主義』において花開く方法である。

北によれば、新しい目標は社会主義であり、共和政治である。この共和政治という目標はまさに衝撃的ではないか。しかし、新しい目標は新しい認識からのみ生れる。新しい認識は、政友会の叔父たちのように、いまだに自由民権の名残りの夢にふけって、地方の政争に血道をあげるような世代たちからは生れない。それは新しい担い手を要求する。新たな担い手である北は、やがてその認識の全貌をあきらかにするであろう。いうまでもなくそれが三年後の『国体論及び純正社会主義』である。二十歳の北が『佐渡新聞』に書いた諸論説は、この体系的認識の模索でありデッサンであった。

北がこの二篇の文章を書いたのは、叔父たちに対する私情からであった。彼はたしかに依頼に応じてこれらの文章を書いたのであって、それが叔父たちからの直接の依頼ではなかったにせよ、そこに私情の忍び寄るすきがあった。彼はそのことを自省とともによく自覚してもいたにちがいない。なぜならば、こののち彼は『斎藤八郎兵衛論』を別として、佐渡政友会との因縁にからまれたような文章を二度と書かず、しかもその『斎藤八郎兵衛論』も自分の作であることを否認したからである。

そもそも彼には、自分が『佐渡新聞』に論説を書くということの意味について、周到な自覚があった。この二十歳の青年が佐渡紙に論客として本格的に登場するに当って、次のように書いていたことは十分注意しておいてよい。「近く我が佐渡につきて語らしめよ、彼の新聞を書くと称せらるゝ者に見るも、其の筆を執ってツベコべと囀づる、何の故に何が為めにの如きは彼等の想到する所に非らず。啻君の筆は鋭利なりとか、新聞記者は君の天賦なりとか、我党の気焰君によりて万丈なりとか、程のよい畚に乗せられて乃ち鼻高々と新聞記者の一人前を以て自惚る」。つまり北は、或る種の研究者がいうように、佐渡紙に気鋭の論客として「華麗な登場」を行なったことに自ら酔うような、やわな知力のもちぬしではなかった。「啻君の筆は鋭利なり」とか「我党の気焰君によりて万丈」とかは、彼自身が囲りからいわれたことであろう。こういうおだてに彼が酔えなかったのは、彼の自尊心がそれほどまでに昂進していたからではない。彼はやはりここで言論活動の原則をおさえているのである。さらに、新聞に縦横の筆陣を張ることがじつは矮小な自己肥大の形態であるような、そんな意識のいやしさにたえきれなかったのである。

2

「何の故に何が為めに」、このように自分の文筆活動の根拠をたしかめずにはおれぬ青年が、地方的政争の泥をかぶるようなたぐいの文章の執筆を、いつまでも強いられているはずがない。彼の佐渡紙に筆をとる理由は、虚名を得るためではなく、それを自分の思想を展開する媒体として使いこなすためである。はたして彼は、明治三十六年六月二十五・二十六の両日にわたって掲載された『国民対皇室の歴史的観察』を皮切りとして、彼が切り開いた思想的境位を提示する論文を続々と佐渡紙に発表し始めた。

『国民対皇室の歴史的観察』についていえば、彼がこの論文を発表する気になったのは、あるいは父の死と関係があるかも知れない。父はこの年の五月九日に死んだ。数えの五十歳である。昤吉いうところの「お上にもこの上なき町人」慶太郎は、死の前には一輝の社会主義思想を嫌うようになっていたというから、もし彼が生きていたら、この論文をめぐって一輝とのあいだに一悶着起ったかも知れぬところである。

昤吉の叙述を読むと、一輝は父の死にあたって、ふつう父を喪う以上の、格別な悲しみをおぼえたとは思われない。この年書いた文章は、すでに彼が親たちから精神的に自立した、いっぱし老熟した風のある青年だったことを、われわれに教えている。ところが彼は、父の死にあたって、ちょっと異常なところのある暗い歌を作っている。「老ひし若き世は皆斯くて暗《やみ》にゆきぬ彼も暗にゆく我も暗に行く」。これはたんに、人間は老若を問わず誰しも死ぬものだ、という意味の歌ではない。そしてまた、私の考えでは、父の死が自分に「暗に行く」ほどの打撃を与えた、という歌でもない。これはあきらかに、父は死者の国という暗へ行ったが、それを見送った自分は父のとはちがう暗へ行きつつあるのだ、という含みの歌である。

この暗が何を具体的に指すのか、断言するのは無用のわざであろう。彼は当時、恋の苦患をわずらいつつあったし、父を喪ったあとの一家の家計上の不安も、はなはだ深いものがあったにちがいない。しかしこの暗が、抽象的レヴェルでは何を指すかということに関しては、われわれは断定的であっていい。この暗は、一輝の佐渡という環境における孤絶感の象徴である。いや、佐渡というのではない。日本という「この小人島」における、自己の思想的運命が、彼には暗と観ぜられたのである。「この小人島」とは、『政界廓清策と普通選挙』（佐渡紙・八月二十八日〜三十日）のなかで、彼が書いた言葉であった。彼は自分の思想が、自分を暗へ導いて行きつつあるのを感じた。だからこれは、翌年発表された詩篇『別恨』中の、「大夫丈五尺のむくろ／犠牲《にへ》として割かるべく生る／先づ目覚めて叫ぶ者／世は彼を獄門に晒らす」という四行に照応するイメージなのである。この四行はそれだけ読めば、壮士風な自己陶酔の気分しかあらわしていない。しかしこれをいま問題にしている歌と照応させて読めば、一輝が自覚しつつあったのが何であったか、了解されて来る。まさしくそれは暗としての思想家の運命であった。

このあとの彼の軌跡を思えば、この歌が彼の運命を予見したことはあきらかである。だが、この暗というイメージの指示するものを、論文掲載禁止、著書発禁、銃殺といった彼の受難の軌跡と直接かさねあわせるのは、皮相の見である。彼が、自分の思想は自分をくらいくらいところへ導いて行くのだ、というふうに感じたというのは、なにもそういう彼の受難と直結するものではない。彼は銃殺などということの起りえない、安穏な一生を送ってもよかったのだ。彼が思想家たることを生の暗鬱と同義とみなしたことは、反逆児の受難劇などということではなく、思想本来の孤独な性格と結びついている。「暗へ行く」というイメージは、二十歳の彼が、すでにどの程度徹底してものを思考する人だったか、証しするものである。

では、事実において彼は、このときどの程度徹底してものを考える青年であったか。この年彼が書いた五つの政治論文を読んで驚くのは、その論理が大著『国体論及び純正社会主義』のそれとみごとに整合していることである。公民国家に関する彼の特異な論理は、まだ確立しているとはいいがたい。だが諸命題の出そろいぐあいからして、この大著の構想は、すでにこの年において、かなり明確なかたちで存在していたと察せられる。この五つの論文は、それぞれ緊密に『国体論及び純正社会主義』の論理構造と結びついている。しかも、これらは明治期に書かれた政治論文として、みな一級の水準をもっている。おそるべき早熟というだけではない。この青年の思想家としての特質が、論理の穿貫性、抽象の徹底性にあることを、この五つの論文は鮮明に示しているのである。

『国民対皇室の歴史的観察』は、周知のように二回で連載打ち切りになった論文である。くわしい事情はあきらかではないが、今日わかっている事実を綜合すると、連載が打ち切られたことによって、不敬罪に問うことを免ずるという合意が、佐渡新聞社と警察とのあいだに成立したのであることは、ほぼ確実である。昤吉は、新潟の新聞が騒いだので連載中止になったように書いているが、それはあとの話で、佐渡紙が自発的に連載を中止し、中止の社告が出たその日の『佐渡毎日』紙が、これを不敬事件と攻撃し、この攻撃は約一カ月間続いた。松本健一は、佐渡紙が毎日紙の攻撃を予知して連載を中止したのだと書いているが、この推定はたぶん正しい。新潟の新聞が騒ぎ立てたのは、毎日紙が火をつけたずっとあとのことである。

この事件が一輝に打撃であったのは、いうまでもない。またそれは、天皇制との闘争方法について、彼に深刻な教訓を与えた事件であったはずである。だが、彼がこのことによって論文発表の機会をうばわれたり、意欲をくじかれたりしたのではないことは、はっきり確認しておく必要がある。彼はこのあと、不敬事件などどこ吹く風かとばかり、佐渡紙に続々と力作を発表しはじめた。佐渡紙が彼を厚く遇したばかりではない。佐渡政友会に根を張った彼の縁戚は、彼を庇護するに十分な実力をもっていた。昤吉のいうところでは、佐渡紙の社長森知幾、主筆の伊達狂堂、それに本間・高橋の両叔父は熱狂的な一輝の支持者で、ほとんどこの青年の「学徒」たるに近かったという。

『国民対皇室の歴史的観察』は、後年彼が『国体論及び純正社会主義』で展開した有名な乱臣賊子論の原型である。彼は「克く忠に億兆心を一にして万世一系の皇統を戴く、是れ国体の精華なり」という「国体論」が「妄想」にすぎぬことを、この論文で示そうとした。そのような妄想が「学問の独立を犯し、信仰の自由を縛し、国民教育を其の根源に於て腐敗毒しつゝある」からである。それはわが国の光栄ある歴史と、祖先の大いなる足跡を冒瀆するものであるばかりか、「黄人種を代表して世界に立てる国家の面目と前途」をはずかしめるものなのである。いかにしてそれは打破しうるか。「我が皇室と国民との関係の全く支那欧米の其れに異ならざることを示」すことによって、打破しうる。こう前おきして彼は、蘇我氏より徳川氏に至るまで、日本国民は一貫した乱臣賊子にほかならなかったことを、赤裸々な筆致で素描するのである。

この論文は二回で打切られたから、それが『国体論及び純正社会主義』の第四編『所謂国体論の復古的革命主義』で展開される論理をどの程度カバーした原型であったかは、わからない。だがそのうちの乱臣賊子論の骨子はもうほとんど出来上っている。もし北がこの論文を完成できていたならば、『国体論及び純正社会主義』第四編の諸論理のうち、天皇と国民の関係にかかわる部分は、すでにこの時荒削りなデッサンとして示されていたものと想像される。

『国民対皇室の歴史的観察』は、北が思想家としての門出にあたって、天皇制国家イデオロギーを第一の敵として選んだことを明示している。これは北を思想家として扱う場合に忘れてはならぬ基本的特徴で、こののち彼がどのような反語や韜晦を示そうとも、この特徴は終生変ることがなかった。ただ、その門出において彼が不敬事件という蹉跌を経験したことは、彼に、天皇制との闘争における戦術という意識を与えたかも知れない。私には、『国体論及び純正社会主義』における国体に関するアクロバティックな論法は、この門出における蹉跌と深く結びついているように思える。

国体論批判の筆を封じられた北が、ふた月のちに佐渡紙に発表した論文は、『政界廓清策と普通選挙』であった。この論文は『善美なる妥協』の論旨の延長といってよく、当時の北の理論的関心が、いっぽうでは『国民対皇室の歴史的観察』に見るように、明治国家の本質論に向けられると同時に、自由民権運動のなれの果てである政党の思想的克服に向けられていたことをはっきりと示している。つまり彼の課題は、天皇制国家権力とそれへの対抗勢力とを同時に止揚しうるような観点を構築することにあった。そのためにこの青年が導入したのは、歴史的使命という概念であった。彼によれば、藩閥が「その得たる地位を挟んで横暴を働」くだけのものに成り下ったのは、「其の主義とする所の王政復古を実現して満足し」たからであり、いま政党が「漁利猟官」をこととするのは、「其の理想とせる所の参政権を得て又満足」したからである。「主義は政党の恋」である。ただし「恋は同棲と共に冷却す」る。今日の政党は「恋の同棲に飽きて而も新たなる恋の来らざる現状なのである。つまり「参政権なる初恋」を得た政党は、すでに歴史的使命を終えたものであって、その実体はたんなる「朋党」である。「主義を失へる政党は用なし、解体せざるべからず」。

彼が今日の政党に主義なしというとき、たんにその「漁利猟官」の現状を指弾しているのでないことは、繰返し注意しておかねばならぬ。彼がいっているのは、政党の主義がその歴史的使命を終えたということ、いいかえれば今日の課題、というより今日の日本帝国の構造に対して、その主義がたちおくれてしまったということである。腐敗はただその必然の結果にすぎない。つまり彼は政友会、憲政本党などのかつての民党は、今日課題にのぼりつつある革命の担い手たりえないのみか、その革命によって排除されるべき対象なのだと宣告したわけで、これはいわば彼の第二革命の高らかな宣言であった。

そしてこの第二革命の宣言にあって、これほど彼がかつての自由民権運動の破産、というよりその歴史的使命の完了を繰り返して強調せねばならなかったということは、新たなる革命の宣言が、彼の生活圏においてはそのまま、かつての憧憬の対象であった叔父をはじめとする縁戚の民権論者たちとの訣別でなければならなかったという、彼の個人史上の特殊な事情をあざやかに際立たせるものであった。すなわち彼は、新たなる革命という課題を自覚したとき、その課題を担うためには、自分があらゆるきずなをふりはらって新生せねばならぬことをも同時に悟ったといいうる。この新生の自覚が生むエネルギーは強大であって、『国体論及び純正社会主義』はその直接の産物だったのである。

この論文の時点では北はまだ、第二革命の論理を確立できていなかった。彼はただ「この帝国は吾人の帝国なり、富豪の庭園にあらず」ということができただけだった。むろんこの言葉は、三年後に提出される「倫理的制度としての大日本帝国」という鮮烈なイメージの前身である。だが「吾人の帝国」という範疇がいかなる意味によってみたされるべきかということは、この論文ではまったくあきらかにされなかった。政党の解体を宣告した北がかわりに提出しえた命題は、財産による資格制限をとりはらった普通選挙権にすぎなかった。

むろんこれは筋の悪い論理ではなかった。なぜなら北が普通選挙権を提唱するのは、今日のわずか百万人の選挙人によっては、すぎ去った昨日の恋であるところのふるい政治理念が代表されるだけで、新しき恋すなわち今日の切実な政治的争点は表現されない、という前提に立つからである。恒産あるものは革命を必要としない。革命という新しき恋は、恒産なき大衆によってのみ追求される。彼らの投票によって組織された議会は、まさに革命を提起する舞台たりうる。したがって普通選挙は革命の王道である。こう彼は考えるのである。これは首尾一貫した論理である。しかもこれが北の脳中で十分考え詰められた論理であったことは、『国体論及び純正社会主義』の第五篇『社会主義の啓蒙運動』において、再度詳説され展開された論理であったことをもって知れる。だが彼は第二革命の論理を提出できぬために、この論文はたんなる普選の提唱であるかに受けとられてもしかたなかった。

3

『政界廓清策と普通選挙』でさらにわれわれの注意をひくのは、この青年が「満韓に膨脹せざるべからざる帝国の将来」という言葉を書きつけていることである。だがこれは、いぶかるまでもないことであった。彼はすでにこの論文よりほぼふた月前に発表した『日本国の将来と日露開戦』において、満州・朝鮮・東南シベリアを「大陸に於ける足台」として領有することを主張していたのである。彼は、ロシアが「支那の未開に乗じて」領土欲をたくましくしているように、日本は「露国の野蛮を幸ひとして」シベリアを支配しなければならぬと説いた。むろんこれは内田良平の『露西亜論』あたりに示唆された着想であろうが、「満州問題は実に吾人日本帝国に向つては嘗てあらざる、又将来に於て来〔ら〕ざる千歳の一遇なり」といい、「吾人は現下帝国主義の挑戦に応ずべくこの嶋嶼を出でゝ、奈何なる手段を以ても吾人の祖先の故郷（満州を指す＝筆者注）に新らしき国家を建設せざるべからざるなり」という、その身もだえせんばかりの焦慮ぶりには、なにか異常に切ないものが感じとれるはずである。

見るごとくこの青年は、すでに二十歳の時点においてかくのごとき対外膨脹論者であった。これは彼の終生変らざる本質のひとつであって、北の思想の骨格をごく表面的に要約すれば、天皇制打倒と大陸膨脹主義の特異な結合、すなわち天皇なき革命的大帝国主義と形容してさしつかえない。もちろんこの膨脹主義は、その道義的根拠を説明されねばならない。それはこの二十歳の若者の可憐な道心であった。九月十六日から二十二日にかけての佐渡紙で、彼はさらにおなじ論題で再論を行なった。

彼が依拠したのは端的にいえば、帝国主義の相互性という論理である。これは一面では、白人種の先進帝国主義列強の包囲攻撃のなかで、平和政策で妥協をさぐろうとするのは、座して死を待つものだという論理である。眼には眼を、帝国主義には帝国主義をという次第であって、しかもこの帝国主義は、強者の帝国主義に抵抗する弱者の帝国主義であり、アジアの黄人種にとっては自衛権というべく、「上帝」もこれに対しては「寛大」たらざるを得ぬというのである。これはいわば危機の論理といってよく、「吾人は白人の奴隷として彼等を養はんが為めに生れたる者に非らず」という蘇峰の『日本之将来』の口移しに見るように、明治ナショナリストの基本的危機感の系譜に属する何の変哲もない論理である。

だがそれは一面では、「吾人は不幸にして帝国主義の罪悪の時代に生る」という居直りの論理でもある。英国がボーアにほどこし、米国がキューバにほどこしたところを、日本が満州にほどこして何がわるいか、日本ばかりが悪者と指弾されねばならぬ理由はないというのであって、これはのちに昭和前期の日本帝国の外交担当者が、内心かたく持したばかりでなく、たびたび外に対しても表明した論理であった。そしてこの領土再分割の論理は、世界史を民族の生存権の闘争と解する北の民族興亡史観的解釈のストレートな産物でもあった。

ただこのシニックなリアリズムに立ちつつ、この二十歳の青年はいくらか悲しげであった。偽善をしりぞけて、赤裸々に「侵略」の欲望をかくさない点において、彼は率直であったが、しかも彼は自分の説くところを「侵略」と自認しつつ、その悪を通じて結局は善をもたらしたいという可憐なのぞみをかくすことができなかった。

彼はこの論文で、日本の将来が農業立国にも商工立国にもないことを論証した。それは両者とも「居ながらの滅亡」を選択することを意味すると彼はいう。むろんこういう論証は、今日の眼から見ればまったく無効である。だが彼が「吾人は貧と戦闘との運命を荷いて二十世紀の日本に生る」といい、「日本帝国の建設は三五年前にありき。日本は三千年の老翁にあらず、生れしまゝの小児なり。興亡の運命は今後に於て定めらるべきのみ」というのを読むとき、われわれはこの青年のからだを走っている戦慄は何だろうかという、不思議な思いにとらえられる。もちろんここでいわれているのは、日本は維新によって生れたまったく新しい国家だということであり、さらにまた、その国民は国内的にも国際的にも貧、すなわちプロレタリアートたる運命にあり、したがって国内的には革命を、国際的には対外膨脹戦争をたたかわねばならぬ運命にあるということである。だがこの新生と、それと双頭児のように切り離せぬ欠乏の感覚は、いったい何だろうか。

これはまさしく、近代への命がけの跳躍にともなう感覚というものであろう。日本が開国をさかいとして、封建社会から近代へ移行した経験は、われわれの父祖たちにとっては、そのような魂のふるえるような跳躍だったのだ。彼らのまえに開かれた〈世界〉と〈近代〉とは、それほどとほうもない未知の経験だったのだ。これはほとんど陳腐な指摘といってよいが、彼らの実感をまるごと体感することは、そんなにたやすい作業ではなかろう。北は小児といっている。これは〈世界〉と〈近代〉についての深いおそれのいわせる比喩であり、この小児は文字どおり徒手空拳をもって自己の生存空間を切り開いて行かねばならぬものと、覚悟しているのである。これまではすべて御破算だ、自分は何ももたないという意識がここにある。ヨーロッパはわが国にとってそれほどの衝撃だったのである。

この新生と欠乏の感覚は、民族レヴェルにとどまるものではなく、個のレヴェルでも作用したものとせねばならない。つまり明治の青年は、あるいは大衆は、未知の近代市民社会のなかで、文字どおり赤手をもって自分の生きる途を切り開かねばならなかったのである。「貧と戦闘との運命」、この言葉は、それを成熟した市民社会に投げこめば何のさざなみも生まない空語であろう。だがこれは、近代市民社会への過渡としての近代天皇制社会においては、貧しい知的青年と大衆の魂をえぐらずにはいない言葉だった。北は思想家として終生、この「貧と戦闘との運命」に忠実であった。彼の思想がのちに、磯部浅一のような種類の青年の心を深くつかんだのは、彼が戦前の日本人の「貧と戦闘との運命」をもっともよく象徴する思想家だったからである。

北は佐渡紙に十月二十七日から九回連載された『咄、非開戦を云ふもの』において、みたびこの日露開戦の問題を論じた。彼は先行するふたつの論文のなかで、すでに非戦論の根拠を批判していたが、幸徳、堺、内村らの万朝報退社を知って、社会主義者としての立場から非戦論を論理的にくつがえす必要を感じたのである。

内村鑑三の非戦論は、彼にとってとくに問題ではなかった。それをとりあげたのは、彼自身のいうところでは内村が「幼き時」以来の尊敬の対象だったからで、内村の非戦の主張自体は、それを批判するのに何の困難もなかった。なぜならば内村は日清戦争当時、これを文明と野蛮との戦いとして正当化していたからで、北はただ、「貧弱国を併呑せむとせし清を懲らせしことが何故に正義にして、老衰国の宗廟を蹂躙する露を伐つことが何の故に罪悪なるか」と問うだけでよかった。対清開戦が正義ならば、対露開戦ははるかに大きな程度において正義でなければならない。すでに『日本国の将来と日露開戦（再び）』において、「吾人は嘗て清国を打撃して同胞の黄人種を奴隷の境遇に陥れぬ。然らば吾人は其の罪滅しとして其の打撃を進で露に下さゞるべからざるに非ずや」と書いていた彼は、確信をもって、かつて日清戦争を文明のための戦いと主張した内村の日露非戦論をしりぞけることができた。

彼がほんとうに対決を迫られたのは、社会主義者の非戦論であった。なぜなら彼は「吾人は社会主義を主張す。社会主義は吾人に於ては渾べての者なり。殆ど宗教なり。吾人は呼吸する限り社会主義の主張を抛たざるべし。社会主義の主張は価値なき吾人の生涯に於て最後の呼吸に達するまでの唯一の者たるべきを信ず」とみずから「告白」するように、自分を熱烈な社会主義革命家と信じていたからである。しかるに社会主義の先達たちは、いま口をそろえて日露開戦に反対している。まさしくこれは、北の「他日の立場の為めに、而して目下に於ては、社会主義者にして亦日露開戦論者たる位置の為めに、実に大問題」

なのであった。

彼は帝国主義と社会主義が、「氷炭」のように「一椀に盛る」ことができぬものであること、社会主義の立場から非戦論が生まれるのは、論理的に必然であることをよく承知していた。彼はたんに幸徳や堺を論駁するためにではなく、彼自身を納得させるためにも、社会主義者でありながら帝国主義者であることが可能か、という難問を切開してみせねばならなかったのである。

彼はまず、自分は社会主義者であるゆえに帝国主義者なのだ、自分が社会主義者でなかったら日露開戦は主張しない、日露開戦は社会主義の理想の要求するところなのだ、と大上段から振りおろした。思想家としての北の個性は、問題へのこのような斬りこみかたによくあらわれている。つまりこれは問題をもっともむずかしい部分から解こうとする男で、問題の核心を回避したり、表面的な妥協的解きぐちをさぐったりするやりかたが、絶対に性に合わぬのである。この青年はつねに、難問を一刀両断することだけをねらう。これは美質であると同時に、難問を難問として持続的にかかえこんでいく点での辛抱のたりなさ、いわば思考するものとしてのこらえ性のなさを示してもいるだろう。

彼が明治三十六年の日本の社会主義者は、日露開戦問題において帝国主義者たらざるをえない、それは何よりも社会主義の思想が要求するところだと主張するとき、その弁証の展開は例によってすこぶる論理的であった。彼はまず、社会主義の実現には国家の主権の保持が前提されるべきだ、という第一命題をうちたてた。彼によれば、今日の科学的社会主義が無政府主義と区別されるのは、「国家の手によりて土地と資本の公有を図る」点にある。すなわちそれは「必ず国家の存在を認」めるのである。「故に国家の自由は絶対ならざるべからず。故に他の主権の下に置かるべからず。故に国家は独立を要す」。ところがいまは「スラヴ蛮族の帝国主義」は砲火をもって日本国家の主権を踏みにじろうとしているではないか。国家を防衛することなしに社会主義の実現はない。ロシアに対して国家を自衛する帝国主義は、「社会主義の実現の前提」なのである。

見るごとく、これは典型的な労働者階級の祖国防衛論である。第一次大戦における第二インターナショナルの立場は、北によって先取されているといってよい。議会を通ずる社会主義革命、革命を遂行するための「機関と羅針盤」としての国家の承認、北のいう「科学的社会主義」の理論内容はこの二点であって、これはまさに第二インターの社会主義である。

しかしこの大命題は、かならずしも北の思想の本質部分を構成するものではなく、いわば真の思想的主題を「科学的」に粉飾する性質のものだったということができる。彼の真の主題は、「満韓に膨脹せる国民の正義」という言葉に、何より端的に表明されていた。「日本国は謂はゞ貧乏人の子沢山なり。十六万方哩の嶋嶼に四千五百万人を盛る、已に多きに堪へず。況んや年々五十万の数を以て増加するをや。而して列強の経済的帝国主義の包囲攻撃あり、一葦帯水の満韓に移りて其の粟を求める、止むべからざることにして、又『土地公有』の真理より謂へば当然の権利なり」。北の日露開戦論の真のモチーフは、この一節によって明らかである。

「この十六万方哩に充たざる狭隘なる国土より満韓に溢れ出づる五十万国民をして、スラヴ蛮族の帝国主義の脚下に蹂躙せしめず、国家の正義に於て其の権利と自由とを保護すること」、彼の開戦論の本音はここにあった。つまり彼は満州における植民の権利をロシアに対して主張するために、より赤裸々にいえば朝鮮、満州、東南シベリアを領有するためにのみ、日露開戦に固執したのである。

つまり北は日露開戦を主張するさいに、一個の生粋の民族国家主義者であった。彼はまだ国家を有機体と解する進化論的粉飾を用いていないが、国家はそれ自体生命を有する統一体だという『国体論及び純正社会主義』をつらぬく根本認識はすでに完全なかたちでできあがっていた。彼の主張はその本質において、この一個の生命たる民族国家の生存権の主張であった。

彼はこの生存権の主張を、いかにも彼らしく率直に「帝国主義」と認めた。だがその「帝国主義」は、「国旗の翻える所日没せずと誇る英国にして南阿の自由国を征服したる如き、無限無涯の領土を有する米国にして玖馬を領し比利賓を奪ひたる如き」帝国主義、「覇者たらむとする無意味なる虚栄心の為めに絶えず欧州の擾乱を醸す独乙皇帝の如き、世界征服の野蛮なる夢想に駆れて、尨大なる領土の全く開発されずして横はるにも係らずひたすら外邦を併呑せむとする露政府の如き」帝国主義とは、截然と区別されるべきであった。彼らの帝国主義は「経済的諸侯（ブルジョワジーをさす＝筆者注）の貪欲なる外侵」や「皇帝の政治家の名利より出づる外征」であって、社会主義者の敵であるのに対し、生存の空間を求める日本の「帝国主義」は社会主義者によって支持されるべきだった。なぜなら国民間の正義を主張する社会主義は、当然国際間の正義の主張者でもあらねばならぬからだった。つまり強大なロシア帝国主義に抵抗する弱小な日本帝国主義は、「富豪の残酷暴戻に対して発する労働者の応戦と些の異る所」ないのであった。

われわれはこのような北の弁証のうちに、佐野・鍋山の転向上申書に出現する国際的プロレタリア国家の論理、つまり乏しい領土と資源しかもたない国家は国際的プロレタリアートなのだという論理の完全な先取りを認めるであろう。また、持てる国家と持たざる国家という、ファシスト国家同盟の世界再分割の論理の先取りを認めるであろう。

北はのち、大正十五年になって、『国体論及び純正社会主義』にふれて、「理論として二十三歳の青年の主張論弁したことも（中略）大本根柢の義に於て一点一画の訂正なし」と誇り、「思想は進歩するなんど云ふ遁辞を以て五年十年、甚しきは一年半年に於て自己を打ち消して恬然恥なき如きは、——政治家や思想家や教師や文章家は其れでも宜ろしいが、——革命者として時代を区劃し、幾百年の信念と制度とを一変すべき使命に於て生れたるの許すべきことではない」という有名な言葉を書きつけたが、これはたしかにそれだけの裏づけのある言葉といってよい。明治三十六年、二十歳の北が行なった政治的主張には、北の生涯保持した思想の原型が、おどろくほど鮮やかに刻印されている。つまり彼は『国家改造案原理大綱』を書いた時点で擬ファシスト的変貌をみせたのではなく、二十歳の思想的出立の時点においてほぼ完全な擬ファシスト的民族国家主義者だったのである。

しかし、この若き民族国家主義者は、なにがゆえにまた、自分を社会主義者と規定せねばならなかったのだろうか。人は満州への植民の権利を主張し、東南シベリアの領有を主張するために、社会主義者になる必要はない。ところが社会主義はこの青年の一切にして唯一の理想であり、ほとんど宗教なのである。彼が民族国家主義者でなければならなかったことの真の意味は、彼が同時に熱烈な社会主義者でなければならなかった秘密のなかにひそんでいる。われわれは『国体論及び純正社会主義』の分析をとおして、やがてその秘密を読みとくことができるはずである。

第三章　詩と性愛と大義と

1

北が明治三十六年、『佐渡新聞』に書いた文章には、先に見た政治論のほかに恋愛論、短歌論がふくまれており、さらに翌三十七年には同紙に三篇の詩も発表されている。いずれもこの青年の思考法と感受性を知るうえで見逃がせぬものといっていいが、それをとりあげるまえに、私は若干『北一輝著作集』のテクストの問題に触れておかねばならない。『北一輝著作集』には、今日の北研究の水準を反映して、かなりのテクスト上の問題点がある。いちばん問題なのは、第三巻の初期論文・詩歌に、北の手になるとは思いにくいものが採られ、しかもそれを北のものと判定した根拠がまったく示されていないことである。私の考えでは第三巻の収録テクストのうち、東京・硬石署名の『人道の大義』となにがし署名の短歌十三首は北のものではない。

まず『人道の大義』であるが、これを北の論文と判定したのは松本健一である。しかし彼の『若き北一輝』のどこをひっくり返しても、これを北の作であると判定する根拠は示されていない。彼はただ、この論文が佐渡紙に発表された明治三十四年には北が東京にいた可能性が高い、北には筆名の借用癖がある、というふたつの事実に立っているだけである。むろん硬石は内田良平の号であるが、松本は北が『黒龍』を読んでいたという想像から、一気に『人道の大義』は北の作だと断定してしまう。まったく不思議きわまる証明法といわねばなるまい。

判定の根拠がこのように薄弱であることを知れば、『人道の大義』は北の作とはまったく信じがたくなる。なぜなら文体が彼のものではないし、論理の展開構造もまったく彼らしくないからである。論旨についてはことさら問題にはせぬ。「天皇は一般民人を親近し拝謁を賜ふを得るの制度となすべし」という主張は、『国民対皇室の歴史的観察』の論旨とまったくいちがっているが、それはその間の思想変化としておいて結構である。

問題は文体と論理構造であって、一言でいえば、北はこういう凡庸でもったいぶった、教科書風な文章を書く人ではなかった。それは明治三十五年九月以来『佐渡新聞』に続々と発表された文章と、まったくリズムもちがえば論の立てかたもちがう、まのびした異質な文章である。文章だって変ると反論したい向きもあろうが、はやくも十六歳の作文『彦成王ノ墓ヲ訪フ記』に、北もちまえの辛辣な機鋒と簡潔雄勁なリズムが出現しており、その機鋒とリズムが明治三十六年の佐渡紙掲載の諸論文の特色ともなっていることを知れば、そういう反論の成り立つ余地はない。つまり『彦成王ノ墓ヲ訪フ記』から明治三十六年の文章には、たしかな文体上の連続性が感じられるのに、『人道の大義』の文体は、その連続性と何の関係もなく孤立しているのである。何よりも彼は、どういう文章のなかにも一個所くらいは、はっとさせるような洞察や、事柄の深所をえぐるような寸言を書きつける人であった。『人道の大義』には、そういう才能の輝きがまったく見られない。この一文を北のものと見なす人びとは、北とはどういう人間かという点で、私とは理解のまったく異る人びとである。

なにがし署名の短歌の問題に移ると、北が用いた筆名のひとつになにがしがあるのはたしかな事実である。『佐渡新聞』に寄せられた詩四篇は、このなにがしの署名をもっている。これを北の作品と断じうる証拠は、傍証ではあるが確実なものが存在する。ところが佐渡紙には、なにがし署名で別に短歌が六回掲載されている。また『佐渡誓水会会報』にもこの時期一回、おなじ署名で歌がのっている。このなにがしが北であるかどうか、私はどうも釈然たりえない。なぜかといえば、あきらかに北の作であると知られている歌とあまりにも作風がちがうからである。まず後者から見ると、先にひいた「みえずみ江ず」の一首のほかに、次のものが知られている。

いなみかねかへしせんとて筆はとれどあけの袖口ただかみてのみ

老ひし若き世は皆斯くて暗にゆきぬ彼も暗にゆく我も暗に行く

こざかしきそしり懲らさんと抜きし剣袂捉へし加古川のなくば
おうさなりそしりに非ずほまれなり理想の冠額にのせられ

これらの作はみな出所がたしかであるばかりでなく、はじめはテルとの恋にまつわる作、第二首は父の死にあたっての感慨、あとの二首は『国民対皇室の歴史的観察』が掲載中止になった憤を散じたものと、作因までわかっている。歌風はいうまでもなく晶子、鉄幹の口移しである。ところがなにがし署名のほうは、抄出してみれば次のようなあんばいなのだ。

黒川の水たえ〳〵になりにけり山田のしろに水やひくらし
夕月の影ほのめきぬ渡守我船にいそげ山ほとゝぎす
時鳥なくらん宵と月影にそぞろ若葉の庭めぐり見る
心からうかれ〳〵て世の中の米の価もしらず顔なる

まず全部がこういう調子である。いうまでもなく桂園派ばりのおとなしい作柄で、北の作と確実にわかっている歌とは、リズムもちがえば意想もちがい、第一用語からしてちがう。どういうわけでこれが同一人の歌なのだろうか。時期がちがえば歌風も変るかもしれないが、両者とも同時期の作品なのだ。私には『相思』以下四篇の詩を佐渡紙に書いたなにがし、すなわち北と、おなじく佐渡紙に歌を発表したなにがしは、まったく別人のように思われる。

ちなみに『著作集』収録のなにがし署名の短歌は、『佐渡誓水会会報』二十五号にのったのが初出である。松本健一はこの二首が「北の手になるという根拠」として、おなじ号に父慶太郎と義兄鈴木整の誌代徴集に関する記事がのっていることをあげている。挨拶に窮する次第で、これは北が同誌を読んでいたことを推定させる材料ではあっても、なにがしを北と断ずる証拠であるはずがない。

ただ問題はひとつ残っている。明治三十九年になって佐渡紙になにがしの署名で発表された「なつかしき琴のしらべの忘れかねまたも訪ひよる月の柴折戸」の一首と、同年『革命評論』にV・R生署名で発表された「世はなれし深山かくれの柴の戸にひとり訪ひよる夜半の月影」の類似という問題である。これはたしかにどちらかが本歌で、なにがしとV・R生は同一人であるという公算が大きい。しかし、このことからなにがしはやはり北なのだと断定するのは速断だろう。V・R生が北だという証拠はべつに存在しないのである。ひとつのありうるケースを書きつけておくと、なにがしは北の身辺に存在する人物だったのかも知れない。その人物はなにがしの筆名で『佐渡新聞』に歌を出詠していた。北は四つの詩を発表するにあたって、その筆名を借用したのではないか。歌人なにがしを北と関係ある人物と仮定すれば、その人物が『革命評論』に投稿したとしてもべつに不思議はないことになる。

もちろんこれは、ひとつのあやふやな可能性にすぎない。私がいわんとするのは要するに、なにがし作の短歌と、確実に北の作と知られている短歌とを、同一人の作と見るのはあまりに困難で、いっぽう歌人なにがしが北であるという確証も提示されていない、ということである。したがって私は、青年北の歌論、恋愛論、詩歌をあわせて扱うこの章で、『著作集』第三巻所収のなにがし署名の短歌を、考察の対象から除外する。

2

北の恋愛観については、それを極度に理想主義的ないしはロマンティックな性質のもののようにいうのが、近年の傾向のようである。たとえば、北は肉交のない神類の恋を至上のものとみなし、自分とテルの恋をそのような神聖なものとして、誰からも汚されたくなかった。佐渡毎日紙上の水落生と林子の恋愛論争に介入したのは、彼らが恋愛と肉交とを結びつけて、彼のテルとの神聖な記憶を汚したからだ、というような解釈は、北をただ昂進したロマン主義者としかみなせない視点の、直接の産物といってよい。

二十歳の北が『水落生と林子』と『新派和歌談』で述べたのは、以上のような解釈とは似ても似つかぬ恋愛観であった。それはおそろしくリアルであり、ほとんどシニックでさえあった。『水落生と林子』の執筆動機は明白である。彼は林子、すなわち佐渡毎日記者の林儀作の星菫派的な恋愛至上主義の主張を読んで、歯のうく思いにたえられず、ただ林を嘲罵したい一念で、この一文を書いたのである。彼は林が『明星』の本質をいささかも解せずに明星派ぶっているのが、『明星』卒業生として癇にさわったのだ。

北はこのとき、人間の恋愛を必然的に「肉交に到着するもの、肉交によつて其の愛が固められるもの」と理解していた。だから彼は、林の論敵の水落幹郎が、恋愛とは肉交という「醜交条約成立」以外の何ものも意味せぬと主張したとき、その限りにおいて水落を支持したのである。彼は、恋愛が神聖なのは神類においてのみであり、神類にむけて進化しつつある人類の恋愛は、肉交をともなうかぎり神聖ではありえない、なぜならば「肉交は動物的」であり「不潔」だからだと主張した。

肉交が不潔だというのは、むろん青年期のごくありふれた感覚である。彼はのちに『国体論及び純正社会主義』において、このことを再度、拡大したかたちで述べ立てることになる。いわばそれは青年特有の理想主義的過敏性といってよろしい。ところがこの青年は、肉交に過敏な羞恥を示す点では、歳相応に理想主義的な未熟さにとどまっておりながら、どんなきれいなことをいっても、人間の恋愛は肉の交りに帰着するのだぞといわずにおれぬ点では、これまた歳不相応にリアリスティックであり、シニックでさえあった。北は、テルとの恋を、肉交をともなう人間の恋ではなく、神類の恋に近いものと見なしなどはしなかった。北自身が書いている。「人間の恋愛は必然的に即ち情の迸る所握手となり接吻となると同一の動機に於て肉交に帰着する」と。この頭のいい男には何でもお見通しである。北は詩にうたったように、テルの手を握りもしたし唇に触れもした。彼にテルとの恋を神類的な恋として殊別するような錯覚がなかったのは、議論以前の問題というべきである。

肉交は不潔だなどというのは、破恋がこの青年に刻した後遺症だった。彼は痛手をいやすために、恋愛自体の意味を無化する方向をえらんだ。肉交は不潔だ醜悪だというのは無化の一手段であるが、そういう感覚を彼がどこから得たかといえば、やけっぱちで買った娼婦との性交渉からでも得たのであろう。テルとの恋が成就していたら、彼はまさか、テルとの「肉交」が不潔だなどとは口走らなかったはずである。

この論文では彼は、人間の恋愛はそういう限定のうちにあるのだから、それを人生の大事のように思いこむのは愚かなことだ、という方向に、自分の認識を延長して行っているように見える。「御同様乳臭い分際で女性の尻を追ひ回すやうなざまでどうする積だ」、「修養専一な時代に公衆の前で恋愛だの男女だのいつて騒ぐのは余り見ともよくない」などという口吻に、なるだけ恋愛の意味を縮小させたい意図があらわれている。

彼はただちにそのことに成功したのではない。大きな口を叩きながら、彼はこのあとテルの「尻を追ひ回」さねばならなかった。だが彼は結局、そういう方向で恋愛という問題を消去したのだといってよい。翌々年の作『佐渡中学生諸君に与ふ』のなかの、「恋か、小さし」という詩句は、そういう消去の一応の帰結点だった。

しかし北は、そういうふうに恋愛の意味を縮小するいっぽう、そういう論理ではおさえきれぬ重要な残余、すなわち性愛の深い磁力を、じつは鋭く意識していた。これは性愛とはかぎらず、人間の心の働きのゆたかさと深さに対する感受の能力であった。つまり彼は人間の心のもっとも柔らかないとなみが人並みはずれてわかる男で、思想家としての彼のもっとも良質な部分は、ひとつはそういういわば文学的な感受性にあった。果して次の論文では、その感性がおもてに出た。彼は『水落生と林子』のなかで、「明星といへば鉄幹と晶子の痴話くり合ふ所だ。小鉄幹小晶子共が吸つたの嘗めたのと云つてのろけ合ふ若衆宿だ」と罵り、さらには『文壇照魔鏡』事件をひきあいに出して、鉄幹の私行を糾弾するかのような口吻さえ弄していた。おそらく林もふくめて当時の読者は、北の真意はいわゆる硬派的な立場から『明星』の軟弱ぶりを筆誅するにあると信じたにちがいない。ところがこのふた月あとに書かれた『新派和歌談』は、これとはうって変るまったくの鉄幹・晶子讃美論であった。だがこれは矛盾でもなんでもなく、その間には強力な論理が一貫していた。ただ彼の弄するシニシズムや反語が、この一貫した論理を外見上ややわかりにくいものにしていたにすぎなかった。

つまり北が『水落生と林子』で鉄幹の私行をあげつらい、晶子の臆面もない性愛讃歌をせせら笑うかのような口吻を弄したのは、じつは林の守り本尊の実体を林自身にさとらしめるための反語なのであった。彼がいいたいのは、鉄幹と晶子が歌作と実生活で提出したものは、林の理解するような星菫派的恋愛至上主義などとはまったく異質な、もっと赤裸々な何ものかだ、ということなのだった。それは林ごとき少年少女の口にあうようなあいもないロマンティシズムではなく、何ものかにせかれるようにして表出された性愛のきわめてエゴイスティックな欲求なのだ、と彼はいいたかった。彼は、おまえの守り本尊の真の姿はこういう獣同然の姿なのだぞと、きわめて偽悪的に林に対して云い聞かせたかった。

だから、彼には、自分の主張が『明星』の本能肯定主義に対する、道学的ないし硬派風な断罪ととられかねない危惧が残った。『新派和歌談』が書かれねばならなかった理由であって、この論文で彼は、『水落生と林子』においてこれが鉄幹・晶子の実態なのだぞと偽悪的に暴露してみせたものに対する、自分の真の判断を提示したのである。彼はこの一文のなかに、自分の短歌に対する読解力を誇示したいきもちもあって、いろいろなことを書いた。だがその中心部分は、鉄幹・晶子の〈肉交をともなう恋愛〉の率直な肯定的表出を、ひとつの人間のせつないありかたとして、共感的に評価することにあった。

彼は鉄幹と晶子が、なりふりかまわず実生活において「快楽」への欲求を貫きとおし、しかもそれを公然と歌として表出したことに、一種の畏怖をおぼえていた。それは何も彼らの勇気に向けられた畏怖ではない。そのようにほとばしらずにはいられなかった生命のいとなみへの畏怖であった。

「知るゝ如く、晶子は今日の鉄幹の妻であるが、晶子を妻とせむが為めに子まで設けてある前の妻を離別した。元より通じて居たことは彼等が其の歌に於て公表する如く公然の者であつた。而し今日の吾々より見たら其の罪悪のことは固よりだが、極端ながらも浅薄ながらも或る主義を以て居る彼等から言へばなんでもないことだらう」と彼は書く。彼がふたりに対して批判的な見地を保留していることは、一読理解できる。だがこれははたして批判だろうか。批判であるかのごとくして、じつは秘かな讃嘆であるのが、この一節の実体ではないか。もとより彼はこのふたりを讃嘆しているのではない。ふたりを通じてのっぴきならぬかたちであらわれた、生命のせつなさに嘆声を放っているのである。

彼はこの一文をふたりに対して、軽い揶揄のトーンをもつ文章に仕上げた。そのことによって彼は、彼らの「主義」に対して無条件の同調を留保するところにあるものとして、みずからを示そうとした。おまえさんたち、調子がよすぎるよ、と彼がいいたかったのはあきらかである。彼はすでに『水落生と林子』で、人間の恋愛は肉交に帰着する、したがって美化するに値いせぬものだ、という幼いペシミズムを表明していた。彼はそれを透徹した把握と信じていたので、ふたりの「主義」を浅薄かつ極端と断ずることができた。にもかかわらず彼が、結果としてこの論文でふたりの弁護論を書いたかっこうになってしまったのは、このふたりが実生活と歌作で提示した壮烈な性愛のかたちに、彼自身魅せられていたからである。「ほんとに隊長たちは遠慮のない男だよ」などと閉口してみせながら、その実彼は、その赤裸々に表出された性愛のかたちに深く心を動かされていた。それは、晶子の有名な性愛讃美の歌を解釈してみせる口調にあらわれているばかりではない。この翌年彼が佐渡紙に発表した詩篇『逍遥』は、その内容において鉄幹・晶子といささかも変らぬ、いやむしろそのふたりの口移しともいうべき、臆面もない恋愛の快楽讃美だったのである。

『新派和歌談』で彼がいおうとしたのは、こいつらの快楽讃美は実に恥知らずだ、だがこいつらはおそろしいほど正直だ、その正直さにはとほうもない強さがある、ということだった。とにかく彼らの歌には性愛のおそるべき真実がまともに表出されていて、それには、倫理や法律や政治をもって来てもどうにも抗しがたいところがある、そう彼は感じた。そしてそのような把握の延長上には、こいつらは無知だ、だけどおれも一度くらいそんな無知にもどって、性愛にひたりきってみたい、という願望が顔をのぞかせていた。『逍遥』はその願望が詩のかたちに結晶したものである。

北の明星派把握は、疑いもなくこれまで『明星』に対して下された最高の文学史的把握のひとつである。私は彼がこのような、文学に対して本質的な把握ができる思想家であることに、深い救いのようなものを感じる。鉄幹は誤たず『新派和歌談』の価値を認めた。彼はこの論文を読むとすぐに北あてに手紙を書いた。この手紙は彼が男らしい雅量のもちぬしだったことを語ると同時に、彼が新詩社を主宰して一時代を劃しえた秘密を手にとるごとくわれわれに教えてくれる。つまり彼は実作はともかくとして、批評的鑑別眼と新人発掘能力に非常にめぐまれた人物だったのである。

彼はこの論文を「御評中作そのものの御鑑識は当代に評家多けれども、さばかり御鋭敏なる、御深刻なる、御公平なる評家は大兄を除きて又甚だ多かるまじく候」と激賞した。これはお世辞ではなかった。「大兄ほどの批判力のある読者は正直の処新詩社々友にも尠く候」というのも、まったくの「正直」な嘆声であった。彼はこの論文を『鉄幹と晶子』と改題させて、この年の九月の『明星』に転載した。

鉄幹は北の何に惚れこんだのか。この論文に示された北の短歌鑑賞能力はなかなかのものであるから、彼はこの青年の歌釈そのものにも大いに感心したのに相違ない。だが彼は何よりも、この青年が自分たちの恋愛歌の本質をえぐった、というふうに感じたであろう。「批判力」という言葉、「公平」という言葉はその点にかかわる。北はずいぶん揶揄的な口調を弄し、意地悪い評語もはさんでいるのに、彼はいささかも気を悪くしていない。「過褒」とさえ彼はうけとっている。つまりこれは、よくぞ本質を見てくれたという思いがあるからで、一言にしていえば彼は北の批評を知己の言と感じたのである。

3

北はほぼ明治三十六年いっぱい佐渡紙に論説を書きつづけたあと、翌三十七年は七月に離島するまで、同紙に一篇の文章も発表しなかった。理由は皆目不明である。しかし彼はこの年、三つの詩を佐渡紙に発表した。これと三十八年の佐渡紙にのせた『佐渡中学生諸君に与ふ』、四十年の同紙発表の『侠少悲歌』をあわせたものが、現存する彼の詩作品のすべてである。

それらの詩篇の内容については、これまで必要に応じて触れもし、分析もしたと思うので、あとはこれらの詩の見のがせぬ一般的特質と思われる点について、できるかぎり簡潔に触れておこう。

このうち、いわば社会主義的行進歌ともいうべき『佐渡中学生諸君に与ふ』は別として、他の四篇はいずれも北が純粋な詩と信じて書いた作品である。これをよく読むと、北にはすぐれた詩人的資質があったことが理解される。彼が詩の書けぬ詩人であったというのは、まったくのうそである。ただし北は調子ときらびやかな修辞で読ませる詩人、すなわちはでロマンティックな詩人ではなく、意外にも、感情のしなやかさと観察のこまかさを特徴とする、地味でリアルな詩人なのである。

彼の詩のよさは一読しただけではわからない。藤村のような流麗なリズムと美しい措辞で成り立っている詩ではないからである。しかし読みこんでいるうちに、その独特なリズムが聞えて来る。むろんそれは漢文のリズムと共通したところがある。しかしそれよりもっとしなやかな、孤独なリズムである。この人は修辞は下手である。訓練がたりず、近代文学的素養も乏しいからである。だが詩における美とは何かということをつかむ天性の感覚がある。その美的感受性はかなりおとなで、なだらかな七五、五七のリズムをおそらく幼稚としてきらい、屈折の多い破調を好んだ。破調によってリズムを持続させる独特な感覚をもっていたのである。だから、今日明治の新体詩が調子ばかりよくて退屈であるのに、当時はおそらく拙劣なものとみなされていたこの人の詩は、意外と読むにたえるのである。

しかし、彼の詩が今日読むにたえるのは、それが美文として書かれているのでなく、自分の切実な感情を忠実にたどろうとして書かれていることにたぶん起因する。彼はひとつの美をつくろうとしているのではなく、テルと自分の恋の様相を正確に表現しようとしている。それは何よりも詩のなかに、非常に具体的な事実がはいりこんで来ていることから、そういえる。ある種の人たちがいうように、彼は恋を詩らしく美化するようなことはしていない。『明星』風な恋愛理念を表出している『逍遥』においてすら、その第三連まではたしかな具体的事実にみたされている。つまり彼の恋歌は恋を恋するとりとめのないロマンティシズムの産物ではなく、おそろしく直接的な苦痛の産物なのである。

明治期の大部分の恋愛詩がつまらないのは、恋を歌うのではなく恋の感情を歌っているにすぎぬからである。少年はそれに酔うことができるが、おとなは酔えない。共感のもちようがないのである。ところが北の詩にはある少年と少女の、幼いがそれなりにつきつめた恋のありさまが具体的に歌われている。だから、単純に読んでおもしろい。少女がこのごろは鬢もほつれ針とる手も細くなっていると、文使いが家の婢に語った、と述べてある。二十日ぶりに会ってみたら少女のやせかたはすさまじかった、と書いてある。こんな述べかたは、明治の恋愛詩の文法にはない。

つまり北の詩のつくりかたはまったく個性的である。彼の詩に似たものを、明治の恋愛詩のなかからさがし出すことは至難だ。それは彼が詩を美の類型に即して歌おうとはせずに、逆に詩のほうを彼らの恋の真実の表出に従わせようとしていることから来ている。これは本質的に散文への指向といってよいが、破調のリズムを持続させようとする緊張が、これらの作品を散文のほうへ解体させず、詩の方向へ凝縮させている。「夜も更けたり／さらばぞと御手放つ／遅々たる歩／わりなや、顧みるに」。一節のこういうリズムのつくりかたはおそろしく新しい。それは切断しつつ、しかも連続をつくりだす手法である。

イメージのつくりかたも新しい。『俠少悲歌』のもっともすぐれた一節、「乳母も泣きぬ／燕飛ぶ柳の戸／うすれ行く蔭ながめて／気もすゞろ、立ちつくしぬる」の「燕飛ぶ柳の戸」。これは破天荒なイメージで、明治の新体詩はかならず「戸に立てる柳のかげを／つばくらめかすめて飛びぬ」といったふうに歌う。つまり北の四篇の詩は、明治の新体詩のなかで、ほかに類例のないリズムとイメージをつくり出しているのである。

もちろん、北が持続的に詩を書いて行ったとして、はたしてどれだけの詩人になりえたかは、保証のかぎりではない。彼の詩には、もともと散文の方向に解体する指向が潜在しているからである。また私は、これらの詩を明治恋愛詩の秀作として再評価せよと主張する気もない。それは宝石のように光る部分と、瓦礫のように雑でしかも幼い部分とが並存しているからである。ただ、これらの詩は絶対にいい詩である。そしてそれがいい詩であるのは、具体的な事実に執する作者の意外にリアリスティックな気質にもとづいている。伝記作者としての私は、読者が浪漫者北一輝などという流布しすぎたイメージに目を覆われず、こういう北の気質をありのままに感じとってもらえば、それで十分である。

青年期の北の精神構造を素描するうえで、最後にひとつ、ぜひ考察しておかねばならぬ問題が残っている。それはやはり三十六年に佐渡紙に書いた『斎藤八郎兵衛論』の問題である。彼はそれを加茂一青年という偽名で書いた。これは他の彼の数多い筆名とは性質がことなっていて、あきらかに後日自分が書いたのではないといい抜けるための偽名だった。むろん彼はくだらぬ地方的政争に巻きこまれた経験にこりていたのであろう。この戯文が対抗紙『佐渡毎日』から北の筆として攻撃されたとき、果せるかな彼は「加茂の一青年と湊町の一青年と奈何ぞ同一人たらむと欲するも得んや」と、公衆の前でこれが自作の文章であることを否定した。

むろん北がこのように否認している以上、この一文が北の作でない可能性は皆無とはいえない。松本健一がこれを北の作とする根拠は、北の友人宇佐美不喚楼からの伝聞にもとづいているからである。だが、宇佐美の証言を信ずるとすれば、われわれは北輝次郎という青年について、きわめて興味深い知見を得ることができる。

『斎藤八郎兵衛論』がもともと北にとって書く必要のない文章であったことは、疑いを容れない。彼はそそのかされてこの一文を書いたにちがいないが、それをひき受けたのは悪戯心もさることながら、斎藤のような人物は当然筆誅を受けてしかるべき存在だと感じていたからであろう。斎藤は『両津町史』によれば、夷町の遊廓の設置や加茂湖の埋立て、夷港築港などに功績があり、明治四十一年には両津町長にもなった人物である。要するに町誌や村誌を開いてみれば、日本の津々浦々どこにでもいるような名望家のひとりにすぎないが、『斎藤八郎兵衛論』を見るかぎり、彼の銅臭の強い田紳ぶりが北の反感を挑発したのであるらしい。それにしても北には、この人物について積極的に攻撃文を書かねばならぬ理由は何もなかった。明治の政治新聞によく見うけられるような、この品の悪い人身攻撃の戯文を、北はおそらく徹底した代作意識でものにしたのにちがいない。彼がこの一文を自分の文章とはみなさず、代作をしてやったつもりであったのは、加茂一青年と名をかたり、さらには自分の筆であることを平然と否認したのをもって知れる。

しかし、佐渡毎日紙の記者からこの戯文について反撃されたとき、彼がシラを切った口調は尋常でない。彼は、この攻撃文を読んではじめて佐渡紙の封を切って『斎藤八郎兵衛論』を一読したと書き、「一八郎兵衛、一星和（星野和三次、すなわち北の叔父）、余に於て何の値ぞ。夷町と呼び湊町と喚く。何ぞ井蛙に似たる。余は時に這般の紛争に冷淡なるが為めに隣人よりして時に其の無頓着を怪まる」とさえ書いた。つまり、おれがこの種の地方的な政争に関係をもつような、そんな阿呆と思うのか、見損うのもいいかげんにしたらどうだ、という啖呵なのだが、このシラの切りかたにはあきらかに異常な人格の分裂がみてとれる。つまり北は、この戯文を書いた自分を真ならざる自分、一個の他者とさえ感じているわけである。

あれを書いたのは加茂一青年ではないか。加茂を探せばそいつがいるわけで、おれは湊の一青年だよ。こううそぶくとき、北の意識のなかでは、この戯文を書いた自分は「加茂一青年」として完全に真の自分から切り離されている。それは何のために切り離されねばならなかったかというと、論争のわずらわしさを回避するためでも、偽名を用いて政敵を揶揄する背徳的なたのしみのためでもなく、ただ地方的政争の位相を揚棄した自分の思想的境位を泥に塗れさせぬためである。『斎藤八郎兵衛論』を書いた自己の分身を彼が否認するとき、彼は真の自己、つまり自分が達している認識の境位をまもることに関心が集中しているので、つまりこの関心の性質ははなはだ倫理的である。彼はそのとき、たしかに戯文の作者を、ある卑小な目的のために操作された仮の自己、他者としての自己としか感じていないのである。

このような操作は、意識の病的な分裂とはまったく性質がちがっている。そのような操作にたえうるためには、人はかなり強大な自己把握、いいかえれば自己の意識に対する統御力をもっていなければならない。しかし、それだけではない。そのような操作が可能であるためには、人には、〝真の自己〟についての強い是認がなければならない。そのような強い是認があってこそ、それに奉仕する〝操作された自己〟は倫理的に存立が許されるのである。つまり彼は、自己をこの世で倫理的思想的な高い価値を代表するものと感じるために、〝操作された自己〟の行なうことは、それが〝真の自己〟に奉仕するものであるかぎり、先験的に倫理的であるとみなすのである。しかも〝操作された自己〟のしでかすことから、〝真の自己〟は先験的に免責されている。

そしてこのような自己の是認は、しばしばその実質において、ある政治的大義の是認と同義である。北は先に見たように、操觚者に対してすら「何の故に何が為めに」という大義を要求した。やがて『国体論及び純正社会主義』の著者となるこの若者に、政治的大義に関する強い自覚が存在したことは疑いえない。『斎藤八郎兵衛論』を自作にあらずとする嘘言は、彼のうちにある政治的大義の必要がいわしめたものである。その大義は、いっぽうでは怪文書を作成する自己を操作しながら、その自己を、大義を代表する自己にとってはあくまで他者とみなすような、人格上の分離を要求したのである。

そのような分離は、この青年をどこまで連れて行ったか。われわれはここでただちに、大正末期より昭和初期にいたる北の行動様式をおもい起す。この男は平然としてマキャヴェリスティックな表裏ある行動のとれる男だとは、この時期彼に親しんだほとんどすべての人間が感じたことである。周知のように大川周明は、そのような印象を「魔王」という一語で表現した。しかし、あらゆる魔的現象はすべて人間的である。われわれはこの「魔王」的行動様式が、すでに二十歳の北に現われていること、そしてそれが彼の人間ばなれをした悪魔的資質の所産などではなく、ある政治的大義に関する可憐ともいうべき彼の自覚の要求するところ、いいかえれば、彼のもっともナイーヴに人間的倫理的たらんとする要求の所産だったことを確認しておけば足る。彼の思索は生涯ついに、この政治的大義という一点を離れることがなかった。これが、近代日本の生んだ屈指の政治思想家であることがあきらかな彼の、とどの詰りのつまらなさというものであった。

4

北は明治三十七年の夏、出郷した。昤吉はこれを秋のこととしているが、新潟市の信濃川にかかる橋上で出郷の思いをのべる詩(『別恨』)が、八月六日の佐渡紙に掲げられたことからしても、これはおそくとも七月中のことでなければならない。

東京には、この春早稲田大学予科に入学した昤吉がいた。ふたりは大学のそばの大隈重信所有の貸家を借り、共同生活に入った。一輝は「早稲田の聴講生となつてノートを取つてゐた」。宮本盛太郎の調査によれば、当時の早稲田の聴講生名簿に彼の名は見当らぬという。しかしもぐりであれ何であれ、彼が早稲田の講義をきいたのは、まちがいのない事実であろう。昤吉によれば、北が講義をきいたのは「冷やかし半分で」、主な目的は大学図書館を利用することにあった。「弁当にパンを持つて朝から晩まで図書館へ通ひ、読書中快心のところがあるか、又は将来攻撃の必要がある個所は悉くノートに取つてゐた」。まさに大英博物館におけるマルクスを彷彿せしめる。

もちろん彼はこのときすでに、将来『国体論及び純正社会主義』となって現れる著作の準備作業に入っていたのである。彼はのちに『警視庁聴取書』のなかで、明治三十八年に著述を思い立ったと述べているが、この明治三十八年の十月にはすでに、その最終章の一部を『佐渡新聞』に発表していることからすれば、著述の志は前年からあったことにちがいない。いや、そもそも出郷からして、この大著を仕上げるためだったと考えていい。明治三十六年彼が佐渡紙に発表した諸論文に、この大著の柱をなす論理のいくつかが、きわめて明確なかたちで現れている以上、そう断定して誤りはないものと私は信じる。

ところが北は翌明治三十八年の秋、一時帰郷せねばならなかった。祖母のロクが九月二十七日に死亡したからである。このロクは一家の問題の決定権を握る族母的存在だったらしいが、そのロクが欠けたことによって、長男の一輝が帰郷して、一家の主柱とならなければならぬことになったのである。昤吉の回想によれば、このような決定をくだしたのは彼自身であったようだ。昤吉はちょうどこの夏早大予科を卒業して帰郷中で、祖母の葬儀をすませて上京したのち、兄にそのようにすすめたのであるらしい。北は不本意だったろうが、このすすめには従わないわけには行かなかった。二番目の弟の晶作（のちに晶と改名、以後晶でとおす）は佐渡中学の五年生で寮生活をしており、ひとりになってしまった母を見棄てておくことはできなかったのである。

彼の帰郷はおそらく十月だろう。彼はさっそく、当時晶らによって形成されていた佐渡中学の社会主義グループのまえに姿を現わした。青野季吉が当時四年生として在学していて、そのときのことを書き残している。彼は「何か刃物が眼の前にひらめいたような」感じを与えるこの青年に、やや辟易する思いがあったらしい。『佐渡中学生諸君に与ふ』はこのとき、謄写刷でくばられた詩篇である。佐渡紙十二月五日号に掲載された。

だが、自分の壮大な理論的認識を、著述のかたちにまとめたいという思いに憑かれているこの青年が、このまま便々と佐渡に居残れるはずがないのは、わかりきった道理である。彼は何よりも完備した図書館を必要とするのである。おそらく彼は昤吉から帰郷して家をまもるようにいわれたとき、そのすすめにそのまま従う気はなかったにちがいない。彼ははじめから、一応は帰郷するが、長居は無用の考えであった。彼には家をまもって弟たちの修学をとげさせる長男の義務があったにはちがいないが、といって理論的著述の志を埋れさせてしまうのは、彼に死ねというにひとしい。この辺の彼の衝動を、人はともすれば安易に彼の名声欲と考えがちである。だがそれは名声欲である以前に志である。あの問題的大著を仕上げた青年に、われわれはその程度には同情的であっていいだろう。この数年において、この大著の完成は彼が生きるということと同義である。この若者もまた、生きる権利をもっているのである。

果せるかな、彼は東京へ舞いもどった。おそらくこの年のうちに島を去ったのであるにちがいない。舞いもどった理由として昤吉に述べたことが傑作である。隣村の娘と恋におちて、結婚したいと母に相談したら、あいての母親がだらしのない女だからいかぬといわれて、こまって飛び出して来た。彼はこう昤吉に弁解したのである。

この昤吉の回想は、北のテルとの恋の時期についての、黙殺してはならぬ証言である。つまりこの話が事実であるならば、二人の恋はまだこのときまで激しく燃えさかっていたことになり、ふつうこの恋の時期について下されている推定は、私のそれもふくめて再検討されねばならぬことになるからである。だが私は、このとき北が昤吉に語った上京の理由を要するに弁解と読む。すなわち、そうでもいわねば彼はふたたび昤吉の下宿に転がりこめなかったと解するのである。

ふたりは牛込喜久井町の下宿に移って、ふたたび共同生活を始めた。しかし一輝は早大図書館ではものたりなくなって、上野図書館にかようためひとり谷中の下宿に移転した。この下宿にいた期間は短かったらしいが、彼はその間に二千枚の抜き書きを作った。それが終ると喜久井町の下宿へ帰って、執筆を始めた。昤吉は執筆の現場を見ていたわけで、その間北は酒も煙草ものまず、しじゅう爪を噛み、指先から血がしたたるほどの忘我ぶりであったという。昤吉によれば完成は明治三十九年の早春であった。

昤吉は回想のなかで執筆期間は半歳だったとたびたび強調している。だが彼はいったい何をさして執筆期間といっているのだろうか。昤吉によると、北は前年十月に佐渡へ帰り、再上京して喜久井町、谷中と住いを移し、それからまた喜久井町に帰って執筆を始めて早春、すなわち三月ごろに稿了した。半歳になるわけがない。あるいは昤吉は、『社会主義の啓蒙運動』が佐渡紙に発表された前年十月のすこし前から起算して半歳といっているのかも知れない。とにかく喜久井町で行なわれたのは、執筆というより、仕上げであったにちがいない。

昤吉はいかにも彼らしく、この大著が兄の失恋の産物で、そのポレミカルな基調は「失恋の鬱憤」ばらし、兄の異常な集中ぶりも「余剰精力の発散」くらいにしか受けとっていなかった。だから兄の著作が迅速に完成したことを強調するあまり、それが北のなかでどれだけの前史的作業をふまえた仕事だったかという、もっとも大切な事実を素通りした。事実はこれは、早稲田でノートをとり始めた時から起算しても約一年半、その柱となる論理が星雲のように脳中をめぐり始めてからは三年という歳月を経過して成った仕事であった。

北は無名の青年である。この大著を出版するのには、自費出版しか手はなかった。北家は当時財産を処分して生活している状態だった。昤吉のいうところでは、叔父の本間一松が後見人になっていて、一輝と昤吉の学費も、この叔父が北家の田地や家財を処分しては送金してくる状態だったという。昤吉の回想によると、当時母の手許には千円の現金があった。一輝はこれを自費出版の費用にあてたいと考えた。しかし昤吉は大反対だった。この金はこの春早大に進む晶の学費にしなければならない、思想は腐りはせぬ、弟が大学を卒業してから出版したらよい、これが昤吉の主張だった。本間一松が中に立ち、もしこの本が発禁になって印刷費を回収できなかったら、一輝はこれ以上家の資産に頼らず自活する、昤吉と晶は残りの資産で学業を終える、という昤吉のつけた条件を一輝が承諾することで、『国体論及び純正社会主義』の出版費は母の手許の金から支出されることになった。

昤吉が語っているこの出版の経緯から、北が自己の名声欲のためには弟たちを犠牲としてかえりみぬ家父長的暴君、もしくは自我狂であるかのように主張する人がいるが、そういう主張から北は少しは弁護されてよいであろう。ここに千円の金がある。晶はそれで大学を了える権利がある。だとすれば大学へ進む権利を放棄した北も、〝私の大学〟である著述のために、その金からとりぶんを請求できる権利があるではないか。出版費のもとがとれなければ晶が大学へ進めないのなら、問題である。だが昤吉がつけた条件を見ればあきらかなように、たとえもとがとれずとも、このあと一輝がさらにつかい散らすことがなければ、昤吉と晶が学業を続けるだけの資産はまだ北家には残っていたのである。昤吉の兄への不信の要点は、この兄はエゴイストだというのではなく、金銭に関しては準禁治産者だというのである。さらに長男としての地味な責任をとろうとしない、というのである。家父長的圧制者でありエゴイストだというのではなくて、逆に家長としての責任の自覚がなく、金銭については一攫千金みたいな、夢うつつの考えしかもっていない男だというのである。

北の像を本質的に他者に対して思いやりのもてぬ自我狂のように描き出す人びとは、ふたつのちがうレヴェルの問題を混同しているのかも知れない。北にはたしかに、後年彼と接した人間が冷酷なマキャヴェリストを感じるような一面があった。しかしそれはこの男の「大義」というものに対する理解、すなわち思想の問題である。しかし彼が日常のレヴェルで、本質的に他者が眼中に入らぬような自我狂的エゴイストであったかといえば、そういう断定を支持する事実は探し出すのが困難というほかはない。大正八年ごろ彼が従妹の星野すえ宛に書いた手紙は、そういう像を裏切っている。二・二六事件における彼の進退は、そういう像とは似ても似つかぬひとりの人間の死の決しかたを提示している。われわれはやがてそれを見ることができるだろう。

明治三十九年五月、『国体論及び純正社会主義』は世に出た。これは後世の眼でみると、日本近代思想史上、もっとも重要な意味をもつ事件のひとつであった。

第四章　人類史総括の思想

1

『国体論及び純正社会主義』は日本の近代政治思想史上、まず五指に屈すべき著作であろう。われわれが、個―共同体―国家―世界という、日本の近代政治史を貫通する問題連関、今日なお十分に解かれきってはいない難問について、たんなる文献学的関心ではなく、生きているがゆえに思考せざるをえない人間として関心を寄せるとき、明治・大正・昭和の三代にわたる厖大な政治思想的著作のうち、精魂をこめてとりくむに値するものはそんなに多くはない。北のこの著作はそういう数少ないもののひとつで、彼がこの国の近代政治思想史上もっとも重要な人物のひとりであるのは、ただこの本の著者であるためである。私の考えでは『国体論及び純正社会主義』は思想家北のすべてである。『支那革命外史』も一個の名著であり、『日本改造法案大綱』もまた問題的な文書であるにちがいないが、北の政治思想家としての本質的な意味は、この一冊にすべて含まれている。

ところが世上、この本ほど正しく読まれてこなかった本もまた少ない。正しくどころか、ある時期まではこれは全然読まれない本であった。事情は、何度かの北ブームを経た今日でもたいして変ってはいない。著作集に付された解説を見ても、いくつかの研究書を開いても、群盲象を撫でる図を前にするようで溜息が出る。久野収、吉本隆明、橋川文三などの先駆的な論及がありながら、最近の北研究は駄本のつみかさねといっていい。唯一の例外は滝村隆一の『北一輝』である。滝村の仕事は、北の思想を普遍的な政治理論としての達成度という点で分析するもので、それを歴史的な意味の表出として読もうとする私の関心とは喰いちがっているが、北の政治思想を著書に即して本格的に分析した業績としては、唯一のものといっていい。

この大著がちゃんと読まれて来なかったのは、ひとつは読むものの目に翳りがあるからである。いうまでもなくそれは通俗マルクス主義と市民主義的アカデミズムの翳りである。時代の偏見の構造は強力であって、何度皮相な北ブームが訪れようと解消するものではない。北はいまだに時代の偏見によって遇されている思想家である。われわれはそのことをゆめ忘れないほうがよい。

だがこの本が理解されにくいのは、まだふたつほど理由がある。ひとつは北の思考の様式が逆説的であるためで、訓練ができていないものには論理がたどりきれないのである。さらにひとつは文体の問題がある。この本における北の文章は、速読しようと思うものにはかなりわかりにくい。だがもともと北は、漢文調の明快な文章をいくらでも書ける男であった。それがなぜこんな一見わかりにくい文になったかといえば、彼がきわめて論理的な文章を、漢文読みくだし文のスタイルで書こうとしたからである。だから彼の文体はかなり欧文のシンタックスに近づいている。この欧文臭さは、刊行当時もすでに指摘されていたことである。しかも彼は、基礎的概念を自分の論理とあうように手づくりでつくり出さねばならなかった。読みにくさは彼が、論理的追求を縦深的に行ないうるシンタックスを必要としたことから来ている。

だからこれは、いったん彼のシンタックスに慣れれば非常に明快な文章である。なぜなら彼の文は、当時の漢文読みくだし文の構造に最大限にむりを強いながら、あたうかぎり論理的に厳密であるように書かれているからである。ただしそれは読者に知的労役を強制する。その労役さえいとわなければ、つまり雑に読もうとさえしなければ、この本の文章は、難解どころか完全に説得的な文章である。つまりこの本は、ちゃんとわかろうと努力する人間には、絶対わかるように書かれている。ところが現実には『著作集』第一巻のテクストを見ると、この本の文章は校訂者たちによってさえ、しばしば正しく読まれていないことがわかる。校訂のあと自体が誤読のあとをあらわしているのである。

この本の最大の弱点は、北が長く書きすぎている点にある。彼はこの本を第一稿にして半分に書き縮めればよかったのだ。すでに指摘されているように繰り返しが多いのは、未整理であるからだ。二十三歳の彼は、羽根をいっぱいに拡げたような大著を書こうとして急ぎすぎている。さらに彼はポレミークに深入りしすぎている。それは必要なポレミークであった。だが深追いしすぎているために、この本を不必要に厖大なものにしてしまった。だが、そのような深追いはあのマルクスにもあったことである。人はどんなに大冊、どんなに難解、どんなに煩雑であろうとも、『資本論』や『ドイツ・イデオロギー』ならば忍耐の念をもってとりくむ。努力がむくいられることを信ずるからである。人はただむくいられぬという予断のゆえに、この大著に忍耐をもって対さないだけではなかろうか。

『国体論及び純正社会主義』に対して、これまで下された俗評には、まだ次のようなものがある。そのひとつは、この大著が二十三歳という若さにしては大変よくできているものの、その実質は大家の諸説のつぎばりで、矛盾撞着をきわめている、というのである。さらにまた、そのように諸大家の著書に依拠しながら、彼らを論敵としてえらび罵倒を加えているのは、青年の客気、つまり名声欲のためだというのである。

この大著が弱冠二十三歳の青年にしてはできすぎているという評は当時からあった。矢野龍渓はこれが一青年の手になったことを疑い、幸徳秋水あたりの偽名ではないかと発行元まで照会したといわれている。だが世のなかに早熟な才能というものは存在する。そしてこの著作の価値は、それが異常な知的早熟を示しているという点にはなかった。その才能の早熟さだけを賞讃するのは、むろんこの著作の意味をできるかぎり貶価しようという意図とうらはらになっている。つまり当時の大家の業績のたくみな取捨ないしつぎばりであるというのであるが、こういう批評は思想的総合ということの意味をそもそも知らぬもののいいがかりといってよい。

松本清張は『北一輝論』の一章を「『国体論』の粉本」と題し、北がいかにも剽窃によってこの大著をでっちあげたかのような印象を与えようとしている。おどろくべきことに彼は、北が竹越三叉の『二千五百年史』に依拠したことを、自分がはじめて指摘したと思っているらしい。これは北昤吉が回想のなかで明記し、『著作集』の解説で神島二郎も指摘したことである。しかしそれは神島が指摘するまでもないことで、北はこの本のなかでちゃんと『二千五百年史』の名を二度までもあげて、学恩を謝しているのである。

ただ松本は神島から示唆されて、人のやらないことをやった。北の本と『二千五百年史』をつきあわせてみて、北がその一箇所をまるまる孫引きしたことを摘発してみせたのである。しかし松本は、そのいかにも職業文筆家根性まるだしの著作権的感覚で、何を証明できたのか。北が乱臣賊子論を展開するにあたって、主として竹越の本から史実の提供を受けたことが証明できたにすぎない。それは何も松本の穿鑿をまたずとも、すでに研究者たち周知の事実であった。そもそも、一冊の本がまるまる独創で書けると思うのが無知の証拠である。北が竹越のみならず、必要な知識を当時のもっとも進んだ業績から借りて来たのは、証明を要せぬ自明の理だ。そんなことはあの本を一読してみれば一目瞭然なのである。問題は北がその知識を駆使しながらどんな論理を作りあげたかということで、北の乱臣賊子論の独特な論理が竹越の著書に見出されぬ以上、われわれは逆に、北が竹越から史実の提供を受けながら、独自の論理を作りだしたことのほうに注目すべきなのである。松本のこの本は北研究史上の珍本といってよく、北に対する無知というしかないいいがかりにみちている。しかも、それはことごとくテクストが読めないことと、基本的な素養の欠如に起因していて、いちいち暴露するのも気の毒のような態のものにすぎない。

神島二郎は、北の青年らしい性急な名声欲が、自分が大いに依拠するところのあった美濃部達吉と竹越まで、批判の対象とせねばならなかったことによくあらわれていると主張した。いかにも、若い北は名声に飢えてもいただろう。だが彼が丘浅次郎や美濃部や竹越から学びながら、なお彼らを批判せねばならなかったのには、そういうかんぐりの夢にも思いつかぬ深い思想的動機があった。われわれはやがて、実地にそれをたしかめることができる。

以上私は、『国体論及び純正社会主義』を論ずるのに必要な予備的議論を終えたものと思う。本論に入るまえに断わっておきたいが、私は北の原文の引用を最小限にとどめ、なるたけそれを自分の言葉にいいかえて記述するつもりである。北の文章は断片的に引用されるとさらにわかりにくくなるのが特徴で、彼のいわんとするところは、断片的な引用によってではなく、論者が責任をもって要約することによってのみ、もっともよく読者に伝わると信じるからである。

2

北がこの大著で論じようとしたのは、一言でいえば、来たるべき日本社会主義革命の性質であった。彼はすでに三年前に、父たちの世代の政治的堕落の理由を古き恋、すなわち自由民権の理想が充足せられたことに求めていた。そのとき彼は新しき恋、すなわち社会主義と共和政治の理想を掲げたのであるが、当時はまだそのための全般的な理論を展開する用意がなかった。東京で図書館へ通いつめた一年半の歳月は、その準備の歳月であった。三年前彼が掲げた目標が共和政治と社会主義であったことを、われわれはここでよくおぼえておこう。北は今日でもなおある種の人びとから、その生涯の思想のモチーフが日本近代天皇制の正当化にあったかに、思い誤られている思想家である。ところが彼は何よりもまず、明治の天皇制国家を敵とみなし、その止揚の方途をさぐった思想家なのである。思わず洩らしてしまった共和政治という隻語はかりそめのものではなかった。彼が『国民対皇室の歴史的観察』によって思想家としての第一歩を踏みだしたことは、かりそめではなかった。その意味では彼にはたしかに、G・M・ウィルスン流にいえば「近代推進者《モダナイザー》」、私流にいえば左派ブルジョワデモクラットの一面があった。また彼は、天皇制絶対主義体制を廃棄したあとに実現される社会を社会主義社会と信じていた。つまり彼はすでに三年前に熱烈に告白したように、腹の底からの社会主義者なのであった。だから彼がこのとき直面していた課題は、天皇制絶対主義の廃棄とブルジョワジーの打倒（すなわち社会主義の実現）というふたつの任務を、いかにして同時に遂行するかということであった。周知のようにこれは、わが国の戦前社会で社会主義革命を行なおうとしたすべての人間が避けることのできなかったテーマであって、北の政治思想家としてのユニークさは、この問に対して、それまでもその後も、誰も思いつかなかったような解を与えたことにあった。北が従来、正体のわからぬ思想家のようにみなされて来たのは、その解のユニークさのためである。農本ファシスト、ウルトラナショナリスト、天皇制軍事膨脹主義者、革命的ロマン主義者等々の、北の一面を覆うにすぎぬ規定が、ここから続出した。

もちろん、北の政治思想を、イデオロギー類型として分類する規定はある。滝村隆一がとった国家社会主義がそれで、これは平凡だがもっとも正確な規定といってよい。だが私の関心は、なぜ彼の政治思想がイデオロギー類型として国家社会主義に分類されるようなものに、ならねばならなかったかということにある。北の思想の根本的モチーフに即していえば、彼は何よりもまず、維新革命の特異な性格が必然的に生み落した、日本的コミューン主義の系列に属する思想家である。西郷を発端とする日本的コミューン主義者は、すべて、来たるべき革命を第二維新革命としてしか発想できなかったのであるが、北の思想家としての存在理由は、このような第二革命のテーマに対して、もっとも近代的、かつもっともよくできた解を提出した点にある。

以上の点については、私は第五章以下でくわしく再説するつもりであるが、要するに北は『国体論及び純正社会主義』において、来るべき革命が維新革命を補完する第二革命であることを、理論的に説明できれば、彼の主たる意図は果されたのであった。したがってこの大著は何よりもまず、維新革命の性格と、その結果成立した明治国民国家の本質を解明するものでなければならなかった。すなわちそれは、北にとっての近代日本国家の本質論であった。しかし北の論理のなかでは、この第二維新革命は社会主義革命であった。それが社会主義革命であるとすれば、北は当時の日本の思想水準からして、純正社会主義とは何かという啓蒙的論題を回避するわけにはいかなかった。「純正」というのはただ科学的ということにすぎず、実際北は本文中では、科学的社会主義という用語をもっぱら用いている。この大著が『国体論及び純正社会主義』と題されているのは、以上の理由によっている。すなわちこれは、北の意図にそって英訳されるならば、“The character of the modern state in Japan and the scientific socialism” とでもいった表題をもつべき本であった。

ところが北のこの大著には、表題にあらわれていないもうひとつの重大なテーマが含まれていた。それは国家（社会）本質論と社会発展理論より成り立つ基礎的社会理論であって、この問題ととりくんだということが、いかなる欠点があれ北が、本質的に優秀でしかも良質な思想家であることの、何よりの証明であった。

だからこれは結局、社会主義理論の啓蒙、日本近代国家の歴史的性格分析およびその帰結としての日本革命論、基礎的社会理論の構築という三つの意図を同時に満足させようとする著作であった。大著たらざるを得ないが、叙述の構成において二十三歳の青年の未熟さが出た。彼の考えでは、第一編『社会主義の経済的正義』と第二編『社会主義の倫理的理想』で第一の意図を果し、第三編『生物進化論と社会哲学』で第三の意図を果し、第四編『所謂国体論の復古的革命主義』と第五編の『社会主義の啓蒙運動』で第二の意図を果すつもりであったと思われる。だが実際の構成はそううまくはいかず、たとえば私が第三の意図と呼んだ基礎的社会理論は、第一編、第二編から小出しにされているうえに、第三編、第四編に分割して叙述されている。つまり全体として重複が多く、著作全体の論理構造がうまく読者に伝わらぬのである。

叙述構成が成功していない理由のひとつは、しゃべりすぎにあろう。松本清張は久野との対談で、北の文体はもともとトーカティヴつまり饒舌である、ジョイスやスウィフトのアイルランド的饒舌を思わせると、大変うまいことをいっている。理論的分析ではどんなに阿呆らしいことをいっても、こういうところはさすが小説家だ。この指摘は彼の『北一輝論』の中の白眉といっていい。北の文体はワンセンテンスにおいては簡潔な切れ味を示してはいても、なるほど文の流れのなかでみると饒舌である。松本の指摘からは、アイルランドと佐渡というふたつの島の位相についての、とりとめもない連想さえ誘われるが、いまは措く。しかし、構成がすっきりいっていない理由のもうひとつは、北にこの本を「現代日本の思潮評論」、すなわち現代イデオロギー批判にもしたいという第四の意図があったからである。しかもポレミークに深入りして話の筋がわかりにくくなっていることは、先にも指摘したとおりである。

3

『国体論及び純正社会主義』の内容を分析するにあたって、私はまず社会主義理論の啓蒙の部分から始める。これは理論構成上大して重要なものではなく、最初に片づけておいたほうが話のとおりがよいからである。

松本清張はいう。「この著書の内容に『社会主義』の科学的理論を読みとることはできない。その文章に一種の張り扇の音が聞えるように、衒学的で空想的な社会主義である。とすれば、北の『転向』という問題はその前提を失うわけである。これも案外に一般から見過されていて、彼の『若書き』による出発をすでに完成された社会主義者のように見る者が多い」。松本健一はそれに答えていう。「しかし、北にとって、社会主義は理論ではなくて、信仰なのである。それがユートピア的色彩をおびるのは当然である」。

ようう、ご両人、といいたくなるのは私だけではあるまい。めしいがふたりかけあいをやっているわけである。清張が北の文章には張扇の音がするといっているのはいい感覚で、こういうところがみえるのが彼の作家たるゆえんだが、「科学的社会主義」についていっていることは御愛嬌にすぎない。彼の『北一輝論』を読めばわかるとおり、彼は社会主義理論についてえらそうなことをいう能力はまったくもっていない。

この著書のなかで、北が社会主義について示した理解は、当時の日本の水準としてはそうとうなもので、いわゆる科学的社会主義、つまり〈マルクス主義〉にもっとも近似していた。もちろん彼は、当時の紹介書の水準でそれを学んだのであるから、今日の〈マルクス主義〉の教説からすれば、〈誤謬〉をまぬかれなかった。彼は、マルクスの労働価値説に幼い批判を加えているので知れるとおり、剰余価値理論を深く理解しておらず、さらに差額地代論をもって、日本地主制における小作料を理解しようとするなど、一般に経済理論をよくマスターしていなかった。

だが、そういう理解のいたらなさにもかかわらず、彼は第二インター段階の社会主義理論の骨子を、ほぼ完全につかんでいた。彼は、「社会主義の真髄」が「分配論に非らずして実は生産論に在る」こと、つまり「土地及び生産機関の公有と其の公共的経営」にあるのを承知していたことはむろんのこと、社会主義が現時の経済的潮流である「資本家大合同」、すなわち「ツラスト」をうけた「進化」であることも、ちゃんと理解していた。それだけではない。彼は、独占資本主義がけっして小資本家を減少せしめず、逆にサラリーマン的中間層や労働貴族を析出するものであることを知っていた。つまり彼はベルンシュタイン理論を、紹介によってすでに知っていたわけである。

しかも彼は、社会主義社会における労働が、一種の「徴兵的労働組織」のかたちで行なわれることも知っていた。神島二郎はこれを「軍事的団結」の主張などと誤読し、北がのちに青年将校運動と結びついたことと関連させている。これは神島が、北の用いる比喩にまどわされて文脈が追えていないだけのことで、北がいっているのは、社会主義社会における労働は、徴兵に似た手続きで召集された国民の「自己の天性に基く職業の選択と、自由独立の基礎に立つ秩序的大合同の生産方法」によって行なわれるということにすぎない。まさに「科学的社会主義」の常識である。

さらにこの青年が油断ならぬのは、社会主義革命が世界同時革命でなければならぬ理論的根拠まで、わきまえていた点である。すなわち、一国の産業を社会主義化することは他国が資本制生産に立っている以上、国際競争という点で国家的な不利を招く、という田島錦治の主張を駁して北は、それゆえにこそ社会主義インターナショナルの運動が存在すると答えたのである。

以上は北が社会主義理論に対して示した理解のみどころである。このほか彼は社会主義的啓蒙の見地からまだいろいろなことをいっており、たとえば第二編で展開した道徳論、すべての良心・道徳は階級的であって社会主義社会においてのみ普遍的な良心・道徳は成り立つ、という理論も、まさに「科学的社会主義」に立つ弁証の見本となっている。だがこの点についてはこれ以上深入りする必要はあるまい。なぜならこれはこの青年の独創的な思考を示す部分ではなく、彼がひとりの優等生として、社会主義理論について学びえたものを示しているにすぎぬからである。彼が第二インター段階の社会主義理論を、当時の日本人としてはかなりよくマスターしていたのは、以上の概観ですでにあきらかかと思う。『国体論及び純正社会主義』の社会主義は空想的社会主義だ、などという松本清張の断定は、無知なあてずっぽうにすぎない。

だが北が、自分の社会主義が「涙を以てする人道論」ではなくて、あくまで科学的なものだと断言するのは、たんに第二インター的理論で武装した自信のせいではない。その底には、自分は「社会進化の理法」をつかんでいる、つまり「慷慨と涕泣を以て社会主義を説くものにあらずして、科学的宿命論の上に理論を主張す」るのだという自信があった。

科学的宿命論とはむろん、今日ふうにいえば社会発展の必然的法則のことである。彼はこのことを「鉄よりも冷たき科学によりて一切の理論を行ふ」とも表現している。松本健一は、北にとって社会主義は理論ではなく信仰だ、だからユートピア性をおびるのは当然だという。北にとって何と迷惑な弁護人だろう。冗談をいってもらっては困る。松本は北を一貫してロマン主義者とみなし、その情念の劇に陶酔すればよい人だから、北の社会主義理論がユートピア社会主義であったって、いっこうかまわず、一足とびに信仰だったほうが好都合かも知れないが、彼がこの三年前に社会主義を自分の信仰と呼んだのは、そんな意味では全然ない。いったい社会主義が理論である必要がないのなら、北はこの本で何を苦労したのか。彼はただ唯美的絶対空間とやらをうちたてるために、つまり全頁をロマン主義的なうわごとでみたすために、もと版で千頁に及ぶというこの大著を書きあげたのか。まったく理論というもののおそろしさを知らぬ連中ほど、度しがたいものはない。

そうではなかった。北は「社会進化の理法」を説明しうる統一的な理論、すなわち全般的な社会基礎理論を求めて苦闘したのだった。それゆえにこそ彼は第三編『生物進化論と社会哲学』の冒頭に、社会主義が「生存競争説」と矛盾するならば、いかに経済学・歴史学など他の諸学のうらづけがあろうとも、結局はユートピアにすぎない、という考察を書きつけたのである。彼はさいわいに進化論がうらづけてくれるから社会主義はユートピアではないと考えたが、その結論のよしあしは別として、こういうふうに社会主義という自己の欲求を、それが知によって支持されるかどうかと問うたやりかたにこそ、北の思想家としての優秀さはあらわれている。すなわちそれはまた、かのマルクスのやりかたでもあった。

4

北は社会発展の一般的理論を構築するさいに、進化論に頼ったといわれている。しかし彼の論理構成をよく吟味してみると、生物進化論が北の社会発展理論においてもっている役割は、ふつういわれるほど大きなものでも決定的なものでもないことがわかってくる。自分の社会発展理論をつくりあげるさいに、彼が進化論はおろか、スペンサーからもマルクスからも学んだだろうこと、しかもそのすべてをかなり粗雑なものもふくむ紹介を通じて学んだであろうことは、疑問の余地がない。「社会進化論を説けるマークス」などといっているところをみれば、唯物史観のごく通俗な紹介くらいは読んでいたらしい。だから彼の社会発展論はむろん出所からいえば独創ではなく、いろんな十九世紀社会思想のごった煮といってよい。ところが彼は素材としてはかなり雑多なよせあつめを使いながら、それを自分の思想展開のための手づくりの理論に変えてしまった。その手つきは独創そのもので、彼はあたえられた範疇を独特の含意をこめた手製の範疇につくり変え、ごった煮ならざる統一的な社会発展理論をうちたてたのである。

ふつう北が学者たちから辟易されるのは、ひとつは彼がいかなる範疇も、自分の使用に適するようにつくり変えずには用いなかったからである。先生たちから教えられた言葉を用いなければ学問にならないと信じている人びとには、これが奇怪なことに見える。北がこのような「奇怪」な用語を好んで用いたのは、もちろん彼が自分の頭脳で思考する人だったことの証明である。

北は社会主義を、中世における「偏局的社会主義」と、近代における「偏局的個人主義」の対立を、綜合し止揚するものとして考えていた。目に梁りあるものは中世の社会主義とは何ごとぞ、と思うところだ。しかし、北が指しているのが、村落共同体に基礎をおく中世社会の、全体と個の統一されたありかたであるのは、素直に読めばあきらかというものである。北がそれを偏局的と定義するのは、むろん「社会万能国家万能」のこの体制にあっては、個人の「独立自由」が認められていないからである。そしてこれを偏局的ではあれ社会主義と呼ぶのは、近代社会における個の析出のあとをうけて、全体と個とがより高い段階において再統一されるべきだ、それが人類史の必然の趨勢だという理解が、北のなかにあることを示す。すなわち北は社会主義者というよりコミューン主義者なのである。北にとって社会主義とは、中世でかつて個人の尊厳を犠牲にすることによって成り立っていた全体と個の統一を、近代における個の自覚を生かしきるようなより高い形式で回復することにある。これはまさにヘーゲリアン的な思考であって、社会主義革命とは市民社会における公と私との分裂を再統一するものだという、初期マルクスの立場と一致する。

これは社会主義の理念の表明であるにとどまらず、ひとつの人類史に関する壮大な発展図式である。北が「偏局的社会主義」と「偏局的個人主義」が「純正社会主義を築ける二大柱」だというとき、彼は思想のことをいっているのではない。人類は中世において極端なコミューン原理の社会を経験し、近代において極端な個人原理の社会を経験して来たからこそ、現代においてその綜合《ジンテーゼ》をなしとげることができるのだということで、これはつまり人類史の三段階論なのである。その綜合を、個人を完全に生かしきる高度なコミューン原理の社会と考えるところに、北の社会主義者たる本質が存在したのである。

北がヘーゲルをどの程度知っていたかは疑問である。しかし、この思考がヘーゲル的であることには疑問の余地がない。「波状形の運動を以てする社会進化の方向」などというのをみれば、たしかに彼には螺線型発展についてのイメージがあったのである。あるいはこの三段階説には種本があったのかも知れない。だがその種本にはヘーゲルの名は出ていなかったであろう。出ていれば、ペダンティズムではひけをとらぬこの二十三歳の青年が、それを記さぬはずはないからである。どんな種本から思いついたにせよ、しかしこの三段階説はまったく北自身のものとなっている。それはこのような人類史の解釈が、この青年のいちばん深いところにある欲求を満足させているからである。

北の行論を読むかぎり、彼はこの三段階説を日本史の史実から思いついた形跡はない。当時は、日本の封建社会をコミューン社会としてとらえるような視角は、一般に皆無だった。彼が「偏局的社会主義」として説くところをみると、彼のなかにイメージとしてあるのはヨーロッパの中世社会である。しかしこの人類史の三段階が、北のイメージのなかで、典型的にはヨーロッパのものとしてとらえられていたにせよ、個と共同性との分離を再統一しなければこの生は生きるにあたいしないという感覚は、あとに説くようにあくまで特殊に日本近代のものだったのである。

彼が自分の社会主義を科学的と考えていたのは、根本的には、このような人類史の展開論理をおさえているという自信があったからである。彼は書く。「百川の海に注ぐが如く社会民主々義は凡ての進化を継承して始めて可能なり。個人主義の進化を承けずして社会主義なく、帝国主義の進化を承けずして世界主義なく、私有財産制度の進化を承けずして共産社会なし。故に社会民主々義は今の世の其等を敵とせずして凡てを包容し凡ての進化の到達点の上に建てらる」。私有財産や帝国主義を敵とせずに包摂するような社会主義なんてあるものかと、通俗マルクス主義者は考える。しかし北はここで止揚の論理を説いているだけである。すなわちこのヘーゲリアンはこの場合マルクスと一致しているのであって、社会主義は「人為的考案」ではなく「歴史的進行の必然たる到達」だという北の主張は、いうまでもなくマルクスがつねに説いたことであった。

北の発展段階論は、社会経済構成に即した表現をとるときには、古代公民国家―中世家長国家―近代公民国家の三段階説となる。これは先にみた偏局的社会主義、偏局的個人主義、ジンテーゼとしての近代社会主義という、社会組織原理からみた三段階説とはちがって、国家の主権の所在という視角からする段階づけであるから、段階の内包する意味がちがう。だが私がいまさしあたり注目するのは、この段階説に即して「平等観の発達」過程を説明する北のやりかたである。平等観、つまり人類の平等を求める欲求の発達は、北によれば、やがて社会主義革命の「断崖に漲り落」つべき「社会意識の大河流」である。つまりそれは歴史の動因であって、この点北は一種の史的観念論者だといっていい。ところがこの発達過程を説明するやりかたが、実にヘーゲル的、したがって一定限度内で実にマルクス的なのである。

この説明にあたって彼は都合の悪い古代公民国家を切り捨て、家長国家段階に君主国・貴族国の小分類を設け、近代公民国家を民主国といいかえて、君主国―貴族国―民主国の三段階に編成しなおす。そしてこの三段階を、人格の自由な発現が、はじめは専制君主ひとり、次には複数の封建諸侯、最後には国民全体といったふうに、次第に拡張されてゆく過程ととらえるのである。ここまではごくふつうな発想といっていいが、ユニークなのは次の点である。すなわち彼は、はじめは君主ひとり、のちには複数の諸侯が人格の自由を独占的に享受したことは、歴史の必然で何ら倫理的批難の対象にならぬと主張するのである。つまりそれはまだ社会が、一個人あるいは少数の人間にしか自由を実現しえないような、発展段階だったということにすぎない。「神聖不可侵なる絶対無限権の皇帝が其の一個性の権威を以て全社会を挙れる大多数をも圧抑したる如き『個人の自由』なくして何の社会主義あらんや」。田中惣五郎はこれを「北の抜きがたい貴族趣味」「下層階級を軽侮する選民思想」と非難し、君主・貴族の特権を合理化するものと解する。この〈マルクス主義者〉は何を錯覚しているのだろうか。こういう非難こそが彼の理解している〈マルクス主義〉の水準を暴露するもので、北がここで用いている論法は、いうまでもなくマルクスやエンゲルスがしばしば用いた論法にすぎなかった。

こうみてくれば、北における社会進化という概念は生物学的進化論に由来するというよりも、マルクスにおける社会的存在としての人類の歴史的発展という考えかたに、かなり近いことがわかるだろう。もちろん北は進化論を諸学の基礎理論と考えており、さらに従来の進化論が、自然淘汰を諸個人間あるいは階級間に適用して優勝劣敗を正当化するという、社会ダーウィニズム的段階にとどまっていることを鋭く批判し、社会理論としての「生物進化論の組織其者に対する組替へ」を行なおうとした。だがその組み替えの実体は、次のようなものにすぎなかった。

たとえば彼は、これまでの進化論が、人間社会を考察する場合に生存競争の単位をとりちがえていたものと考え、あらたに民族社会を生存競争の単位ととることによって、社会的利己心と個人的利己心を統一することができると主張した。また、個人と社会（国家）は一致するという社会有機体説を主張するさいにも、個体のクラスのとりかたに関するヘッケルの学説を援用して、単細胞生物が分裂した場合最後に生じた無数の個体は、それぞれの個体を「空間を隔てゝ分子とせる一個体」と考えられるように、個人は「中間に空間を隔てたる社会と云ふ一大個体の分子」とみなすべきだと論じた。さらには恋愛を論じて、雌雄競争が食物競争にはばまれている現状、つまり自由恋愛が階級と貧富によって妨げられている現状を打破して、自由に雌雄競争が行なわれるようになれば、人類の資質は今日よりはるかに善美なものになると主張した。

いうまでもなくこれはすべて擬似科学である。彼の進化論の社会理論への導入は、すべてこういった思いつきにすぎず、自分の理論を科学的に粉飾するためのものであったといいうる。彼の思想と論理はなにも進化論の手に導かれて成り立ったものではなかった。彼はただ、最新の科学理論と信じる進化論によって、自分の思想を科学的に強化できると錯覚した。進化論を自分の社会理論の基礎と宣言したとき、彼はいかにも明治人らしい科学への憧憬を表白していたのである。だがそんなものは導入せずとも、彼の全政治思想は論理的に成立することができた。個人的利己心は社会的利己心と一致すべきである、個人は即国家であるべきであるという彼の政治思想は、それが人類史の展開過程中に根拠をもつものであるゆえに、進化論の支えなどなくとも自らの足で立つことができた。それとおなじく、彼の政治思想に含まれている誤謬は、けっして進化論に導かれたがための誤謬ではなかった。その誤謬は彼の思想に内在するものであって、彼と日本近代とのかかわりようによって宿命的に規定されていた。

彼と進化論の関係は、日本の近代知識人がたとえばマルクス主義であるとか構造主義であるとかといった、当時の「最新科学」ととり結んで来た関係の、もっともはやい一例であるにすぎない。ただ北が思想家としてほんものであったのは、そういう「最新科学」をとりのければあとには何も残らない思想家ではなかった、という点にあった。すなわち彼は、進化論などとりのけても十分読むにたえる著作、いやそれをとりのけたほうが真の意味があきらかになる著作、すなわち『国体論及び純正社会主義』を残した。『国体論及び純正社会主義』が今日読むにたえるのは、社会理論としての生物進化論などという擬似科学ではなく、かなりがっちりした歴史的社会理論、すなわちヘーゲル的な史的観念論によって導かれているからである。そしてその史的観念論はいくつかの場合、マルクス的な史的唯物論にきわめて近似した地点まで到達している。

北の社会主義について、最後に考えておくべき問題はその「天才主義」である。彼は「社会主義が清貧に停滞する下層的平等と解せら」れていることに反対し、「上層階級を下層に引き下ぐる」ような主張は「平民主義」であっても社会主義ではないと説いた。社会主義は「掠奪階級の地位を転換せんとする者」ではなく「一切階級を掃蕩」するものである。つまりそれは「下層階級が上層に進化する者」であり、その意味で「全社会の天才主義」なのであった。

こういう北の主張は、従来田中惣五郎を嚆矢として北の選民思想、貴族趣味、つまり個人の好みとしての天才主義をあらわすものと解されている。「社会主義は天才主義なり」

という言葉は、「精神的貴族主義の言葉として聴かれなければならない」という松本健一の主張は、本人はこれで北を弁護しているつもりなのだが、もちろん田中の解釈の系列に入るものである。

だが北のこういう「天才主義」的な社会主義解釈は、北の個人的な好みではなく「科学的社会主義」のきわめてオーソドックスな立場を示すものにすぎない。疑うものはマルクスを読めばよい。マルクスが義人同盟水準の初期ドイツ社会主義から分離したひとつの理由は、それが貧者による富者の収奪という平民主義にとどまっていることにあきたらなかったからである。いうまでもなくそれは、彼がヘーゲルから止揚という概念を受けついでいて、そのような弁証法からするなら資本制の止揚とは、当然それまでの人類史の遺産のすべてを総括するものでなければならないからであった。北が天才主義なら、マルクスだって天才主義である。このあたりでは弁証法的観念論者たる北は、〝弁証法的唯物論者〟たるマルクスにたいへん似てくるのである。

北は、社会主義社会は類としての人間の能力を全面的に開花させるものだと考えていた。「花の蕾なりし堯舜の世が爛熳たる桜花として開く神の時代」という言葉は、北の宗教的な指向をあらわす以前に、「科学的社会主義」の常套語なのである。マルクスもまた社会主義社会をもって、類的存在としての人間の能力を全開せしめるものと考えていたのは、周知のごとくである。北は「伏能啓発」というはなはだマルクス的な言葉を使ってさえいる。

今日の眼からみれば、マルクスや北のこういう人間性全面開花の理論は、あきらかに人類のユートピズムのながい系列のうちに入るものである。北は社会主義社会が実現したら二、三世代のうちに道徳は本能となるであろうといっているが、こういうとほうもない夢想は、これまですべての「科学的社会主義者」が共有してきたものにすぎない。つまり北は、松本清張などが考えているように、「科学的社会主義」を知らなかったからユートピズムにおちいったのではなかった。北のユートピズムはまさに「科学的社会主義」がその本質上ともなっているユートピズムにほかならなかった。

北のこういうユートピズムがもっとも過激に表出されたのが、彼の恋愛論である。彼は社会主義社会においては、「最も『神類』に近き所の個性を有する男子及び女子が全社会の恋愛の中心点」となるといい、そういう恋を「全人類の大を看客」とする「釈尊とマリアとの恋」と表現した。従来の論者はこういうところをもって、北の選民思想や精神的貴族主義の証拠とするのであるが、むろん彼は人間性全面開花のユートピズムを、こういったおおげさな比喩で表現したにすぎない。

こういうユートピズムは、度しがたい選民主義者でありマキャヴェリストであるかにいわれる北が、じつはういういしい近代的ヒューマニストの内面をもっていたことのあきらかな証拠といってよい。彼はこの大著のなかで、民衆の貧について怒りの言葉を発していないわけではけっしてないが、彼の激情がほとばしるのは何といっても、人間の可能性が階級社会によってはばまれていることに対してである。たとえば彼は、愛によって結ばれた家庭が、貧のために惨劇の場になりおえる様を、いかにも彼らしい「張り扇の音」のする名文で活写する。「羊の如き天稟の主人は狼の如くなりて世に戦ひ、昔日の希望に輝ける活気は失せて三十にして老者の如く衰へ、薄鬢の下に湛へたりし微笑は石の如く閉されたる陰暗の唇となる。海老茶の袴に花の如く笑まひ小鳥の如く囀りし少女は一瞬に去りて、其豊頬は生活の苦難の為めに落ちて亦笑まず」。

これは何の叫びだろうか。魂を殺されるのはいやだという叫びであって、このように北は何よりもまず、明治天皇制国家が、そのもとで生きる人間の魂を圧殺することへの怒りから、革命家となった人である。彼が、今日の男子中「一切階級の虚飾を剝奪せる裸体の女子」に対し、「吾は爾の美に向つて二世を契るべし」と断言しうるものが何人いるかと問うのは、魂の声が階級的擬制に覆われることへの憤激なのである。

穂積八束の「車夫に向つて言語を交ゆるを以て光栄を傷くるとなす」態度に、心からの憎悪を抱いた北が、単純なエリート主義者だったはずはない。彼は精神の可能性をはばまれるのが、いやなのであった。そして、衆人の魂がそこでは高くはばたけると信じたからこそ、彼は社会主義社会を求めた。彼には、類的存在としての人間は、過去のすべての遺産をとりこみながら、より高きへと展開するものというイメージがあった。明治において、このようなイメージに導かれて社会主義者になった人間は、彼のほかにひとりもいなかった。彼が明治社会主義の水準を平民主義と把握し、自分の認識はそれを超えているという自信をもったのは、じつに彼の「天才主義」が、歴史的必然によって全大衆が人格と能力の全面的開花を達成するという、ヘーゲル＝マルクス的理念の嫡出子だからであった。しかし、この類的存在としての人間の解放という理念には、その底に、いかにも北的な重要なモチーフがかくされていた。それは人間は共同的なものであるべきだという要求で、これこそ彼がおのれを社会主義者とみなした理由の根本であると同時に、彼がのちに擬ファシスト的な転落をたどらねばならなかった、秘密の核心にほかならなかった。

第五章　天皇制止揚の回廊

1

北が『国体論及び純正社会主義』で提示した理論のうちで、今日の眼からしてもっとも重要な意味をもつのは、日本近代国家と日本革命の性質を論じた部分である。この本が日本の近代政治思想のなかでもっとも重要な文献のひとつになりえているのは、もっぱらこの部分によってといっていい。

北は、明治三十年代の国家は、帝国憲法の水準では社会主義国家であるが、藩閥政府と教育勅語の水準では天皇制専制国家であり、現実の経済制度の水準では、ブルジョワジー・地主の支配する資本制国家であると把握した。さらに、日本はすでに維新革命によって法的には社会主義国家なのであるから、来るべき社会主義革命は、教育勅語水準の天皇制専制主義（すなわち彼の用語によれば「国体論的復古的革命主義」）を反国体、憲法違反として無化し、ブルジョワジー・地主の経済的階級支配を廃絶する第二維新、すなわち補足的な経済革命で十分である、と主張した。

わが国の知的カースト社会の住人には、これは何ともわけのわからぬ論理に見えるらしい。とくに問題になるのは、明治国家を北が社会主義国家と規定する点である。戦後イデオロギーの見地からすれば、北がそれを「民主国」と規定するのさえ許しがたいのに、社会主義呼ばわりするなど、正気の沙汰とも思えないのである。この点で北を批判しようとする人間は、むかしから大勢いた。

だが彼らは、北の論理を無心に読み解くことから始めず、自身の知的常識やイデオロギー的尺度から裁くことのみを急いだ。そうすると北の論理は、収拾のつかぬ矛盾と混乱の集積に見えた。つまり批判者自身がわけがわからなくなってくる次第で、その場合彼らは、次のように罵って自らを慰めるのを常とした。いわく「理解に苦しむこんとんたる思想」(田中惣五郎)。だが、こんとんとしているのは夫子自身の脳中の状態で、彼らは、北の論理的、あまりにも過剰に論理的な理論構成を、ただ読み解けないというにすぎなかった。また仮に読み解けたとしても、天皇制専制主義は国体違反で、現実の日本は民主国だという北の主張が、どういう戦略を意味するかがわからず、天皇制国家の美化ではないかと疑った。日本国家は維新革命の産物なのだから、先験的に社会主義国家なのだという北の弁証にいたっては、まさに判じものであった。現在の北研究の水準は、おおかた、こういう連続的な疑問符の行進の上に立って、ああでもないこうでもないと、北の表面を撫でまわしているだけである。

北の第二革命の論理において、まず問題になるのは、帝国憲法に規定された日本国家の国体を、「民主国」とみなし、したがって天皇を制限された立憲君主と規定した点であろう。

彼の定義では、「民主国」とは、国家が君主や封建諸侯の所有対象、すなわち「物格」であることをやめて、「人格」として自立した段階を示している。国家とは、北にとって国民の理念態を意味する。すなわち国家の「人格」化とは、同時に国民の「人格」化でもある。維新革命によって創出された日本近代国家は、このような「民主国」であり、帝国憲法はそのことの表現であると彼は理解する。したがって、憲法にその地位を明記された天皇は、かつての絶対君主のような国家の私有者ではなく、民主国の意志を忠実に表現する「国家機関」である。北が来るべき社会主義革命を、上部構造的変革を必要とせぬ経済面での補足的革命と考えたのは、「民主国」をこのように、法的側面において社会主義的要請をすでに実現したものとみなしたからであった。

この北の論理は、ただちに、さまざまな角度からの異論や疑問を誘発せずにはおかない。私はなるべく順序よくそれを片づけてゆき、片づけ終ったときには、北の第二維新革命の論理構造がすべて開示されているといったふうに、話を運びたいと思う。

まず問題になるのは、北の論理が、天皇制専制支配との闘争を放棄し、闘争目標をブルジョワジーと地主のみにかぎる、経済主義的な戦略ではないかということだろう。何しろ彼は、本書のなかで、天皇と社会主義が矛盾しないということを力説し、そのことを明らかにしたのが自分の日本社会主義理論への貢献だとさえ主張しているのだから、その疑いはむりもない。疑った人はたくさんいるが、代表は何といっても服部之総で、彼はこの点で、北を労農派の先蹤とさえみなした。だが北の論理を、天皇制専制支配の合理化であり美化であるかに考えたものたちは、北が本書の第四編『所謂国体論の復古的革命主義』の冒頭に、次のように書いたことを完全に看過していた。

「欧米の社会主義者に取りては、第一革命を卒へて経済的懸隔に対する打破が当面の任務なり。未だ工業革命を歩みつつある日本の社会主義にとりては、然かく懸隔の甚しからざる経済的方面よりも、妄想の駆逐によりて良心を独立ならしむることが焦眉の急務なり。……『国体論』といふ脅迫の下に犬の如く匍匐して、如何に土地資本の公有を鳴号するも、斯る唯物的妄動のみにては社会主義は霊魂の去れる腐屍骸骨なり」。

彼は経済的階級支配すなわちブルジョワジーの階級支配と闘う以前に、ぜひやっておかねばならぬことがある、それは国体論という「妄想」と闘うことだといっているのである。この国体論という「妄想」が天皇制イデオロギーそのものを指すことは、彼が第四編のおびただしいページを費して展開した国体論批判をみれば明白である。皮相にいえば彼はここでは労農派どころか、いわゆる天皇制絶対主義との闘争を強調した講座派の立場に立っている。しかし、これは矛盾である。彼はすでに、日本は民主国で、それゆえに社会主義革命は国体の変更を伴なわぬと主張していたではないか。批判者たちは、北のこういう一見矛盾としか感じられぬ所説のなかに、彼が近代日本国家をどんな意味で民主国と主張したかという、秘密がひそんでいることに、もっとはやく気づくべきだった。

2

従来の批判者たちは、維新を民主主義革命、明治国家を民主国とする北の主張を、彼の客観的な事実認識としか理解できず、しかもそれが、天皇制支配を強弁によって弁護するものであるかに曲解して来た。ところが、これはたしかに強弁にはちがいないが、眼前の天皇制支配を、維新革命の正統ならざるものとして否認しようがための強弁なのであった。北の第二革命の論理を上っつらだけ読むと、彼が廃絶しようとするのはブルジョワジーの階級支配だけで、天皇制支配は「そんなものはない。それは復古的国体論者の脳中にだけ存在するものだ。日本はすでに憲法上民主主義国家なのだ」という論理で温存するもののようにとれる。ところがじつは、彼の主張する第二維新革命は、天皇制支配の廃絶を第一の任務として含むものであった。もちろんそれは禁句であるために、彼はその天皇制止揚の論理をきわめて細心に埋伏したけれども、眼のあいているものは、それを行間に読みとることが可能なのだった。

北の天皇制論を貫いている赤い糸は、一言でいえば〈擁立された天皇〉というアイデアである。つまり、天皇は維新革命の必要のために擁立された国家の道具にすぎぬという見かたで、この視点のユニークさのために、『国体論及び純正社会主義』は、天皇制について戦前提出された見解のうちで、もっとも重要なもののひとつとなっている。

彼の考えでは、明治国家における天皇は、東洋的デスポットとしての古代天皇、「神道の羅馬法王」としての中世より近世にいたる天皇とは、まったく歴史的範疇を異にする存在であった。それを混同するような思考を、彼は、用語に対するモノマニアックな固着としてきびしく批判する。明治国家における天皇は、それまでの日本歴史にかつて存在しなかったような、独特な歴史的範疇であって、たとえ「天皇」という共通の呼称をもっているからといって、明治国家の天皇に古代的天皇の神権的性格を付会するのは、理論的にも実践的にも許されぬ誤謬だというのが、彼の「科学的」認識だったのである。

だが、明治国家の天皇に古代的天皇の神権的性格を付会せしめたのは、明治国家の支配エリートの必要であると同時に、いわゆる万世一系・皇統連綿たる天皇家の歴史であった。しかし、北にいわせれば、そのような天皇制の歴史的継続性に関する思いこみも、ひとつの錯視の産物であった。彼はそのことを証明するために、『国体論及び純正社会主義』の厖大なページを、かの「乱臣賊子論」のために費した。これはこの本の核心をなすものとして、従来もっとも重視されて来た部分であるが、私はそうは思わない。もしこの乱臣賊子論とそれに続く国体論批判が、もっとも価値をもつ部分だとすれば、この本は今日すでに死んだ本である。なぜなら、天皇制イデオロギー批判は、すでに過去の思想的任務に属するからである。北はこの部分においても、たとえば、中世以降の天皇を、現世の政治的世界の支配者たる幕府、すなわち「神聖皇帝」に対する「神道の羅馬法王」と規定するような、鋭い着想を随所に示してはいる。しかし、彼の論証は小気味よくもあり巧妙でもあったが、それによって示されたことは、今日、誰でも承認するような平凡な事実にすぎない。要するに彼は、日本人が天皇を、一貫して神聖な支配者として遇して来たというのは完全な嘘っぱちで、じつは彼に乱臣賊子の行為を働き続けて来たこと、そしてそれは歴史の必然であって、善でも悪でもないことを、えんえんと論証した。日本史が「国民に取りては、億兆心を一にして万世欠くるなき乱臣賊子を働きたる歴史的ピラミッド」である、という彼の結語は、教育勅語の神聖天皇像の完全なパロディというべく、彼の専制主義的近代天皇に対する悪意をはばかりなく露出するものであった。

彼の考えでは、維新革命直前の天皇は、衰亡に瀕した古代専制君主の遺制、プラスとるにたりぬ京都近傍の小封建君主で、もし維新革命の指導者がうち棄てておいたならば、革命のもたらす外光と外気に触れて、遠からず頽然とくずれ落ちるような存在にすぎなかった。そのような天皇がなぜ、創設された日本近代国民国家の君主となりえたのか。北の考えでは、それは国家がその必要から擁立したからであって、この意味では、天皇は明治国家の完全な被造物である。もちろん、あからさまには書いていないが、天皇は、どうしようもなく落ちぶれていたのを、国民が必要と認めて拾いあげてやったのだ、という感覚が北にあったのは疑う余地がない。私は彼の言葉を引いて論証してもよいのだが、そうでなくともこみいりがちな解析作業が、いっそうこみいるのをおそれて、いちいちの引用は避ける。ただし、私がこの章で北の主張として書いていることは、すべて『国体論及び純正社会主義』の叙述にもとづいている。疑う人があれば、論証の用意はつねにある。

だが、この〈擁立された天皇〉という北のアイデアについては、それが彼の天皇論の基軸である以上、一応彼の言葉についてたしかめておこう。彼は、明治憲法に規定される国民対天皇の関係が、「権利義務の関係に於て相対立する」ものではないと力説する。「中世の契約説時代の憲法は、君主と貴族、或は国民との条約的性質」をもっていたが、明治憲法はけっしてそういう条約ではないという。北は何を主張しているのだろうか。日本の憲法は、契約説に立つヨーロッパの憲法などとちがって、天皇と国民のあいだの、もっとなごやかな、あい親しむ関係を規定している、といっているのだろうか。そうではない。彼がいいたいのは、日本天皇は国民を支配する君主ではないということである。これはじつに容易ならぬ提言であるが、彼がそれをもってまわった論理で、歯に衣着せて表現したために、この彼の重要な命題は、これまでほとんどその意味を読みとられて来なかったように思われる。

日本憲法が、ヨーロッパ近世(北は中世というが、正しくは近世)において成立した憲法のように、国王と国民とのあいだの権利義務の境界を確定する「条約的性質」をもたないということは、いいかえれば、日本近代天皇は、ヨーロッパの君主がそうであるような、国民に対してもっていた諸権利を、闘争を通じて徐々に譲り渡して来た、かつての絶対君主の後身ではないということを意味する。では、それは何であるのか。北が乱臣賊子論の部分で、天皇は千年このかた日本「家長国」の支配者であったことは一度もないと、力説しているところを、この北の主張に重ねるならば、彼のいわんとするところはおのずと明らかといえよう。彼は、近代天皇は国家の必要から擁立された「機関」であって、国民の支配者などではないと主張しているのである。

これはじつに鮮烈な着想である。なるほど日本の近代天皇は、カイザーが、辛苦してプロシャ王国を列強のひとつたらしめたフリードリヒの後裔たるゆえに、ドイツ帝国の支配権を主張しえたように、明治国家の支配者たることを主張しえたのではなかった。またツアーリが、同輩の大貴族から推戴されたロマノフ家の正統であるゆえに、ロシア帝国の絶対君主たることを主張しえたように、日本帝国の神聖君主たることを主張しえたのでもなかった。さらにいくつかの立憲君主たちのように、かつて所有していた王国の絶対支配権を、臣民との闘争を通じてしだいに譲渡し、約定(憲法)によって、相互の権利の境界について妥協に達したがゆえに、帝国の正統的君主として君臨しえたのでもなかった。天皇は、自前で国家の支配権を請求する意志と能力もなかったのに、革命家たちによって国民国家の首長として擁立されたのである。その事情はある点で、オレンジ公ウィリアムの担ぎ出しに似ていることに、北が気づかなかったはずはあるまい。彼が、理念態としての天皇を、英国国王と実質上ほとんど変らないような、制限立憲君主として把握したのは、あるいはこのことと無関係ではないかも知れない。

しかしなぜ、それは擁立されねばならなかったか。むろん、いわゆる勤皇論というものの働きがあった。だがそれは彼によれば、維新革命という理論なき革命が、誤ってまとわざるをえなかった「被布」であった。フランス革命においては、「ラテン民族の古代に実現せる民主政」という理想があったのに対し、維新革命にはそういう民主的な理想が欠けていたのである。しかし「炬火は燃えつつあり、理論なかるべからず。彼らは遺憾にもその革命論を古典と儒学に尋ねたるなり。……彼らは理論に暇あらずして、只儒学の王覇弁と古典の高天原の仮定より一切の革命論を糸の如く演繹したり」。北が明白に「遺憾」と断言しているのを、見落してはならない。北は、日本という国はもともと天皇の支配すべきものと定められていて、その正統の王に政権を返さねばならぬのだ、というこの勤皇論が、いわゆる国体論と名を変えて、神聖天皇の専制支配の根源となっていることをもって、遺憾だというのである。

だが、歴史は逆説によってすら自己を貫徹することを、北はあざやかに論証する。尊皇論は、じつは「民主々義を古典と儒教との被布に蔽ひたる革命論」である。なぜなら志士たちは、その尊皇論を楯として、それまで臣属して来た君侯への「忠順の義務」を解除したからである。こういう北のみかたは、凡庸な史学研究者たちには、細部を無視した何かとほうもない論断のように見えるかも知れない。だが、それはおそろしく的をついていた。維新の指導者たちはたしかに、自己の忠誠観念を天皇に転換しえたからこそ、三百年の恩顧をこうむって来た封建諸侯の支配を廃絶することができたのである。うがっていうならば、彼らが、一度も臣属したことのない天皇の譜代の忠臣であるかのような自己幻想をつのらせたのは、先祖代々奉公してきた君侯を棄て去ったやましさの代償と見られぬこともあるまい。

このような尊皇論の解釈は、むろん彼の維新解釈と不可分である。彼はそれを民主主義革命と把握したが、その把握は次のような理解に裏づけられていた。「維新革命は貴族主義に対する破壊的一面のみの奏功にして、民主々義の建設的本色は実に『万機公論による』の宣言、西南佐賀の反乱、而して憲法要求の大運動によりて得たる明治二十三年の『大日本帝国憲法』にあり。即ち維新革命は戊辰戦役に於て貴族主義に対する破壊を為したるのみにして、民主々義の建設は帝国憲法によりて一段落を劃せられたる二十三年間の継続運動なりとす」。つまり、北にとって明治維新とは、このように自由民権運動を通じて国会開設にいたる過程に、その本質を現わすような革命なのであった。

彼は、維新が王政復古であることを、力を尽して否認しようとした。それが王政復古であるのなら、なぜ「維新後十年ならずして」「憲法要求」の運動が起ったのか。この運動を西洋思想の「全く直訳的のもの」とみなし、短期間に生じた「急激なる変化」のように考えるものは、維新の本質についてまったく無知なのである。根は、慶応四年の政権移動のずっと以前からあったのだ。つまり維新を用意したすべての運動が、もともとこの憲法要求の運動にまで展開すべき本質をかくしもっていたのだ。それを王政復古などという人間は、それだけで「野蕃人」だ。こう彼はいう。われわれは、このようにとらえられた維新が、じつは維新の理念態であることに気づかねばならない。これが、後世から見て維新とは何であったかという、純粋に客観的な認識を示すものではなく、維新革命終結後十五、六年にしかならぬ時代に、その全過程を完了させるものとして、第二維新革命を提起しつつある人間の、行動的な視点から導き出された論理であることを、悟らねばならない。

彼はいかにもヘーゲリアンらしく、維新革命を、次第に本質を顕現してくる革命というふうにとらえている。顕現してくる本質とは、自由民権運動に代表されるような国民の「平等観の拡充」である。彼が、維新は民主主義革命であり、明治国家は民主国だと主張するのは、その現実についてではなく、その理念態についてであり、それを現実にもたらすのは、むろん彼自身をもふくむ国民の革命的な意志なのである。

北は周知のように、そもそも法的に社会主義たるべき日本公民国家において、資本家の階級支配が行なわれていることを、「経済的家長国」への逆倒と表現した。これはまさに革命の成果が資本家によって簒奪されたことをいうもので、この意味で北は維新革命のトロツキーにたとえられてよい。だが、彼がこの本のなかで示した論理全体からいうならば、彼が革命からの逆倒とみなしたのはけっしてブルジョワの経済的支配だけではない。天皇制専制支配もまたかならずや、維新革命からの逆転現象とみなされたはずである。ところが彼はその逆転を、ただ固陋な復古主義者の脳中にだけ存在する妄想であるかに強弁した。この強弁の意味についての考察は後段にゆずるが、ここで最低必要なことをいっておくならば、何よりもまず彼には、維新革命が実現したのが教育勅語に集約されるような天皇制専制国家であってたまるか、という思いがあったように受けとれる。父たちが闘って憲法を獲得した明治国家は、断乎として民主国と解すべきである。目下、それがただひとつの現実であるかのような貌つきで立ち現れている天皇制専制主義は、あくまでも一時的な逆転現象にすぎない。その逆転現象をもって日本国家の本質を「家長国」と認めるのは、父たちが切り開いて来た戦線を放棄する敗北主義である。維新革命を法源とする日本公民国家の反逆者は、彼らであって自分たちではない。彼らの国体違反、憲法違反こそ、取り締まられるべきではないか。これが北の本音であって、その点では、日本国家は民主国なりという彼の主張はあながち強弁とばかりはいえぬ彼の実感でもあった。

「大日本国憲法」は、上からの憲法構想と下からの憲法構想の対抗過程をへて、明治専制支配者の勝利、民権論者の敗北の表現として出現した憲法だ、というのは今日の通説である。だが、北の生きていた時代の人間に、そういう深刻な挫折感があったかどうかはきわめて疑わしい。彼らは、明治の天皇制専制主義がついに昭和の「天皇制ファシズム」にまで昂進した結末を知っている後世の人間ほど、明治国家における天皇制支配を絶対的ないし不動のものとは考えていなかった、とみるほうが事実に近いだろう。彼らが明治二十年代において、日本近代国家を天皇制専制国家などとは考えておらず、逆に、まだ十分な開花はとげていないにせよ、あきらかに民主主義国家への途を歩みつつあるものとみなしていたことには、明治の史論家たちの言説をはじめとして数々の証拠がある。彼らは帝国憲法すら、それほど専制的な性格のものとは考えていなかったかも知れない。だからこそ美濃部達吉のような憲法解釈もあった。三十年代に至って天皇制支配は強化されたとはいえ、こういう感覚はまだ根強く生き残っていたはずである。

3

北は以上のような論理で、維新革命を民主主義革命とみなし、明治国家を民主国ととらえた。天皇という古代遺制を担ぎ出して来たのは「遺憾」であったけれども、それは志士たちに、自分たちがいかなる「天則」によって動かされているのかという、自覚がなかったことから来た錯誤だった。しかし「天則に不用と誤謬なし」。北はおそらく、擁立された天皇は、覚醒したばかりの国家意識に中心点をあたえる道具として、「天則」から選ばれたのだというふうに考えていたにちがいない。だから彼には、国民が革命の必要のために拾いあげてやった天皇が、自分を神権的国王であるかに思いちがえて、国民に対して支配者然と君臨しようとするのは、許しがたい反革命的倒錯と感じられた。

北が天皇を「国家の一機関」と規定し、さらに「特権ある国民」と念をおす真意は、この点にある。つまり彼は、維新革命の必要によって擁立された天皇は、まかりまちがっても、従来の君主がそう考えられているような国民の支配者などではないと主張しているのである。「日本国民と日本天皇とは権利義務の条約を以て対立する二つの階級にあらず」というとき、彼は両者間の調和を説いているのではない。革命のシムボル、より端的にいえばその道具である天皇が、国民と対立したり、国民を支配したりすることが、ありうるはずはないではないか、といっているのである。国民と天皇がもっている権利義務は、それぞれに対する権利義務ではなく、国家に対する権利義務だと彼はいう。北のいう国家とは国民の理念態であるから、じつにこれは天皇は国民の支配者どころか、国民に対しその「機関」として義務を負うているのだぞ、という主張となる。天皇が特権を有する一国民だというのは、北の定義では、それが国王的栄誉権をもち皇室費の支弁をうける、ということにすぎない。しかもそれは、天皇の要求しうる権利ではなく、国家すなわち国民が彼に許した権利なのである。「日本国民が天皇を無視す可からざる義務あるは、天皇の直接に国民に要求し得べき権利にあらずして、要求の権利は国家が有し、国民は国家の前に義務を負ふなり」。

天皇よ、錯覚するな、と彼はいいたいのだ。汝は維新前には、神主の大なるものにすぎなかったではないか。誰のおかげで、民主国日本の天皇になれたのだ。分を知らねばならぬ。汝の特権は、国家が必要と認めて付与してやっただけだ。だからといって、国民を自己の臣民視するならば、汝はただちに国家の反逆者となることを銘記せよ。

北の天皇論は、現実には専制的な神聖君主として機能している天皇を、民主国のそれにふさわしいレヴェルまで、縮小させようとする必死の努力であった。そのように縮小された天皇が、英国皇帝と似たような制限立憲君主像に近づくのは、ある意味で理の当然といってよい。事実、彼が本書で説いた天皇像は、一面では、それこそ絵に描いたような立憲君主像であった。彼は明治国家における天皇を、「国家の特権ある一分子として国家の利益と目的との下に活動する国家機関の一なり」と規定する。この規定は何やらいわくありげであるが、じつは何でもないことをいっている。「国家の特権ある一分子」とは、彼の用語例をあたってみると君主という意味にすぎない。「国家の利益と目的との下に活動する」というのは、それが国家を「物格」として所有していたかつての絶対主義的君主ではなく、国家＝国民が自分の所有物ではない「人格」であることを、承認した君主だという意味である。それが「国家機関の一なり」というのは、国家機関はほかに議会があって、天皇が唯一の国政指導者ではないことをいう。つまりこれは、天皇の分限を明らかにする言葉なのである。

彼は、天皇がこのような制限立憲君主であることを論証するために、憲法の章句の検討にまで、議論を立ち入らせた。そのいちいちについて、ここで見る必要はあるまい。要するに彼は、天皇の行為が議会によって制限されていることを示す章句を、実質的なものとし、天皇の専制君主的性格をうたう条項を、法的に無意味な美文として「棄却」した。

だが北の天皇解釈において根本的に重要なのは、それが、たんなる憲法の章句の解釈から生れたのではないということである。彼が憲法解釈において、美濃部達吉を始めとする、当時の自由主義的憲法学者の学説に学ぶところがあったのは、今日の定説といっていい。しかも彼はその美濃部すら批判の対象として逸さなかった。これは従来、彼の名声欲あるいは客気を指摘するさいにかならずひかれる例であるが、そういうふうにしか見られない連中は、彼が何にせかれて美濃部と自らを区別せねばならなかったか、その根本動機がまったく理解できていない。北が不満を表明したのは、「法律学上の国家とは、現行の法律を矛盾なく解釈するには如何に国家なる者を思考すべきかに在り」という、美濃部の合理的法解釈主義に対してである。なぜそれが不満か。憲法はきわまるところ、「国家の本質論」によってしか解釈できないと、彼は考えるからである。

「国家の本質論」から憲法の条句を理解するとは何か。明治国家を維新民主主義革命の産物たる民主国とし、その民主国たる本質に照らして法的解釈を行なうことである。「憲法の精神と国家学の原理とは法文の矛盾せる場合に於て取捨を仰ぐべき判官にして、美濃部博士の所謂現行法の矛盾なき思考たる国家観は、斯る厳粛なる権力を有する判官たる能はず」。彼の考えでは、今日の憲法が矛盾しているのはあたりまえなのである。それは「現行の憲法其者が亦制定さるゝ当時の国家学によりて影響された」からである。たんに条文を矛盾なく解釈するというだけでは、天皇が制限君主であることを明記した条文と、天皇は神聖なる国家元首であることを明記した条文のどちらを取捨するかは、恣意性にゆだねられてしまう。その立場では反動的憲法論と真に闘うことはできない。取捨の基準を憲法の精神と民主国たる日本国家の本質に求めてこそ、われわれはそれとよく闘うことができる。こう北は主張するのである。つまり彼は、明治憲法はそれに当時の制定者がいかなる反動的な「国家学」を盛ろうとしたにせよ、本質は民主主義革命たる維新の精神の産物である、いやそう理解せねばならぬ、その立場から反動的な条文を棄却すべきだ、と説いているわけである。これはひとつの歴史理念に立つ革命家の戦闘的な憲法解釈であって、彼が美濃部の技術的合理主義を批判したのは、青年の客気どころか、やむにやまれぬ思想的戦闘の一端とせねばならない。

しかし北の天皇は、たんなる制限立憲君主にとどまるものではなかった。天皇は議会とならんで、国政指導機関のひとつとみなされている。ただし彼は、両者がともに国家の最高機関だというだけで、現実の国政において生ずべき両者の関係の問題については、あえて立ち入らなかった。私は、この点でも北は、天皇の権限についてかなり制限的な考えをもっていたように思うが、あえてそれを述べなかったのは、立ち入った解釈の危険性を考慮してのことであろう。だがそれにしても、彼はあきらかに天皇の「特権」のひとつに、国政指導に干与できる点を数えていた。彼の天皇像は、ここで英国的君主像から遠ざかる。

おそらく彼は、維新革命のスピリットが、天皇のなかに生き残っているものと期待したのである。このような期待は、かつての革命志士の成れの果てである、藩閥政府の大官にすらかけられていた。北は、彼らがかつての革命家の魂を失って、テルミドール反動の首魁となったのを、赤裸々に描き出しながら、それでも埋火のようなものが彼らの胸底に燃えつづけているのではないか、という幻想から逃れられないでいた。天皇に対しても同様で、彼のなかにある国家的自覚は、彼の国政干与をけっして誤った方向に導かぬだろうと、北はかなり本気で信じていたようだ。つまり彼は、明治国家に天皇が存在せしめられている「天則」の意義を、信じすぎていたといっていい。

彼が、日本天皇は国民の支配者ではないというとき、彼のなかには、制限立憲君主像とおなじ比重で、革命的皇帝のイメージがつねに存在していた。彼の革命的皇帝のイメージは、あるいは明治帝であり、あるいはナポレオンであった。だが、確認しておかねばならないが、彼の革命的皇帝はけっして支配する君主ではなく、「国民の一員」であった。のち彼は、『支那革命外史』において、「東洋的共和政」という概念に到達するが、彼が天皇の国政指導権についてもっていたイメージは、この「東洋的共和政」という言葉が指示するもの、つまり、革命のシムボルとしての皇帝をいただく実質的共和政、という概念にほとんど一致するものであったと考えられる。

さらに一言すれば北は、複雑な国政の運営が、天皇などのよく指導しうるものでなく、天皇は結局、飾りものたらざるをえないことを、よく知っていたにちがいない。その意味で、彼はたしかに天皇機関説論者である。だが、天皇がたんなる立憲君主ではなく、革命帝国のシムボルである点で、北の天皇像は、久野収のいう支配エリートの申合せとしての機関説天皇とは、本質的な相違点をもっているというべきである。

さて北は、天皇を国家の機関と規定した。「機関の発生するは発生を要する社会の進化にして、其の継続を要する進化は継続する機関を発生せしむ。日本の天皇は国家の生存進化の目的の為めに発生し継続しつゝある機関なり」。ここでも北は、典型的なヘーゲリアンである。ヘーゲル的論理はつねに二面性をもつ。だからこれは、一面では天皇の存在合理化である。だが同時に、これは容易に天皇制廃止の論理に転化しうる。

明治三十九年の時点では、北はまだ天皇を廃すべき時期と考えてはいなかった。彼はそれを専制的神聖天皇のレヴェルから、制限的な立憲君主のレヴェルにダウンさせればことたりると考えていた。そこまでダウンさせれば社会主義革命の障害にはならぬからである。だが彼に将来かならず天皇自体を廃する時期が来るという展望があったのは、彼の所説からしてほとんど疑えぬ事実である。

彼は、「国体論」という名の「復古的革命主義」こそ、民主国たる日本の国体変更をもくろむもので、社会主義者はかえって国体に忠実なるものだと主張しながら、次のようにいう。「而しながら政体は統治権運用の機関たるを以て、国家は其の目的と利益に応じて進化せしむべし」。ここではちょっと解説が必要で、彼は国体と政体を区別し、日本の国体は民主国、その政体は立憲君主制と定義するのである。つまり彼がいっているのは、日本が民主国であることは今後とも変らないが、政体は進化するということである。それは国家が「目的と利益に応じて」きめることで、今は立憲君主制で十分だから、将来のことは議するに及ばないという。そういいつつ、彼はその先でまた容易ならぬことを書いている。

憲法第七十三条は何のためにあるか。これは「国家が其の生存進化の目的に適合する利益ある方法」をとる日の来ることを予想して、「国家機関を改廃する場合の手続を規定」しているのだと彼はいう。しかしそれは憲法第七十三条によるとは限らない。国家はその手続きによらずとも「目的と利益とに応じて国家の機関を或は作成し或は改廃するの完き自由を有す」のである。それは政権を握っているものの意志如何であって、それゆえに「憲法論は強力の決定」なのである。以上の主張は何を意味しているのだろうか。何のために彼は、こんなことをここでいい出さねばならぬのだろうか。その理由は明らかで、彼は天皇廃止の可能性を示唆しているのである。天皇を廃するかどうかは国家の自由で、国家はその必要が生ずればそれを断行するのに何の掣肘もうけないのだ、といっているのである。これが、皇統無窮という教義が支配していた国家のもとでなされた示唆であることに、われわれは注目せねばならない。

もちろん天皇制廃止は、まだ彼の政治的日程にはのぼっていない。だが天皇を廃する日の到来について、後年にいたるまで彼が一種夢見るような思いをもっていたことは、寺田稲次郎の伝える挿話によってあきらかである。日本国家が経済的な社会主義段階まで進化したとき、「天則」がそれをなお必要とすると、北が考えていたかどうか。おそらく彼は、その段階では日本国家は天皇を不要とするものと、考えていたはずである。

私はここで、ふつう北の明治天皇讃美論と考えられているものに触れておかねばならない。彼が本書の数カ所で明治帝を大皇帝として賞讃したのは事実である。だが彼が明治帝のどういうところを讃美したのか、よく見てみるとよい。彼の真意は知れるはずである。彼は明治帝を、維新革命のために奮闘した革命的皇帝であるかのように描き出した。いうまでもなくこれは歴史の事実にそむく完全な虚偽である。彼がそれを虚偽だと知らなかったはずがあろうか。これはもちろん、当時の国民の信望を集めていたこの皇帝を、革命のシムボルとしてとりこむための意識された虚偽である。第二に彼は、明治帝が「国家の機関」たる自己の任務をよく自覚していた、というふうに賞讃した。これは明治帝が自分のことを、国民を隷属せしめる専制君主のように錯覚はしていなかったというほめ言葉で、それが事実であるかどうかは別として、ひとまず北の真情とみておいていい。だがこの言葉は実は明治帝に下駄をあずける言葉、つまり彼が神聖専制君主として肥大するのを、チェックする言葉であることに気づかねばならぬ。

しかし明治帝を自己の陣営にとりこむ意図、さらにはその専制君主的肥大をチェックする意図で吐かれた言葉であるにせよ、それは明治帝に対する国民の幻想を拡大する役割を果すであろう。「今日の尊王忠君の声は現天皇の個人的卓越に対する英雄崇拝を意味す」と彼はいう。この言葉の意味も明らかで、北は国民の明治帝に寄せる信望を、万世一系の天皇に対する宗教的帰依感のように解するのを拒否するために、それを単なる英雄崇拝のレヴェルまでひきさげてみせているにすぎない。彼自身がそういう英雄崇拝のとりこになっているのではないことは明白である。しかし北は、この英雄崇拝にさからわぬ方法、というよりもう一歩進んでそれを逆用する方法をとろうとしている。逆手をとろうとすることは、つねに両刃の剣である。これが陥穽であることはあきらかというものだ。

この陥穽はじつは、北が天皇制専制支配を国体論者の妄想として斥けた強弁のしかたと、深い関連をもっている。北が天皇制専制支配に対してとった闘争方法は、一見「国体論」批判というイデオロギー闘争であるかに見える。だがもちろん彼は、「国体論」の「迷想」さえ駆逐すれば、神聖天皇が制限君主に転換するなどと呑気に夢みていたわけではない。それを転換するには、イデオロギーの次元だけではなく、支配の次元での闘争が必要である。彼が、支配の次元での天皇制専制主義の打倒を、議会を通じて行なわれる第二革命において実現するつもりであったことはいうまでもない。彼が「国体論」批判というイデオロギー闘争で行なったことは、その第二革命への途におけるもっとも重要な思想的障害物を排除する予備作業だったのである。

だがそれならば、なぜ彼は、現実の天皇がまさに復古的国体論者の主張する神聖天皇であることを認め、国体論的イデオロギーとならんで天皇制支配を、維新革命の理念にそむく反動と指摘して、堂々の筆陣を張らぬのか。国体違反の神聖天皇観は国体論者の妄想で、真の国体は民主国なのだ、などと強弁するから話がややこしくなり、復古論者さえ取り締まれば、現実の天皇制支配はそのままにしておいていいのか、という疑問も生れる。もちろん、そういう強弁は、権力の弾圧を回避する意味をもっている。しかし、それだけではない。それは、先に見た明治天皇についてのマヌーヴァーとひとしく、北の国民革命の論理に深く結びついている。だが、その点の分析を私は先にゆずる。まだ、先を急がねばならぬからである。

北が「復古的革命主義」として攻撃する「国体論」とは、今日の用語でいうと天皇制イデオロギーである。彼はそれを構成するふたつの要素を、ひとつは「国民は一家の赤子にして天皇は家長として民の父母なり」という「君臣一家論」、ひとつは「日本民族は皆忠孝にして万世一系の皇統を扶翼」して来たという「順逆論」、といったふうに、きわめて明快に整序してみせた。前者は家族国家観、後者は神聖天皇観で、これに対する長大な批判において、北は戦後の天皇制イデオロギー批判を、ほぼ完全に先取している。

しかし、北の天皇制イデオロギー批判でもっともすぐれた箇所は、国家が規制できるのは国民の「外部的生活」だけで、その思想・良心という「内部的生活」に立ち入ることはできぬと主張するところである。彼はこの論理で完全に教育勅語を葬り去った。「復古的革命主義者は教育勅語を引用して、ガレリオにも非ざるべき吾人の言を迫害せんと試むやも知るべからず。而しながら日本天皇は固より羅馬法王に非ず。天皇は学理を制定する国家機関に非らず。故に巡査が勅令を出すとも無効なる如く、天皇が医学者に黴菌学上の原理を命令し、理科大学に向て化学の方程式を制定したる法律を下すとも固より効力なし。天皇は詠歌に於て驚くべき天才を示しつゝありと雖も、而も星と菫とを歌ふ新派歌人を、詠歌法違反の罪を以て牢獄に投じたることなきがごとく、天皇が如何に倫理学の智識に明らかに、歴史哲学につきて一派の見解を持するとも、吾人は国家の前に有する権利によりて教育勅語の外に独立すべし」。

彼は、教育勅語は天皇が「国家機関たる意義の外に於て発表」した個人的意見であり、明治「二十三年頃の幼稚なる思想」を反映したものにすぎぬと主張するのである。しかも「外部的生活の規定たる国家に於て天皇の可能なる行動は外部的規定の上に出る」ことができない。「良心の内部生活に立ち入る能はざる国家、従つて其の一機関たる天皇は道徳を強制すること能はざるもの」である。これは戦後丸山学派を中心として展開された天皇制国家イデオロギー批判の、事実上のさきどりであった。

第六章　第二革命の論理

1

明治天皇制国家を法律上の社会主義国家とみなす命題は、ふつう、北がこの本のなかで主張したもっとも奇怪な命題と信じられている。

だがこれは、一般に考えられているほど奇想天外な命題なのではない。彼がそれを法律上の社会主義国家だと主張するのは、国民が「物格」から「人格」に解放された事実が、法律に明記されていると信じるからである。「現代の法律を見よ。何処に天皇のみ国家なりと云ひ上層階級のみ国家なりと規定せるか、又何処に労働者は国家に非ず小作人は国家の部分にあらずと規定せるか」。なるほど、そんなことはどこにも書いてない。

北がいいたいのは、法律的理想においては、国民は平等に「人格ある国家の一分子」だということである。しかし彼は、その理想が同時に〝絵に描いた餅〟であると指摘する。事実上の国家である「政治上の国家」においては、国民は「資本家の自由に処分するを得べき経済物」にすぎない。北にとって、社会主義革命とは、このような理想上の国家と事実上の国家の乖離を回復すること、すなわち法律的平等を経済的平等によって裏打ちすることにほかならない。

北のこの〝絵に描いた餅〟理論は、いわゆる科学的社会主義なるものの立場からみて、容易に首肯することのできる考えかたということができる。なぜならばエンゲルスは、ブルジョワ革命と社会主義革命の関連を説くさいに、つねにこのような論法、ブルジョワ革命を導いた自由平等の理念は、ブルジョワ階級国家においてはたんに法律の字面にとどまり、その現実的な実現の任務は社会主義革命にもちこされたという、〝絵に描いた餅〟の論法を用いていたからである。あるいは北はこのようなエンゲルス的論理を、当時の通俗社会主義文献をとおしてあらまし承知していたのかも知れない。

だが、社会主義革命が自由平等というブルジョワ革命の理想を法の次元から現実の次元へ拡充するものだからといって、ブルジョワ階級国家が即、法律的には社会主義国家だとは、エンゲルスが考えもせず書きもしなかったことである。ところが北はそう考えた。これが北の発想の根本的に特異な点であって、彼がエンゲルス的論理にそういう重大な変改を加えねばならなかった根拠を読み解いて行けば、われわれはそのまま北の全論理を成り立たしめている秘密に直通することになる。

北の発想のユニークさは、何よりもまず社会経済構成の区分のしかたにあらわれている。

ふつうの考えかたでは、封建社会、ブルジョワ市民社会、社会主義社会は、あい異る三つの社会経済構成である。ところが北はそういう三段階説をとっていない。彼は「家長国」から「民主国」へという二段階をもっとも本質的な「進化」と考えている。くわしくいうと、「家長国」をさらに「君主国」（すなわち古代専制王権国家）と「貴族国」（すなわち封建制国家）に小分類し、「民主国」を「法律的公民国家」段階（すなわちブルジョワ市民国家段階）と「経済的公民国家」段階（すなわち社会主義社会段階）に小区分している。より正確にいうと、民主国（これは北の用語では近代公民国家と同義である）は、法律的にのみ公民国家である段階と、法律経済両面における完全な公民国家段階とにわかれていて、そのつなぎ目に社会主義革命がおかれているわけである。つまりこれは、民主主義革命がもたらした民主国すなわち近代公民国家は、そもそも本質的には社会主義国家であるが、第一段階ではその本質が法律にだけ表出されて現実には隠蔽されており、第二段階に至ってその本質が完全に開示される、という考えかたなのである。（前にも触れたように、北はある箇所では古代公民国家―中世家長国家―近代公民国家という三段階を立てているが、それも含めていままで明らかになったことを図示すると別図のようになる）。

こういうとらえかたに立てば、民主主義革命と社会主義革命が本質的に同一視されるのは必然といっていい。「実に維新革命は国家の目的理想を法律道徳の上に明かに意識したる点に於て社会主義なり」。これは北が本書中でしばしば繰返した基本テーゼで、おなじ

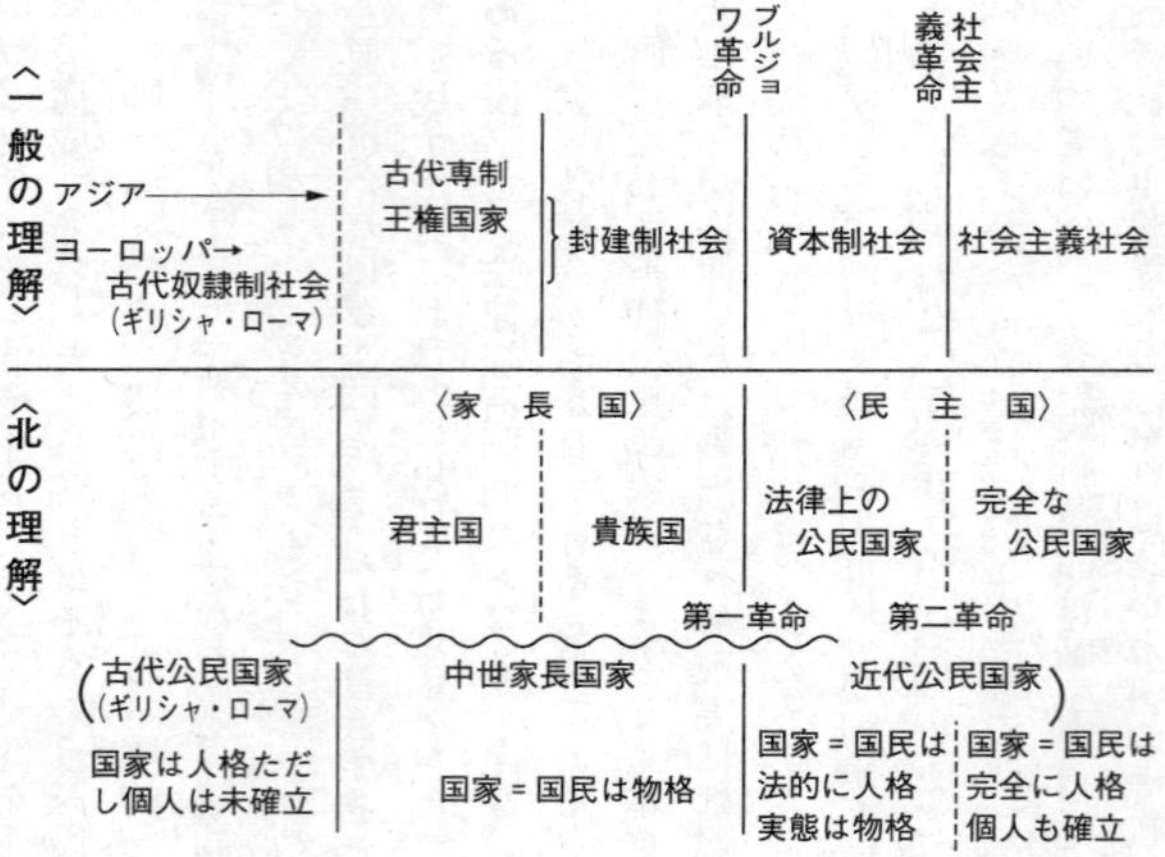

注　①古代奴隷制国家と古代専制王権国家は時期的に前後するものではないが，北の範疇との照応関係を明らかにするために，このように表示した。
　　②封建社会末期にあらわれる絶対王制は，北の範疇でいうと君主国であるが，彼はこれを貴族国段階から民主国段階への移行形態とも理解している。

ことはまた次のようにも述べられる。「吾人は決して或る社会民主々義者の如く現今の国体と政体とを顚覆して社会民主々義の実現さるゝものと解せず。維新革命其の事より厳然たる社会民主々義たりしを見て無限の歓喜を有するものなり」。これは異常な考えかたであるように見える。だが、北が維新革命をブルジョワ革命とは見ず、いわば第一次社会主義革命とみなしていることがわかれば、疑問は氷解する。この男の頭脳のなかでは、ふつう民主主義革命、社会主義革命とわけて考えられているふたつの革命は、伏蔵する社会主義的本質を次第に開示する、一個の連続的な革命ととらえられているのだ。

北のタームを用いてこの連続的革命に呼称を与えれば、それは公民国家革命と呼ばれるはずである。民主主義革命は公民国家革命の第一段階で、その理想を法律の上に表現するもの、社会主義革命はその第二段階で、その理想を経済すなわち国民の現実生活において実現するものである。いいかえれば、民主主義革命は潜在的な社会主義革命であるし、社会主義革命は民主主義革命を補完し、その本質を完全に開示する革命である。北が社会主義革命を第二維新革命と呼ぶ理由は、ここにいたって完全に明らかといわねばなるまい。

北が社会主義革命を第二維新革命ととらえたのは、ある意味ではブルジョワ革命に対する幻想的把握の極度な昂進といっていい。北にはたしかに左派ブルジョワイデオローグたる一面があって、たかがブルジョワ革命にすぎぬものに過大な意味を付与した思想家だと、彼のことをわりきる見かただって、かならずしも不可能ではない。だが、そういう把握では北の重大な本質が抜けおちる。彼は、明治維新で成立すべき国家がブルジョワ国家だとは、かたときも信じはしなかったのである。

そもそもをいうならば、彼はなぜ維新革命後ブルジョワの経済的支配が成立したことをもって、家長国への逆転、あるいは復古とさえ称するのだろうか。彼は一方では、この過程が「経済史」的な必然でもあったことを認めてはいる。しかしそれを維新革命の理念の逆転と呼ぶ以上、彼はブルジョワ階級支配を、理念的にはそもそも維新革命の本質からは導き出されない外的な異物とみなしていることになる。いいかえれば、明治国家がブルジョワ階級支配を実現してしまったのは、家長国から民主国へと進化する過程での逸脱現象だったと、北は考えていることになる。

第二革命の論理の秘密はここにある。彼は封建社会からブルジョワ市民社会への発展という〝必然〟を認めない。維新革命は理念的には、ただちに社会主義国家を実現すべき性格の革命であったと考えている。それがブルジョワ階級支配を革命の途上で生み出してしまったのは、不必要な迂路であり錯誤であったとすら考えている。彼はブルジョワ階級支配が経済史上の一過程であったと認めながら、にもかかわらずより根本的には、それが出現したのは革命が簒奪されたからだと信じている。つまり彼によれば維新革命は、法律的にも経済的にも完全な公民国家、つまりは社会主義国家を実現すべき本質をもっていたにもかかわらず、その方向を歪曲されてついにブルジョワ階級支配を出現させてしまった

〈裏切られた革命〉だったのである。

北の社会発展図式が、封建社会・資本制社会・社会主義社会というふつうの三段階説をとらず、本質的には家長国家・近代公民国家という二段階説となる理由は、ここにいたっては明白だろう。たしかにこれは維新革命の性格に関するとほうもない幻想的把握といってよかろう。だがその幻想的把握には、歴史的にも理論的にも、軽んずることのできぬ根拠があったことを見落すわけにはいかない。

2

北が維新革命と社会主義革命を一個の連続した革命過程と認め、しかも維新革命において日本は法律上の社会主義国家になったと考えるのは、あきらかに、社会発展図式において彼がブルジョワ市民社会段階をとび抜かしたからである。ではなぜ彼はそれをとび抜かさねばならなかったか。それは彼に、ブルジョワ市民社会の構成原理に対する、ぬきさしならぬ嫌悪があったからである。

北の思想が個の自覚を通過した近代人の思想であることは、ひと昔まえにくらべればよほど理解がいきわたってきた事実かと思われる。彼は「社会民主々義は社会の利益を終局目的とすると共に個人の権威を強烈に主張す」と書き、さらに「実に社会主義は個人主義なくして高貴なる能はず。感謝すべきは個人主義なり」と主張せずにはおれなかったばかりでなく、「殊に欧米の如く個人主義の理論と革命とを経由せざる日本の如きは、必ず先づ社会民主々義の前提として個人主義の充分なる発展を要す」と、とくに注意をうながさずにはおれぬ思想家であった。

ところが彼は同時に、個人を社会の構成原理とみなすブルジョワ市民社会の論理に対する、仮借ない批判者でもあった。市民社会原理に対する批判は、『国体論及び純正社会主義』の重要なテーマのひとつとなっている。

彼の考えでは、市民社会原理の基本的仮定である「原子的個人」とは「単に思想上に於て思考し得べき」ものにすぎない。しかし実在的なのは社会的個人、すなわち類的存在としての個人であって、そのことを彼は次のように表現した。「個人とは空間を隔てたる社会の分子なるが故に、而して社会とは分子たる個人の包括せられたる一個体なるが故に、個人と社会とは同じき者」である。

彼は個人を社会の延長と見、社会を個人の延長と見る。つまり個人と社会は相互滲透的な関係でとらえられている。この個人即社会は、またひとつの歴史的な集積とも考えられている。「実に個体を横に拡大したる点より見れば、現在生存する凡ての人類は一大個体にして、之を縦に延長したる点より考うれば、原人よりの十万年間の歴史は一大個体の長命なる伝記なり」。この類的な思想からすれば、個人的利己心と社会的利己心は一致しなければならない。彼はいかにも東洋人らしく、この両者を大我小我とも表現している。「個人的利己心も社会的利己心も共に等しく軽重」あってはならぬ、と彼はいう。しかし、「個人的利己心の小我のみ認めて社会的利己心の大我を忘却」することは許されぬ。西欧型市民社会は、まさにそういう小我を社会の組織原理とする点で、致命的に誤ったものと彼には思えたのである。

〈類的存在としての人間〉という思想の衣をかぶった北のこの考えかたは、しかしその実体においては、近世村落共同体からいきなり資本制市民社会のただなかに引き出されたわが国の基層民の、市民社会的論理に対する恐怖と嫌悪の表現とみなすことができる。

それは彼が、武士道にとってかわった「素町人道徳」を、「卑劣なる利己心を中心とせる」ものとして罵倒するところに、このうえなく正直にあらわれている。彼はいう。武士道は「貴族階級に対して奴隷的服従の卑しむべき要素を含むに係らず」、その献身性には高貴なものが認められる。それに反して「素町人道徳は、自己の経済的努力によりて自己の維持さるゝを以て、自己中心の卑むべき道徳」とならざるをえない。こういう素町人道徳が今日はびこるのは、「今日は凡ての個人が社会国家に従属する経済的関係なく、自己の経済的努力によりて自己を維持しつゝありと信ぜらるゝが故」である（すなわち、社会は分立拮抗する個別利害が、たがいにゲームのルールによって自己を貫徹するところの調整システムであるという市民社会的原理に、素町人道徳が適合的だからである）。しかし「個人の自由独立」は「個人其者の自由独立」のためにあるのではなく、「社会の幸福進化の為めに個人の自由独立は尊」い。社会主義革命が完成されたのちは、「全国民全会員は其の経済的従属関係を有する国家社会に対して、献身的道徳を以て国家主義社会主義の倫理的理想を実現すべ」きである。

これはまさに日本基層民の伝統的な共同性への指向を表現した主張である。もう少し正確にいうならば、基層民の共同体的生活において保持されて来たあいまいな共同的な心情は、わが国に資本制市民社会の諸システムが移植され確立してゆくにつれて、それとの遭遇のなかでひとつの異和となってふくれあがった。その異和がひとつの社会深層的な欲求として形をなしたとき、それはこれまでわが国の思想的伝統にかつて例を見ないような、ラジカルな共同性への飢渇感となって、わが近代史の表面に突出し始めたのである。この社会深層的な欲求は、ひとつのイデオロギーとして社会表層に浮上するときは、西欧型市民社会は不正な社会であり、人類史の発展として見ても偏った社会である、日本はそういう市民社会を拒否して、社会的共同性の貫徹するコミューン社会へ発展すべきである、という主張となった。私が先に日本コミューン主義という手製の言葉で表現しようとしたものは、このような社会的ないし政治的イデオロギーの潮流のことにほかならない。

周知のように、この日本コミューン主義の潮流は、明治以来、とくに昭和前期になってさまざまな思想的雑魚を生み落した。北と権藤成卿はそれらの雑魚とは比較にならぬ、日本コミューン主義の思想的高峰である。そのような高峰でありえた理由は、北と権藤とではまったく対照的といってよい。北は一面において、人類史のすべてを総括しようとする近代主義者であり、ヘーゲル的な弁証法論理に立つことによって日本コミューン主義に最高の近代的論理性を付与した。彼の天皇制無化の論理は、何よりも彼のそういう近代性の帰結するところといえる。権藤は古典的社稷思想とロシア無政府主義との独自な接合をなしとげた保守主義者であり、武家政治のイデオロギーたる農政家的思想の立場から、日本コミューン主義に最深の土俗性を付与した。彼の明治専制国家批判はしたがって、東洋的デスポティズムに対する屈服の論理ともなりうる危険を含んでいる。北と権藤の思想体系を比較すると、まだまだ興味つきぬ対称点が求められる。それは、権藤がいうなれば日本コミューン主義の最右翼であるのに対して、北はその最左翼に位置するからである。

日本コミューン主義の源流は西郷にある。西郷が明治六年政変の敗北者となり、明治十年反乱の悲劇的主人公とならねばならなかったのは、彼が征韓論者だったからではない。それは何よりも彼が日本近代国家の創設期において、専制支配エリートたちとまったく異るコミューン型国家への指向を抱いていたからである。彼の理想とする国家は、農耕に従事する屯田兵的兵士コミューンと、薩摩に遺存するような土地共有制の上に成りたつ農民コミューンとが結合された、生産性は低いが道義的な国家であった。この点、彼の思想は体質的に毛沢東に大変よく似ている。彼は土地のブルジョワ的私有に絶対反対であったから、明治十年に反乱に立たなかったとしても、地租改正を施行する政府とは早晩、死をかけて争わねばならなかったはずである。

西郷はたおれたが、彼が体現していた日本コミューン主義はこの国の近代に底流として生き残った。なぜならそれは構造的根拠を有していたからである。その底流は一般的には在野の右翼的潮流、民権論と特異なかたちで結合した右翼反対派として展開したと考えられる。だが明治のいわゆる右翼思想は西郷のコミューン主義を受け継がなかった。それを代表する玄洋社・黒龍会には、日本基層民の市民社会的諸システムに対する異和感から突出して来る共同性への飢渇に、目をむけるような指向はまったくなかった。彼らが西郷から受け継いだのは欧米列強に対する対外的自主路線、すなわち対外硬の思想であった。この自主路線がおおくの場合大アジア主義と呼ばれたのは周知の事実である。日本の右翼思想が日本コミューン主義の底流と交錯し、玄洋社・黒龍会段階から飛躍して社会改革思想の外貌をとりはじめるのは、はやくとも大正中期である。北の『日本改造法案大綱』が新右翼の政治綱領として導入された大正八年は、その転機を劃す年といってよい。

西郷に端を発する日本コミューン主義は、明治三十年代には、北一輝と宮崎滔天というふたりの異端的な左翼によって保持されていた。権藤成卿などはこの時期はまだ、黒龍会的大アジア主義の追随者にすぎなかったのである。北と滔天は個性的にはおそろしくちがう人間で、その思考の質もおよそ異ってはいたけれど、その思想的歴程には奇妙な相似が存在する。滔天は明治三十五年に『三十三年之夢』と題する自伝を書いたが、そのなかには、わが国の共同体農民のうちにはぐくまれて来た千年王国的な願望が、とりとめもないかたちで表出されていた。彼の思想と西郷のコミューン主義とのつながりは、十年の役に西郷党左派として死んだ兄八郎の志を継ぐかたちで、彼が思想的出立をとげたことのなかにあらわれている。だが彼は、私のいうところの日本コミューン主義なるものに、理論的表現を与えることができなかった。その表現は北によって与えられた。

もちろん北には、滔天のような日本共同体農民の心情に対する体験的な理解はなかった。滔天はわが国の基層民の意識の底に眠っている欲求に対して、生涯のあいだ、なにか心をそそられるようなものを感じ続けた人であるが、それに反し北は、ついぞそういうものに反応を示した気配がなかったように思われる。彼が『国体論及び純正社会主義』で示している土俗的なものへの嫌悪感からすれば、そういうものはある種の蒙昧さのように感じられたのかも知れない。しかし日本基層民の西欧型市民社会の論理への異和感と、そこから昂進する共同性への幻想的な指向は、滔天の場合のような直接の体験としてでなくとも、もっと媒介されたかたちで北のなかに流れこんでいた。北が『国体論及び純正社会主義』で展開したブルジョワ市民社会の原理に対する批判は、彼の個的な体験をこえたもっと広い社会的文脈においてはあきらかに、確立しつつある市民社会的システムから追い立てられた日本基層民の、共同性への飢渇の理論的表現だったのである。

北の思想はそのブルジョワ市民社会への異和の表出としては、もちろん孤立したものではなかった。岡倉天心が明治三十五年に「土地と労働に基礎をおくわれわれの社会制度は、機械と資本の軍隊に屈服する」と書き、西欧近代文明の「過剰な組織力」を云々したとき、彼は北とそれほどちがうことを語っていたわけではない。だが天心は、それをふたつの文明の質の問題というふうに把握したにとどまった。だから、彼の認識はかならずしも政治的なものではなかったにもかかわらず、それを政治的イデオロギーとして表出すれば、必然的に大アジア主義の方向へ導かれる性質をもっていた。北のように、西欧市民社会への異和感に端を発して、独自の社会発展図式をつくりあげ、市民社会段階を発展からの逸脱とみなすような革命の論理を構築するというのは、明治三十年代の現象としてはまさに破天荒なことだった。すなわち彼の『国体論及び純正社会主義』は、日本コミューン主義のもっともはやい体系的表出といってよい。

維新革命が生み出したのがブルジョワ市民社会などであってたまるかという思いは、そもそもあの西郷にあったものである。彼があるとき井上馨に盃をさして「三井の番頭さん、一杯いかが」とやったという伝説は、ブルジョワ的なものに対する彼の位相をよくものがたっている。では維新革命は何を生み出すべきであったのか。「文明とは道の普く行はるゝを賛称せる言」という彼の片言、あるいは「戦の一字を恐れ、政府の本務を墜しなば、商法支配所と申すものにて更に政府に非ざるなり」という彼の慨歎に徴すれば、彼が維新革命のもたらすべき結果として、一種の道義的な国家を夢想していたことは疑う余地がない。北がこのような道義的国家の理念の継承者であったことは、彼が後年『日本改造法案』において、道義的な戦争という、まさに西郷的な夢想的観念を開陳したことによってもあきらかである。

維新の元勲たちが「維新革命の建設的本色に至つては民主々義者を圧迫する所の元兇」であったといい、「大久保利通の絶対専制に対して西南佐賀の民主党は割腹に獄門に終」ったというところを見てもわかるように、北は西郷の敗北を一種のテルミドール反動の結果とみなしていた。彼はこののち『支那革命外史』の序文において、西郷の圧殺を維新革命が簒奪された革命に転落する決定的な契機とみなす見解を、ふたたび明示する。では、北の考えるところでは、維新革命は西郷の死というテルミドール反動において、何を簒奪されたのだろうか。論理的に考えるかぎり、全面的に開花すべき「公民国家」の本質がわずかに法律上に名をとどめ、実態は「経済貴族国」すなわちブルジョワ階級国家に転落したのが、そのテルミドール反動の帰結であるということになろう。

もちろんこれはひとつの神話である。だが北が事実としての歴史という点でも見るべきところを見ていたのは、『支那革命外史』の本文で、西郷党の反乱が封建的特権の回復をねがう不平士族の反乱であったことを、ぬからず指摘していることをもって知れる。つまり彼は西郷党の反乱の二面性を見抜いていたわけで、にもかかわらず彼が、西郷の死を維新革命の反動的転回点とみなす革命神話に固執したのは、西郷の死によって維新革命が確実に何ものかを失ったと彼が信じていたからにほかならない。失われたのは日本近代国家が一個のコミューン国家に発展する展望であった。

「大日本帝国は厳として倫理的制度なり、而して一切の倫理的要求を満足せしめんことを理想しつつあり」。この言葉は、複雑な論理的構築物の観を呈している『国体論及び純正社会主義』の根本モチーフを吐露する、正直きわまりない叫び声であった。彼がその完全な実現を要求する〈倫理的制度としての公民国家〉には、西郷の〈道義的な国家〉に農民と兵士のコミューン・イメージが付着していたように、国家のなかに共同体的正義が貫徹されることを求める、明治三十年代の民族コミューンへの指向が裏打ちされていた。

彼は日本が「欧州の大革命の如く、一たび国家万能社会専制の偏局的社会主義を打破して、個人の権威を絶対的に要求」する経過を経ず、また欧米のように「個人の自由独立の為に国家社会が手段として存するかの如く考ふる機械的社会観が、凡ての法律道徳の上に規定」されていないことを、日本が社会主義社会の方向へ進むうえでの利点であるとさえ考えていた。つまり彼の考えでは、現在日本で法律が強制し道徳が要求しつつあるものは、国家万能社会専制の偏局的社会主義の遺制という点では、社会主義からみて許容しがたいものがあるにもかかわらず、「社会性を最高権威となしつつある点に於て、社会主義の理想を朧げながらも想望しつゝある者」なのであった。これはまさに、日本基層民の反市民社会的心性を社会主義革命への弾機とみなす見解というべく、北のいう社会主義がじつは〈社会〉主義、つまり共同《コミューン》社会主義にほかならぬのは、ここにいたってまったく明白としてよい。

北が土俗的な思想家であったか、それとも土俗的なものを否定する近代的な思想家であったかという、論者の見解が従来まったく対立して来た問題についても、いまやわれわれは正確な断案をくだすことができる。彼はその思考の論理性において、疑いもなく土俗的なものを拒否する思想家であった。彼が天皇制共同体主義的な思考に生理的な不快を感じないではいられなかったこと、村落共同体の底部にひそむ伝統的心性に一度も関心をそそられなかったことなどを見ても、彼と土俗との関係はあきらかである。彼の社会主義とは、すでに見たように一面においては、個人のあらゆる可能性の無限の羽ばたきを求める近代主義的志向の表現であった。

ところがいっぽう、社会主義とは彼にとって、〈共同社会〉主義を意味した。そしてこの、西欧型市民社会は人間にとってのわざわいである、人間の住みうる社会は共同《コミューン》社会であるべきだという感覚から逃れえなかった点、いや逃れえなかったどころか、その感覚を核心として全政治思想を組み立てざるをえなかった点で、彼はまぎれもなく土俗的な思想家であった。いうなれば、彼は日本の土俗の深奥から発する主題に、もっとも近代的な手法で解決を与えようとした思想家であったろう。つまりそれは、土俗のただなかから発する欲求の未開な土俗性をそぎとって、その普遍性を最高に近代的なものとして実現させようとする作業といってよい。日本基層民の反市民社会的な心性を社会主義革命に導く戦略は、そういう彼の、土俗的要求を人類史的普遍性の回路に組みこもうとする捨て身の戦略なのであった。

3

社会はばらばらな個人の「集合せる或る関係、若しくは状態」ではない、それは倫理的共同体、すなわち生命をともにする有機体であるべきである、人間はそういう共同社会においてしか生きることができない。これは北が二十三歳のときに確立して、終生変らなかった社会観である。これは理論ではない。彼はそれをいかにも理論めかして語ったが、社会をこのようなものとして理解せずにはおれぬのは、理論以前の心的欲求の問題である。しかもそれは、たんに彼個人の心的欲求ではなく、戦前日本社会における基層的大衆のいわば主動的エートスであった。

このような社会観、いいかえれば、西欧型市民社会を神も仏もない個人主義的な利害の体系とみなす反市民社会的感情は、明治国民国家が分解しはじめる大正中期以降、わが国の政治過程を敗戦にいたるまでつねに基底から規定して来た動因だった。明治期にあっては、この反市民社会的感情はまだ潜在的だった。基層民は市民社会的システムを忌避し、遠くからそれに不信のまなざしをそそいでいればよかったからである。それが社会的に顕在化したのは、彼ら自身の内部で市民社会的個がしだいに成育した結果といってよい。

彼らは、この社会は、分立する個的利害があい競って利益追求の妥協的限界をさぐるゲームのシステムである、という市民社会の論理になかなかなじむことができなかった。にもかかわらず、彼らの内部には、個はたがいに喰いあうものであるという自覚が、じょじょに育っていた。いや、より正確にいうならば、彼らは共同体的現存から踏み出して、個と個が何によっても共同的には結ばれていない市民社会的現存のなかへ入って行くよりしか、自分の個的欲求はみたされないことを知り始めていたのだ。自分の好きな女を選びたい、生れた村で一生を終えるような暮らしはしたくない、濃密すぎ近接しすぎている人間関係から自由になりたい、等々の彼らの育ちつつある個的欲求は、市民社会的現存のなかにその充足を求めるよりほかなかったのである。そして、市民社会へ踏み出して行かねばならないところへ追い出されてはじめて、彼らの市民社会に対する異和は現実の社会感情となった。つまり彼らの市民社会的論理はいやだ、それでは神も仏もないじゃないかという感情は、自分の個的欲求を実現するために日常、家族や友人や隣人を傷つけ裏切っている彼らの市民社会的現存の、いわば裏目だったのである。

北一輝は、このような大正中期以降の日本人の昂進する共同社会願望と、正確に対応する思想家である。『国体論及び純正社会主義』は、日本基層民の共同社会願望のひじょうにはやい理論化であったのみならず、その理論化においてもっとも徹底的な仕事であった。日本コミューン主義者のなかで、彼ほど共同社会について徹底した論理化を行なったものはいない。したがってその誤謬もまた徹底的であった。

北は社会を国家と同一視した点で誤りを犯したといわれている。だが彼の誤りはそんなところにはない。個を社会＝国家と同一視する論理において、彼は誤ったのである。むろん彼は、来るべき人類の理想社会を、中世の偏局的社会主義と近代の偏局的個人主義のジンテーゼとして構想した男であるから、その個を社会＝国家に帰着させる思考は、けっして単純な国家主義ではなかった。彼に、国家の犯すことのできぬ個の領域に関する鋭い自覚がそなわっていたのは、先に見た天皇制国家イデオロギーに対する批判によってもあきらかである。しかし、社会万能、国家万能のふるい国家主義的思考にしばしば留保を付しながら、彼の思考は大局的には、国家＝社会を個に優先させる全体主義的政治哲学の系統に属するものになっている。

まず、彼の社会と国家の関係についての考えから見ておくと、「地理的に限定せられたる社会、即国家」という表現、あるいは国家とは「一定の領土の上に政治的団結を為せる人類社会」だという規定を見てもわかるように、彼は民族社会を実体的に国家と同一のものとみなしていた。だから彼の文脈のなかでは、社会という用語は、いつでも国家という用語と置換可能なものとして使われている。社会とは人間の共同生活の実体を指し、国家とは共同生活のうえにそそりたつ擬制的機構を指すという、市民主義的知の常識からすれば、この同一視は許されぬことに見える。つまり、国家と社会の峻別という市民主義的知の立場からは、北は問題の第一歩において、無知の誤りを犯していることになる。

だがこういう批判は、ふたつの点で北の思考の正確な性質を見誤っている。第一に彼は、国家と社会を峻別する市民主義的論理を知らぬためにその両者を混同したのではなかった。逆に、社会を国家と同一視する主張は、それを分離する市民主義的知への批判として提起されていたのである。第二に彼は、前提もなしにその両者をイクォールととらえたのではなかった。彼にあってその等号は、ある前提がみたされたときにのみ成り立つべき当為をあらわしていた。

第一の点から見て行けば、彼は、社会を個人の「集合せる或る関係、若しくは状態」とみなす市民主義的社会観をよく承知していた。そして社会をそういうものとみなせば、国家を「止むを得ざる害物」とする見かたが必然であるのも、同様によく承知していた。だが彼はそういう「個人主義的」社会観を拒否した。彼の考えでは、社会は利害を異にする原子的個人が契約によって成り立たせているシステムではなく、共同社会《コミューン》、すなわち生命ある一個の有機体でなければならなかった。社会を、原子的個人がたがいに自由と権利を求めて干渉しあっている自然状態と解するからこそ、国家は人為的な権力機構にみえてくる。ところが北は社会を有機体的共同社会と解するのであるから、国家もまたそれとは別個な権力機構ではなく、その異名にすぎぬと彼には考えられるのである。

このことは、彼が社会と国家を同一視するにあたって、ひとつの前提をもっていたことを示している。すなわち彼は、国家が支配者の権力装置ではなく、国民の平等な政治的団結を示すものとなった状態を仮定して、社会を国家と同一視しているのである。彼が国家はイクォール国民だとしばしば説いているのは、国家と国民のあいだに支配関係が廃絶され、国家が国民の共同性の表現となっている状態を仮定していることを示す。なるほど、こういう仮定をみたす国家は、そのまま社会の異名であるにちがいない。すなわち北の場合、社会は原子的個人の構成する市民社会でなく共同社会であることによって、国家は支配の権力装置でなく国民の共同性の表現であることによって、相互から歩み寄っているのだ。社会の内部の支配関係が廃絶され、全人民的所有の国家が完成されたと称するとき、ソヴィエト社会主義国家官僚の頭脳のなかでは、社会と国家はもはや同一物の異名と観ぜられているだろう。北が社会と国家を同一視したとき、彼の脳中では、これとほぼおなじことが生じていたのである。

北のこの社会観・国家観には、もちろんいくつか重大な問題点ないし誤謬がふくまれている。まず指摘されねばならないのは、北が、国民国家、北の用語によれば公民国家に、とほうもない幻想的含意を読みこんでいたということである。彼はいう。「実に公民国家の国体には、国家自身が生存進化の目的と理想とを有することを国家の分子が意識するまでに社会の進化なかるべからず。即ち国家の分子が自己を国家の部分として考へ、決して自己其者の利益を終局目的として他の分子を自己の手段として取扱ふべからずとするまでの道徳的進化なかるべからず」。

西欧的な意味で理解される公民とは、ふつう市民《シティズン》のことであろう。市民はさまざまな公民的義務は負うているだろうが、何も、国家自身に「生存進化の目的と理想」があり、自分の個はそういう全体的生命体の「分子」たることによってしか存在の意味をもたぬのだと、「意識」せねばならぬ義務はあるまい。ましてや、「他の分子を自己の手段として取扱ふべからず」などという、「道徳的」義務を負うものではあるまい。そんな義務を負うたら、資本制市民社会は成り立たぬ。ところが北にとっては、「公民」とはまさにそのような義務を負うものであり、日本近代国家は国民にそのような義務を課す「公民国家」なのであった。

このような公民国家は「法理上」、すべての土地および資本に対する「最高の所有権」をもっている。すなわち「個人の凡ての財産を吸収すべき最高の所有権」をもっている（後年の『日本改造法案』の主張を想起せよ！）。したがってそれは、「全国民全会員」に対して「経済的源泉の本体」として臨む。つまり、北が幻視しているのは、国家が全国民に対して平等に幸福の源泉としてあらわれ、全国民が責任ある一分子として平等かつ主体的に国家意志の形成に参加できるような、ひとつの民族共同体である。「大日本帝国は厳として倫理的制度なり、而して一切の倫理的要求を満足せしめんことを理想しつつあり」という彼の叫びは、彼が抱いた「国家」に対するこういう幻想的要求から発していた。その「倫理的制度」においては、「個人は他の如何なる個人にも経済的従属関係を有せず、只社会の経済的平等の保護の中に在」るはずであり、「故に他の個人に個人の自由を犯さるゝことなく、個人の自由を尊重する所の社会良心の広豁なる内包に於て、社会の幸福進化を目的とすべき政治的道徳的義務を個人の責任とするに至る」はずであった。さらにまたこの「倫理的制度」においては、「国家の分子として国家の幸福の為に努力すべき義務あることを忘却し、宛として国家を手段の如く取扱ふ」ブルジョワジーは、存在を許されない。すなわち日本帝国が公民国家である以上、それは必然的に社会主義国家でなければならなかった。

このような北の公民国家《ネイション・ステート》についての思いこみには、やはり、明治人特有の国家についての幻覚がまつわっている。彼らにとって「国家」とは、天啓的な発見であったことが思い出されねばならない。つまり、封建的な藩意識や身分意識、あるいは村落共同体的な狭隘な視圏に封鎖されていた日本人にとって、国民国家というのは、「発見」といっていいほどの真に新しい経験だったのである。世のなかには国家というものが存在するという発見は、いいかえれば国民の全体的利益という観念の発見である。これは新鮮な観念であって、国家とはその〈全体的なもの〉の別称といっていい。北もまた明治人として、そういう〈全体的なものの表示としての国家〉という観念に深くとらわれている。そしてその場合〈全体的なもの〉は、分立する個人の利益の妥協的総和、すなわちベンタム的な最大多数の最大幸福ではなくて、ルソー的な共同意志を前提とする統合的な共同福祉と感覚されている。

もちろん、このような〈国家の発見〉には、北における明治ナショナリズムの問題が付着している。公民国家というとき、彼の念頭にギリシャ・ローマの戦士共同体的な国家があったことは、彼が日本海海戦をサラミス海の海戦にたとえることをもって知れる。彼が三年前に『佐渡新聞』に書いた論文のなかで、「吾人の帝国」をつらぬくべきエートスとして、「剛健、正義、熱誠、愛国、護民」という徳目を数えあげたとき、彼のまなうらにはあきらかにスパルタ・ローマのイメージがあった。このナショナリズムの問題は、北の思想において、ひとつの生涯的なテーマをかたちづくっている。国民がよろこんで生命を捧げる国家というのが、彼の国家についての基本的な美意識であって、それゆえに彼の社会主義国家は、一個の「帝国」であらねばならなかったのである。

だが、いまはそのナショナリズムの問題をおいて、追わねばならぬ問題がある。それは、〈全体的なもの〉の象徴としての国家が、北には、ほとんど一個の生命として自立するもののように見えたという問題である。

公民国家という概念は、ふつうは封建的私民が法的に平等で自由な公民となったことを指示する概念のはずである。ところが北にとっては、封建的鎖から解き放たれたのは国民というより国家なのであった。すなわち国家は、「家長国」時代には君主や封建貴族の自由に処分しうる私的所有物、つまり「物格」であり、彼らの「統治の客体」であった。公民国家とは、国家がそのような「物格」たることから解放されて、「人格」となったものである。この物格、人格という用語は、客体、主体と読みかえていい。国家が主体になったとはどういうことを指すのか。「国家が明確なる意識に於て国家自身の目的と利益の為めに統治するに至」ったことを指す。国家は何を統治するのか。国家をである。これはトートロジーではない。国家はそれ自身「明確な意識」をもった自律的な生命体である。これが彼のいわんとするすべてであって、それは比喩的な意味ではなしに具体的な「人格」なのである。

それはまさに「実在の人格」であると北はいう。国家は市民主義社会理論のいうように「社団の如き擬制」では、けっしてない。それは原始時代より「実在の人格」であり、人為をもって消滅させることのできぬ「社会的団結」である。「家長国」時代にそれが物格視されていたのは、その本質がまどろんでいたものにすぎぬ。本質はやがて開示される。その「実在の人格」たる本質は、公民国家段階になって完全に明らかになったと、北は考える。

彼が日本国家の主権は天皇には帰属せぬ、国民にも帰属せぬ、それは国家に帰属すると主張するのには、じつはこのような前提があった。国民は天皇に奉仕するのではない、国家に奉仕するのだ、天皇もひとりの国民として国家に奉仕すべきなのだと彼が力説するのは、このおなじ前提によっていた。久野収は、北が〈天皇の国民〉という明治憲法の論理を、〈国民の天皇〉と読み変えたと主張したけれども、それは少なくとも不十分な読みだった。北は〈国家の天皇〉、〈国家の国民〉と主張したのである。

このような自律する国家という北の観念は、もちろん国家有機体説の一変種に属している。だがその有機体説は、およそ極限的に昂進している。それは一言でつくせば、国家の物神化といっていい。だが、北の国家に関する理解がこのように物神化の過程をふむ理由は、およそ悲劇的であった。

その悲劇は北が、人間存在を強度に共同的なものとしてしか考えられなかったところから生じた。共同的関係で結ばれている類としての人間は、国家という言葉でしか十分に表現することはできない、というのが彼の強烈な偏執だったのである。彼が夢想するのは、個が、一個の生命体といってよいほど強固な共同的関係に包摂されているありかたである。そのようなありかたを指して、彼は〈国家〉と呼んだ。つまり彼にあっては、国家とは、個が全体に矛盾なく包摂されるような共同的関係の、理念的表現となっている。そして、こういう共同的関係が実現されたものを、彼は〈社会主義〉と呼ぶ。彼が「社会主義の法理学は国家主義なり」といい、「国家の全分子をもって国家なりと云ふ所の社会民主々義」というのは、国家をさきに見たような共同的関係の総和とみなすことの、必然の結果ということができる。

ふつう北は、こういう全体イクォール個という国家理念をもって、日本近代天皇制国家を美化したものと考えられている。だが彼は、「東洋土人部落の土偶」としての天皇が君臨し、ブルジョワジー・地主の支配する現実の明治国家を、〈国家〉として認めたのではない。彼がブルジョワ国家を「経済的貴族国」と呼び、ブルジョワジーを「経済的封建諸侯」と呼ぶのは、ただブルジョワジーの階級支配のもとにおいては、国家が公民国家以前の「物格」の状態におとしめられる、ということをいいたいためである。すなわち、そこでは、全体イクォール個という関係はまだ成り立っていない。国家は解放されて〈国家〉にならなければならない。それが社会主義革命であって、全体イクォール個の関係は、そのような解放された〈国家〉においてはじめて成り立つのである。

だから北は、彼の全体イクォール個の主張によって、民族共同体の幻想で階級支配を覆いかくす、右翼ナショナリストの誤りを犯したのではない。彼の全体イクォール個の主張が内包する誤りは、むしろ、スターリンや毛沢東の社会主義的愛国主義の内包する誤りに近似している。北がその大我・小我論によって、個の社会＝国家への献身を説くとき、人は容易にその誤りを笑うことができる。だがアラゴンが、『共産主義的人間』において、ゲシュタポから銃殺される共産主義者は人類の永遠の生命に参与するのだと説くとき、彼は北とおよそおなじことを主張したのではなかったか。また人が、ヴェトナム人民の国民的総抵抗を、民族ないし社会主義国家の名において讃美したとき、彼は北とおよそおなじものを讃美したのではなかったか。

私は、この全体イクォール個という北のモチーフの出どころを、特殊には、日本基層民の共同社会《コミューン》願望に求めた。だが共同社会願望は、なにも日本人の特産ではない。わが国の場合、基層民＝共同体民が導入された西欧型市民社会システムに、強制的に遭遇せしめられ、そこから特異なミスアジャストメントとしての共同社会願望が、過激なかたちで噴出したという特殊事情はあるものの、人間関係において共同的なものを求めてやまぬ欲求、人間の解放を市民社会的個の段階におしとどめず、それを類的な個にまで拡張したいという欲求は、洋の東西を問わず、近代社会を貫くひとつの基本的な衝動であったといっていい。そのような衝動は、典型的な市民革命であるフランス革命をさえ貫いていた。

ミシュレによれば、フランス革命の思想的頂点が示されたのは一七九〇年七月十四日の「全国連盟祭」であって、その日こだましたのは、「ああ！　もしわたしが一体だったら！もしいまのように多岐な人間であることをやめられたなら！　分断されたわたしの力をむすびあわせ、わたしのうちに和合を樹立しえたなら！」という、「世界と人間の魂にとって共通の、だがつねに失望に終った祈念」だったという。フランス革命はなにも最初から、資本制市民社会を実現しようとして起された革命ではなかった。幻想のレヴェルにおいては、それはたしかに一個の共同社会《コミューン》を指向していたはずである。だからこそ、シトワイヤンにはシティズンとちがう語感がたたえられている。フランス革命の左派全盛期においては、市民《シトワイヤン》は兄弟・同朋を意味したであろう。だが、シトワイヤンは同時に、祖国防衛という愛国的義務を自覚する公民である。共同社会における全体と個の融合を求めるブルジョワ革命左派の幻想は、かくして、国民国家《ネイション・ステート》における愛国的義務のレヴェルにおける、全体と個の一致の幻想にまで縮小する。

問題を民族国家という水準でとらえるとき、こういう縮小はおよそ法則的である。スターリンも毛沢東もアラゴンも、そして北一輝も、その法則を免れることはできなかった。彼らは社会主義を担保にすることによって、全体イクォール個という命題を実質的たらしめることができると考えた。だが民族国家という視点を廃棄できぬかぎり、その命題はつねに国家至上主義的マヌーヴァーに終る。擬似的な共同性は、それが強大化すればするほど、対極の市民社会的個を強化する。すなわちそれは市民社会的個を思想的に克服することができず、〝共産主義的自己改造〟という名の魔女狩りや、解放戦争という名の〝義戦〟を発動するところへ行きつかざるをえない。北がこのあとたどる思想的悲劇は、かたちこそ変れ、スターリンや毛がたどったそれと本質においては同一とみなすべきである。

4

北が来るべき社会主義革命を第二維新ととらえたのには、これまで見て来たようないくつかの理由がある。しかし戦略的動機においては、それはあきらかに、明治国民国家に動員されつつある国民のエネルギーを、そのまま革命のチャネルへ切り換えることをもくろむ論理だった。北の革命思想家としての実践的なすご味は、このようないわば〝盗用〟の論理をつくり出した点にある。このことによって彼の革命理論は、戦前社会におけるもっとも現実的な革命理論として作用することができた。現実的なとは、むろん実現可能的なという意味である。その実現可能性は、二・二六反乱をはじめとする、昭和前期の諸動乱の性質によって明証されている。

明治の社会主義者や昭和のマルクス主義者は、維新革命の意味を絶対王制の成立というふうに極限的に貶価し縮小させて、来るべき革命を、維新とは何の関係もない、国民のナショナルな情念を否定したところに成り立つ、反伝統的な革命として構想した。戦前社会においては、このような革命は、国民の情念の基本的な動向にさからうものであるゆえに、成功の可能性がなかった。北は逆に、維新革命の意味を極限的に膨脹させ、それを未完のなお継続しつつある革命ととらえることによって、明治国民国家に吸収されつつある国民のナショナルな幻想を、そのまま第二革命のエネルギーとして動員する戦略をとった。この戦略の現実性の秘密は、それが支配権力に対する反逆を、明治国家の法的源泉である維新革命の立場から正統化しうる点にある。この正統化の逆説こそ、天才児北の魔術の一切であった。

その場合北が、いわゆる天皇制社会主義の幻想に一度もおちいらなかったことは、特筆しておかねばならない。支配権力によって動員される国民のナショナルな情念を盗みとって、支配に対する反抗のチャネルに導こうとしたイデオローグたちは、ふつう天皇制社会主義の論理に頼った。天皇はすべての国民に階級的区別なく仁慈を垂れる救済者である。日本が本来的に社会主義国家であるべき明証は、何よりもこういう天皇に体現された家族国家原理にあらわれている。天皇制社会主義者はこのように説いた。これは見るごとく、北が『国体論及び純正社会主義』のなかで、一度もとることのなかった論理である。

逆に彼は、樋口勘次郎のような「講壇社会主義」者や、山路愛山のような「経済的尊皇攘夷論」者によって説かれたこういう「国家社会主義」の仮借ない批判者であった。彼は天皇制社会主義が、その本質において赤裸々な東洋的デスポティズムにほかならぬことを、次のように暴露した。「恥ぢよ！　恥ぢよ！　『国家社会主義』なるもの斯くの如くんば、国家主義にもあらず社会主義にもあらずして絶対無限の君主々義となる！」。

樋口は、自分の唱える社会主義が天皇制家族国家原理に立つことをもって、「直訳的社会主義」ではなく「我が歴史、我が国体、我が現状」をふまえたものであると主張したが、このような主張こそ、北が当面の主要な思想的敵とみなす「復古的国体論」にほかならなかった。直訳的社会主義を斥け、国体にもとづく社会主義を構想する点で、北は樋口と異るものではなかった。だが彼は、国体についての理解が、樋口とは百八十度異っていた。彼の理解では、国民は天皇の大御宝などではなく、「私有財産権の所有者」であって、このような「個人主義の社会進化」を経過せずには社会主義の到来はありえないのだった。山路愛山の天皇への生産権奉還の主張は、このような歴史の進化則への逆行であった。北はこれら天皇制社会主義者の主張に、次の激語を対置した。「奴隷よ！　奴隷の集合よ！吾人はむしろ所謂『国家社会主義』と共に古代の奴隷制度に鼓腹せんよりも、国家主権の名に於て資本家地主の権利救済に努力すべし」。

われわれは、北が明治三十九年という早い時期において、このように天皇制社会主義への、今日考えうるかぎりで最高に正確な批判者でありえたことの意味を、よく考えるべきである。彼はたしかに西欧型市民社会の否定者であったが、近代の否定者だったのではない。彼が社会主義者であろうとしたということは、全人類史の総括者、したがって近代の止揚者たろうとしたということである。近代をのりこえようとした彼は、そのために天皇制デスポティズムの方向に退行したことは一度もなかった。これが彼の日本コミューン主義の系譜における、位相の特異さであった。天皇制社会主義は、この北の批判のはるかのち、昭和前期になって社会的イデオロギーとして浮上した。権藤成卿や橘孝三郎すら、近代天皇制には一定の批判を保ちながらも、天智帝の大化改新を範型とする君民共治的伝統に、わが国独自の農村社会主義の前提を認めようとした。彼らは明治以降の官僚主義的天皇制には鋭い異和をおぼえたが、天智を規範とする古代天皇に対しては、民衆の守護神的なイメージを棄てさることができなかった。ところが北は、すでに明治三十九年に、このような東洋的デスポティズムに対する屈服に、ほぼ完全な理論的判決をくだしていたのである。

北が、国民国家に吸収されつつある国民の情念を革命の方向に奪還する戦略において具体的にとった戦術は、そのように天皇に対する幻想に頼ることではなくて、国家を天皇とその臣僚、およびブルジョワジー・地主の手から、国民の側に奪取する戦術だったということができる。この文脈でいえば、彼が維新革命を、その本義のいまだ自覚されざる民主主義革命ととらえたのは、それが日本近代国家の法源だったからである。それを国民の革命と強弁することなしには、彼は、国家を国民のものと強弁することができなかった。彼は国民のうちに目ざめた〈国家〉、すなわちこのナショナリズムと共同社会願望の複合物を敵にまわしては、いかなる革命も構想することができないと感じた。国体論的天皇、その虚像を支配の根幹とする天皇制支配エリート、およびブルジョワジー・地主、すなわち明治国家の全実質的支配者に対する国民の闘争を組織するにあたって、彼らを国家の簒奪者と告発することが、いわば彼の革命戦術の要諦であった。

その場合彼は、国体論的天皇はじつは反動主義者の脳中にある虚像であって、帝国憲法に規定する天皇、すなわち現実の国体に対する反革命的反逆であり、現実の天皇は制限立憲君主すなわち一国民として国家に奉仕の義務を負うべきものであるゆえに、理論的に社会主義の敵ではありえないのだという、アクロバティックな論理を操ってみせた。また、国家は全国民のものであるために、国家の支配者は、国家イクォール全国民ということの理論的な表現である社会主義を、国家に対する反逆とみなすことは法的にできないのだという、これまた劣らず詐術的な論理を行使してみせた。これはたしかに、一面では明治天皇制国家において社会主義の合法性を獲得しようとする論理操作である。

だが、いかなる支配者がこのような高級すぎる論理的詐術にたぶらかされるだろうか。彼らをたぶらかしうるのは、天皇制社会主義のような、もっと低俗な論理である。彼らは事実、たぶらかされはしなかった。彼らは北のこの主著を発禁に付し、さらに後年、二・二六反乱においては、北の革命理論を反国体的なものと暴露しつくして、彼を銃殺した。北自身も、このアクロバティックな論理に説得されて、支配者が社会主義の明治国家における正統性・合法性を認めるに至るだろうとは、結局は期待してはいなかった。後述するように、彼はこの本が発禁処分に付されることを、ほぼ確実に予測していたふしがある。

彼のこのアクロバティックな論理は、むしろ国民に向けていわれたものである。彼は、支配者の手から国家を奪還するにあたって、国民に、その行為が維新革命の本質すなわち明治国家の本質に照らして、正統的合法的なものだという確信を与えたかったのだ。この作業はいいかえれば、「諸君、諸君たちの維新革命の子としての国家に寄せる思いは、国家の本質に照らすとき、かならず社会主義革命を指向するのだ。その必然の正統性合法性について確信をもて」と、説くことにひとしい。つまり北は、第二インター的社会主義の若き信奉者として、労働者階級の階級闘争に言及はしているが、彼の構想する革命は本質的に、階級革命ではなく国民革命であった。

したがって『国体論及び純正社会主義』における彼の実践的な煽動は、おりしも全国民的なエネルギーを結集して戦われた日露戦争の帰還兵士に向けられた。彼は次のように兵士たちに訴えた。

「愛国者よ！　爾《なんじ》等が担架に横たはりて夢心地に後陣に運ばれつゝありし時、帯の如く繃帯を洩れて曳ける鮮血は、徒らに寒草を肥やすに過ぎずして、権利一粒をも実らしめざりしか。月明の夕、夜陰の雨、爾等が家郷の恋妻と愛子を想ひやりつゝ前哨に立てるの時は、国家の大臣は赤十字社を名として醜業婦を猟さりて天下を悠遊し、万骨ただ残る一片墓標の前に、爾等が野花を手向けて、袂別の涙を雄々しき拳に振ひつゝありし時は、七博士なるものは硬直の誉を沽《う》りて揚々とし、爾等の同類のものは、一売色奴お鯉（桂首相の狎妓＝筆者注）の門前を警戒しつゝありしことを知らざりしか。戦友の骸骨が埠頭に歩み出でゝ、爾等が船の煙の束に消え行くを見送りつゝ、その窪こき眼に湛へたる涙は、ただ家郷児女子の音づれに過ぎざりしか。無権利の奴隷となりて児戯の金片を胸に飾らんよりも、丈夫ただ鬼となりて満州の野にこそ迷へ。吾が愛国者よ答弁せよ！ 爾等は国家の部分として、国家の他の部分の生存進化の為めに笑みて以て犠牲となりき。爾等の此の犠牲は、他の国家競争なき時に於ても、上層の淫蕩遊興の為めに奴隷として死すべき永続不断の者か。『国家の為め』とは、国家の上層の部分の為めのみにあらずして等しく国家の部分たる爾等の妻子の為めをも含まざりしか」。

これは、戦争にかり出された「愛国者」に対してなされた、わが近代史上もっとも強力な煽動である。戦友たちの凱旋を埠頭に見送った骸骨たちが、金鵄勲章を拒否して満州の野の鬼となるという、この凄絶なイメージだけによっても、支配者はこの本を発禁にせねばならなかっただろう。しかもこの煽動には、北の思想の問題点のほとんど一切が含まれている。この煽動を貫いている全体イクォール個の視点は、なるほど、銃後でその理念を裏切っていた支配者やブルジョワジーを指弾することができる。またそれは帰還兵士に、「桀紂の民」を解放する「王者の軍」たれと呼びかけ、「満州の野より血染の服を以て」、国家の簒奪者へ向けて「進撃」せよと、訴えることができる。だがこのような煽動には、大きな躓きの石がかくれている。

もっとも私はここで、北が三年まえの素朴な満韓膨脹論者ではないことを、まず確認しておかねばならない。彼は自分の革命理論の民族主義的な性質に、あきらかに歯止めをかけようとしているのである。かつて熱烈な日露開戦論者だったこの青年は、日露戦争の冷やかな批判者に一変していた。幻滅のにがい思いは、先に引いた煽動の口調にも明瞭にあらわれているが、それだけでなく彼は、日露戦争を批判的に客体視できる論理を、次のように構築してみせた。

彼はまず、日露戦争が「人口の捌口を満韓に求めたる」ものだという主張を駁撃した。「日本今日の過多なる人口は、人口過多なるが故に戦争生ずるに非らず。戦争を目的とする中世的思想の国民、戦争によりて優勝者たらんとする野蛮なる理想の国家なるが故に増殖しつゝある天則なり。天則は噛んことを目的とする蛇に毒を賜ひ、喰はんことを理想とする狼に牙を賜ふ。国民と国家とが此の蛇の如き目的と狼の如き理想とより脱却せざる間は、日本民族は永久に下等動物の天則を被りて人口過多に苦しむべし」。これはまさに彼の自己批判である。

彼はまた、いかに戦争に勝って「利益線の膨張、貿易圏の拡大」を来たしたにせよ、それは経済的家長君主すなわちブルジョワジー・地主の強大を意味するだけで、〈国家〉の強大を意味しはしない、という視点を提出した。さらに決定的なこととして、彼は社会主義と帝国主義が「全く相納れざる」ものであることを認めた。すなわち彼は、それを矛盾せずとした三年まえの立論を完全にひっこめたのである。彼は、社会主義においては、他国に対する「同化作用」は侵略とみなされることを認め、さらに「日本国の貴族的蛮風」

が「支那朝鮮の自由を蹂躪しつつある」ことに警告を発し、そのさい「社会民主々義の非戦論」が発動することさえ示唆した。

これは彼が後年、そのほとんどを放棄した主張である。そしてこれらは主張としてもまとまりを欠き、むりして急遽かき集められた印象を免れない。しかしそのことは逆に、彼がこのとき、自分の内部の民族主義的な衝動に対し、いかに真剣に抑制的であろうとしたかを物語っている。そしてこの民族主義的かたよりに対する自省は、「国家主義とは世界単位の大国主義に至るべき地方単位の社会主義なり」という、世界連邦的な展望を生み出していた。

だが、このようなチェックはほどこされていても、北の「愛国者」に対する煽動、君たちの大日本帝国の支配者は戦場の君たちをあざむいたのだぞ、君たちはなぜ、彼らから大日本帝国を奪還しそれを真の「倫理的制度」たらしめないのだ、という煽動には、奪還されて「倫理的制度」となった国家は、全体の名において個に死の犠牲を要求しうるのだという、致命的な誤りが含まれていた。これはまさに物神化した国家であって、このような国家の幻影から自由になれなかったために、彼は、ひとたび否認した日露戦争を、「国家的権威の衝突」という次元においては是認したのである。

彼にとって帝国主義は、国家という人格の権威を主張するもので、その表現の形式の野蛮さは批判されるべきであっても、国家の権威の自覚という一点は、社会主義に継承されねばならぬのであった。このような国家の物神化を前提とする彼の煽動は、帰還兵士の愛国意識、すなわち国家物神化の意識をさらに肥大させ、彼自身ほどこした日露戦争への批判自体をやがて吹き飛ばすであろう。このことについて、彼はほとんど考察が及んでいなかった。

しかし、にもかかわらず、帰還兵士に対する彼のこのような訴えは、ナショナルな情念をそのまま革命への情念に切り換えようとする戦術の、どぎついほどの現実有効性を如実にあらわしていた。もしもこのような訴えが、組織的かつ大量に行なわれていたら、北のめざす国民社会主義運動は、ムソリーニやヒトラーが第一次大戦後獲得しえた程度の大衆的基盤を、国民のうちに築き得ていたかも知れない。日比谷公園の講和反対集会は、官憲の制止をふり切ってすでに暴動化していたのである。

ところが北が舌端火を吐く煽動のすえに提出した要求は、何であったか。普通選挙権、その一事であって、これさえ獲得できれば、日本社会主義の勝利は目前であるというのである。これは彼が『国体論及び純正社会主義』の第五編、『社会主義の啓蒙運動』のなかで力説したことである。大山鳴動、鼠一匹とは、このことをいう。

もちろんこういう彼の主張には、しかるべき理論構造をもった裏づけがあった。「革命の定義中に流血を欠くべからざる要素として加ふる如き」見解を、とるにたりぬものとして斥けるのは、彼の理論的見識というものである。「革命とは思想系を全く異にすると云ふことにして、流血と否とは問題外なり」という彼の認識は、理論的にまったく正しい。彼が普通選挙権さえ実現されれば、社会主義革命は議会を通じて遂行されうると考えたのは、ひとつには、第二インター段階の社会主義運動理論の定石を踏んだものであったかも知れない。革命がテロリズムによってではなく、労働者階級に対する教育と宣伝、すなわち「啓蒙運動」によって遂行されるというのは、まさに「科学的社会主義」の教条なのである。だが、彼の議会を通じての革命という主張には、第二インター的教条を墨守していた片山潜などの議会主義コースとは、まったく異質な思想的前提が含まれていた。

彼はここでもまた、日本帝国はすでに法律上において社会主義の理想をかかげているのだから、社会主義革命は国体を変更する革命ではなく、平和的に議会を通じて行なわれるという、例の特異な論理を行使した。だが、社会主義が国体に反せずという論理がために する強弁であることを、彼は先刻承知のはずである。そんな国体は彼のいう「維新革命の本義」のなかにあるだけで、支配権力が、はい、そうですかと認めるはずがない。それなのになぜ、平和革命が成り立つのか。

彼があてにしていたのは、支配者がこの論理を受け入れることではない。国民がそれを受けいれて、みずからの反逆に正統性合法性の確信をもつことである。その基礎は十分に調っていると、おそらく彼は考えた。なぜなら、彼の考えでは、日露戦争を戦った国民は、国家の意識にめざめ、しかもその国家が、ブルジョワジー・地主によって簒奪されていることにめざめたからである。したがって彼らの革命闘争は、「愛国」の名における闘争となる。支配者は、革命闘争が国家への反逆であるときには、容易に鎮圧することができるけれども、それが愛国の正統性・合法性の自覚のもとに闘われる闘争であるとき、抗するすべを知らぬはずだ、というのが北の読みであった。日本社会主義革命は議会を通じて平和裡に勝利しうるという主張は、つまりは北のこういう読みへの自信だったのである。

この読みにはしかし、問題がふたつ含まれていた。第一には、天皇制権力とはそんなにあまっちょろいものか、ということである。この点については多言の要はない。北は数年をいでぬうちに、この読みそこないに自ら始末をつけねばならぬであろう。第二の問題こそ根本的に重要であって、北の生涯の躓きの石となったものである。

彼は、社会主義運動は大衆への啓蒙運動であるという。ところが彼は、普通選挙権とか議会とかいう範疇が、「愛国」の名分のもとに支配者を沈黙させるべき大衆、すなわちわが基層民にとって、どれだけ適合的なものでありうるか、小指の先ほども考えてみたことはなかったのだ。彼は自由民権の家系に生まれて、議会というものにあきらかにあこがれをもっていた。そのことは彼が、議会制度の発明が東洋と西洋の進歩をわかったなどと、この第五編『社会主義の啓蒙運動』のなかで主張しているのでも知れる。もちろん彼は、現実の議会なり選挙なりが、民衆の生活とは何の関係もない腐敗したものに転落しているのを、すでに三年まえに知っていた。だが彼はそれを改革できると信じていた。普通選挙さえ実現できれば、議会制度は貧しい国民大衆の要求を吸い上げることができると、彼は三年まえも、そしてこのときも信じていたのである。

これはわが国の基層民の存在様式に対する、根本的かつ決定的な無知であった。もちろん北のように信じたひとは多い。後年大正デモクラシーを担った論客たちは、みなこのときの北のように信じたのである。だが、事実は彼らの期待を裏切った。普選獲得は、議会と選挙の腐敗を、全国民規模に拡大させ深化させたのである。わが基層民は、獲得した選挙権を行使してその欲求を表現しようなどと、一度も考えたことがなかった。議会と選挙は本質的に彼らに無縁な範疇であった。だからそれと関係づけられるとき、彼らはそれを親方子方的、地縁血縁的関係において、振舞酒にあずかる機会としか理解しなかった。

彼らが議会と選挙を利益の授受関係と理解し、それにともなう取り引き（腐敗）を当然とみなしたのは、彼らが市民社会の諸システムを、分立的利害を調整する奇々怪々なゲーム・マシーンと理解したことの、系ということができる。そして、もしもそれが政治というものならば、政治とは自分たちの真の欲求とはかかわりのないものだ、というのが彼らの実感であったはずである。彼らはなるほど、今日の大衆が巨人阪神戦で乱闘を演じるように、選挙のたびごとに、味方候補のために血の雨を降らせたかも知れない。しかし彼らは、彼らにとってもっとも本質的な欲求、すなわち共同的なものへの欲求を、けっして議会・選挙という市民社会的システムによって、表白しようとはしなかったのである。

北はのちに、このことに気づいた。『日本改造法案』を見ると、議会・政党・選挙という制度がこの国の大衆にとって外在的なものであることを、彼がよく理解していることがわかる。だが、この認識の訂正過程をよく検討してみれば、ある重要な事実が浮んで来ずにはいない。すなわち北は、この国で成立すべき革命の性質と、それを導くべき論理については、戦前、誰にも追随を許さない鋭い考察をほどこしたけれども、その革命を現実化する動力についてはそのありかをついにつきとめることのできなかった思想家なのである。

もちろん彼は、国民の愛国的な衝迫に革命の動力を求めようとした。さらにその場合、「国家」を共同社会と読みかえることによって、市民社会になじもうとしない基層民の心性と、おのれの革命の論理のあいだに、通路をつけようとした。だが彼は、彼らのいちばん深い欲求に、火をつける方法を知らなかった。というより、彼には、そういう方法を必要とする感覚がなかった。そして、その感覚の欠如は、やはり、基層民のこころのいちばん深部にねむっている〈共同的なもの〉への憧憬を感じとる能力の欠如に、対応しているように考えられる。

いいかえれば、彼には、その深い憧憬なり願望なりは、それが国家意識という、より近代化された形態をとるときにはじめて、感知可能だったのである。もちろん彼は、その国家意識を、彼なりに大衆の共同社会願望と読みかえていた。だが彼の把握では、その共同社会願望のなかにあるもっとも初原的なもの、つまり夢や情念にあたるものが抜け落ちていた。彼の眼には、そういうものは、民衆のもっとも愚昧な部分と見えていたかも知れない。

「而して一般下層階級を見よ！　彼の幾千万の労働者と小作人は、裸体なる肉体に襤褸を着せらるるが如く、裸体なる良心に着せらるゝ所の者は、種々の醜汚なる慣習、父母の残忍なる家庭、餓えて犬の如くなれる四隣の境遇、売婬の勧誘、犯罪の誘導、婬靡残暴なる思想、実に世に存するあらゆる襤褸を以て、其の良心を形成せられつゝあるに非ずや。（中略）斯くの如く不潔にして粗野なる動物の如き群集中に、豚の如く産み落され、疾病により泣く時も生活に忙しき母の殴打によりて沈圧せられ、只、夕より外に相見ざるべき父は、終日の労苦と前途の絶望を自暴自棄の沈酒に傾け怒号して帰へる。智識もなく、世界もなし」。なるほどこれは、一面の真実というものだろう。だが、下層階級についてこういうイメージしか抱けないところに、彼の徹底した近代主義者の面目があらわれている。

もちろん、彼の徹底した近代主義にはメリットがあった。彼の思想が、日本コミューン主義の系譜中、ゆいいつ本格的な検討にあたいする理論になりえているのは、その近代的な論理性の深度のためである。ところがこの近代主義者は、内部に根本的な矛盾をかかえこんでいた。つまり彼は、近代的な論理性を絶対手放すまいとするいっぽう、おのれの国民革命の構想においては、国民の本質的に反近代的なエートスを、根本動力と仮定せねばならなかったのである。だから彼は、そのエートスを、できうるかぎり近代的なものに解釈しようとした。愛国といい、国家意識といい、それはそういう最大限の近代的解釈だったと見るべきである。

ところが、愛国とか国家意識とかいう衣裳をかぶっている下層民の共同願望の、もっとも初原的な、蒙昧で粗野なありかたについては、彼はそこまで降りて行くことを嫌った。このことはやはり、彼の思想家としての優秀さかも知れない。そういうあいまいな領域については、本来、どのような論理性も成り立つはずがないし、そういういわば人類の歴史的な大脳の古い皮質を、方法もなしにむやみやたらにつつきまわせば、どんな怪物がとびだして来るやら、知れたものではないからである。しかし、そこまで降りて行けば、彼の愛国とか国家意識とかいう範疇は、いやおうなく吹っ飛んでいたはずである。それはいわぬまでも、とにかくそこに触れぬことは、革命家としての彼の手を縛った。

われわれはこの二十三歳の青年が、理論家であるばかりでなく、革命家でもあろうとしている青年であることを、忘れてはなるまい。彼の革命の論理は、本来、下層民のもっとも深部の衝動を顕在化するような方法論を要求していた。しかし、それを顕在化する方法に、ある種の嫌悪ないし盲点をもっていたために、彼はほんとうの方法論をもたぬ革命家となった。彼が後年、策謀とか支配エリートへの入説とか、ひとことでいえば状況への操作をつねとする陰謀的革命家と化した理由は、ここに求められる。

『国体論及び純正社会主義』において述べられた革命の論理と手法のあいだには、明瞭な齟齬、ないし不接合が看取される。つまり、彼の論理が当然その実現の担い手として指示しているはずの意識の層に、禁忌か不感か、何らかの理由によって、彼は近づくことをはばまれていた。このことは優秀な理論家である彼を、不能《イムポテント》な革命家たらしめずにはおかなかった。そういう運命を負う彼は、あるいは、自らに革命家たる使命をしいねばよかったのかも知れない。だが彼がその使命を担おうとしたことは、「貧と戦闘」が当時の大衆の負うべき運命であった戦前社会の人で彼があった以上、誰も責めることはできない。そして革命家たろうとしたとき、せいぜい彼は、若年の日には、議会主義という的はずれな手法を提出し、壮年以後は、クーデタの方法なきクーデタ構想という、不思議な改造案を投げ出して、身みずからは遊びのような陰謀に傾斜するほかなかった。この彼の革命家としての本質的な不能性に気づいたものは、彼を第二維新革命の大魔王とあがめた追随者たちのなかには、あのひとの悪い磯部浅一もふくめて、誰ひとり存在しなかったように思われる。

私は、『国体論及び純正社会主義』のふくむ思想的問題点について、これで、一点をのぞきすべて考察を終えたものと信じる。その一点とは、彼の思想の哲学的部分、いわば宇宙目的論とでもいうべき思弁であるが、これについては、彼の後年の〝信仰〟を問題にするところで触れたい。私の考えでは、彼の法華経信仰は、この宇宙目的論的思弁をもてあそぶ彼の傾斜の、極限的な相をあらわしている。

第七章　西郷党の落し子

1

周知のように、『国体論及び純正社会主義』は、明治三十九年五月十四日、すなわち発行日付のわずか五日後に、発禁処分に付された。昤吉の伝えるところでは、北は、西園寺内閣のもとでは、自著が発禁処分を受けることはあるまいと考えていたというが、それは何が何でもこの本を世に問いたい一心がいわせたことで、内心はその危険を十分予想もしていたらしい。

青野季吉の回想によれば、彼はこの本をゲラ刷で読んでいる。それは北が「本になれば必らず発禁になるから、その前にゲラ刷で読んでおくように」と、佐渡中学の後輩に送って来たのを、回してもらったのだという。発禁必至と覚悟しながら、西園寺内閣のハト派的性格に一抹の期待もあったというのが、正直なところかと思われる。

しかし発禁にはなったものの、この本はけっして言論界から黙殺されたわけではなかった。初版五百部のうちかなりの部分が、当時の大家たちや新聞社雑誌社に送られ、無名の著者としては、まず満足してしかるべき反響が返って来たのである。吟吉が、これを『チャイルド・ハロルド』におけるバイロンに比して、「一日にして雷名を馳せた」といっているのは誇張にすぎるとしても、河上肇が『読売新聞』に紹介を掲げ、片山潜が『光』に長文の書評をのせたのをはじめとして、『東京日日新聞』、『大阪朝日新聞』、『新紀元』、『太陽』、『教育実験界』の各誌紙が書評や紹介を行ない、しかもそれはおおむね好意的であった。

ただ、東京日日だけが、本書の皇室についての言及が不敬であるとして、当局に取締りを望んだ。いったい当局は本書の内容を審査したのか、われわれは「其云ふ処其論ずる処此書の如く露骨不謹慎なるにあらずして、却て筆禍を買ひたる新聞雑誌の数あるを記憶」している。当局は新聞雑誌に対してだけ峻厳なのか、それとも、方針に一大変化があって、本書のようなものも許容されるようになったのか。こう、同紙は問うた。これでは、いかに自由主義ムードで売り出した西園寺内閣も、黙過はできまい。同紙は、発禁処分がおりたのち、「朝憲紊乱の出版物、我社の忠告によりて始めて禁止す。薫風遅日、検定吏員坐眠りして居たか」と凱歌をあげた。ちなみに同紙の社主は、のちの典型的な欧米派ブルジョワ指導者加藤高明であった。

東日は例外として、この本がかなりの好意的な反響によって迎えられたのは、むろん当時の出版界のスケールの小ささにもよっている。当時、千頁になんなんとするこのような力作が世に現れれば、著者がいかに無名であれ、この程度の反響が返って来るのは、出版界・学界の規模の狭小さからいって、まず当然であったろう。

だから、北のこの処女作が呼びおこした反響については、過大に考えないほうがいい。この本は流布した範囲もせまければ、一般にうけいれられるには、あまりに時代の水準を抜きすぎてもいた。この本がふくむ思想的問題性は、いわば状況を先取しているところがあって、それが社会的衝撃性を現実におびるのには、こののちほぼ二十年の歳月が必要だった。

末松太平の回想によれば、彼が『国体論及び純正社会主義』をはじめて読んだのは、彼が青森の連隊で見習士官をしていた昭和二年頃だったという。しかし、その頃、北の著作で青年将校たちに強い影響を与えていたのは、『日本改造法案』と『支那革命外史』であって、『国体論及び純正社会主義』は、前の二著で北の思想に開眼して、教祖の若き日の大著に関心を抱いた、いわば篤志な青年たちだけが手にしたにすぎなかっただろう。しかも、この本は青年たちにはむずかしすぎ、また仮に読みとけたとしても、彼らの眼には、反国体的主張にもまがう、うろんな要素を含む著作のようにも映った。つまりこの本は、その社会的影響力という点でいえば、いつもどこか時代とすれちがっていて、ほんとうにある広がりをもった読者に対して、現実の革命的な作用を及ぼしたことは一度もなかったといっていい。その意味では、これはまことに不運な書物だった。

だが、北のこの著作に投入した心血は、まったく酬いられなかったのではなかった。いつの時代にも、具眼の士というものはいる。この場合は東京高商教授の福田徳三がそうで、このブレンターノ仕込みの経済史家は、とにかくこの著作の理論的水準の高さと、著者の才能だけは誤たず認めた。医戒を破り、思わず徹夜して読みあげたという彼の本書への評価は、「一言を以て蔽へとならば天才の著作」、「マルクスの資本論に及ばずと雖も、之を日本語に葬りたる聊か勿体なきを感ぜざるを得ず」というものだった。すなわち彼ははなはだ高い評点をつけた。なるほど彼は書簡中で、諸家に対する批判に誤解に基く点があること、「智足らず見徹せざる」学者への批判はもっと同情的であってよいことの二点を保留してはいたけれど、しかしこれは見解のちがいに帰することで、北にしてみれば、福田のような大家にこれだけの評点をつけさせれば、金持喧嘩せずの心境になるのは当然である。彼はうれしさでのぼせあがったことであろう。

だが、今日われわれがこの福田書簡を読むとき、感慨にたえぬことがある。福田は北に対して「此一書を以て大業を為し遂げたりとの自信を懐くことなく、益々進みて他日のより大なる天才発揮の機会を自ら作らんこと」を「熱望」し、しかも「是れ一己の私情に止まらざるなり」とさえ書いた。さらに「天才発揮の機会」のあとに、「必ずしも量に於て云はず」と注して、自分がこの著作をけっして「大著」という点で評価しているものではないこと、何よりもその質を評価しているのであって、不必要な大著志向から脱皮して、さらに高い質をめざしてほしいと願うものであることを、このアムビシャスな青年に伝えようとした。いたれり尽せりとはこのことで、この人は実に学者のかがみといっていい。鋭敏な北のことだ。福田のいわんとするところが、彼の心に沁みなかったはずはない。

だが北は、こののちついに福田の熱望をみたすことがなかった。彼は二度と『国体論及び純正社会主義』のような理論的な仕事を試みなかったし、その思想の質を深めることもしなかった。福田が望んだのは、北が学者の途を歩むことだったといってよかろう。北におそるべき学才を見出した人は、福田だけではなかった。宮崎滔天も北のことを、これは大正年間のことであるが、学問の世界に進んでいたら大学者になっていただろうと評している。

もちろん、たんなる学者になりおおせることは北には不可能だった。気質的にできなかったばかりでなく、何よりも、革命家であろうとする衝迫がそれを許さなかった。しかし、知を対象とする労役は、何もいわゆる学問のかたちに拘束される必要はない。学はいわゆる学者だけの専売ではない。革命者としてたたかいながら理論と思想をより深めより展開させるのは、知をめざす労役の一種であり、そのまま学でさえありうる。そしてそのような労役は、革命者が革命者でありうるために不可欠でさえある。北は、福田の「熱望」に直接そうことはできなくとも、彼なりの生涯の独自性において、その「熱望」をみたしてみせることもできたはずである。ところが、彼にはそれができなかった。彼は一生勉強を廃さなかった男であるけれども、二十三歳のときに生涯の思想的主題をほぼ完全に展開し切って、あとはその必然の帰結にむけて思想的には縮小の途をたどった。それは、彼のもっともいたましい悲劇だったとさえいっていい。

『国体論及び純正社会主義』が発禁をくらった当時、北は「呼吸器」をわずらって床についていたそうである。これが結核であったのならば、悪化せずにすんだのは、よほど運が強かったのだ。しかし、この病人はおちおち寝ていられなかった。心血を注いだ著作が葬られるのにたえられず、何とか工夫して、ふたたび世に問いたかったのである。考えついた手は、比較的検閲にとおりやすい第一、二、三編を分冊にして発行し、そのままでは検閲にふれることが明らかな第四編『所謂国体論の復古的革命主義』は全面的に改稿して、『日本国の法理学的歴史学的研究』という題名のもとに、改めて別の本にすることだった。もちろん出版資金が必要である。

しかも、はっきりした時日は不明だが、この前後、母リクが、この春佐渡中学を卒業した晶を連れて出京していた。女中ひとりを伴っていたというから、没落したとはいえ、この母はまだ一応の門戸は張るつもりでいたわけで、一輝、昤吉はこの三人といっしょに喜久井町に一軒家を構えねばならなかった。出版費どころか、月々の生活費が問題である。金策は叔父の本間一松に頼るしかなかった。なんとか金をひき出そうとする本間究の苦心の手紙が、今日、五通残っている。

金はひき出せたとみえ、『純正社会主義の哲学』千部が、七月十三日付で出た。発禁版の第三編『生物進化論と社会哲学』をそのまま独立の本にしたものである。検閲は通った。批評や紹介もかなり出た。分冊出版の策は成功するかに見えた。だが、十一月一日付の『純正社会主義の経済学』は、発行日付の前日に発売禁止となった。これは第一編『社会主義の経済的正義』の衣替えであるが、これがだめなら、国体論の部分は、どんなに書き直してみても検閲にとおるはずがない。ここに至ってついに、彼は『国体論及び純正社会主義』の公刊を断念した。明治三十九年十一月三日付の幸徳秋水宛の葉書で、彼はいう。「今度は如何なる故か、別して癇癪も起きず。国体論の未練がサッパリと切れた為め、近来になき霽光風月（光風霽月＝筆者注）の心地致し候」。

北が『国体論及び純正社会主義』の刊行にこれほど執着したのを、何か異常なことのようにいう人がいる。たとえば田中惣五郎で、彼は、北がそのためにいかに家族に無理を強いたか、およそ誇張的にのべながら、次のようにいう。「金も名誉もここから生れるとしたら、これ一すじにすがるのも無理からぬとも思われるが、すこし常凡を逸している」云々。この本がどういう本であり、この本によって北が何をめざしていたか、知っているわれわれは、もうすこし冷静な判断をくだすことができよう。

このときの北の眼中には、母を扶養せねばならぬ義務も、弟たちの修学を了えさせねばならぬ責任もなかった、とひとまずはいっておく。心中疾むところなしとせぬにせよ、結果においてその自覚は乏しかったものとせねばならぬ、といっておく。だが、それは金と名誉のためだったろうか。北が金も名誉も切に欲していたことも、このさい認めておく。だがそれは、公刊への執着のもっとも強い動因だったろうか。『国体論及び純正社会主義』のような書物を書き得た人間が、その公刊に執着するのは、無償の動機としても必然ではないか。北は〝発見〟をしたのだ。その発見を公けにしたいというのは、純粋に知的な動機ではないか。彼は少年の日に、自由民権という古い恋にかわる、新しい恋をうちたてることを宣言して、いまやそれを完全に理論化し終えたのだ。この革命の理論は、金や名誉を抜きにしても、世に問わずにはおれぬものではないか。

彼は天皇制権力がうけいれるべくもない著作に、なんとか陽の目を見るような衣を着せて、世に送り出した。それが発禁をくらうや、手段をつくして、ふたたびそれを世人にとどかせようとした。彼は革命を志すものとして、善戦敢闘したといってよいはずではないか。自分たちの仲間や同伴者の場合には、ねばり強い抵抗などと評価し、対立者の場合には、名誉欲の昂進とおとしめる。こういう偏見の力学によってしか北の生の軌跡をとらえられないのは、田中ばかりではない。その力学は、今日なお、北という思想家に対する良識の衣をかぶった禁忌として働いている。

心血を注いだ大著の公刊の途をふさがれて、彼にはおそらく、行動に向けてはやる心があったものと思われる。前引の幸徳宛の葉書には、次のように書かれていた。「何が自己に適するか、自己の任務が何であるかの如きは考えも致さず。只自由の感が著しく湧きて、モウ何でもするぞと云つたやうな元気なり。先づ病気を征服して真に奮闘します」。

要するに、彼は、天皇制権力にもう遠慮することはない。相手が手袋を投げた以上、おれも投げかえすのだ、といった心境であったようだ。ルールはそちらが無視したのだ、おれのほうでも拘束を解くぞ、という次第で、「自由の感」はそこから湧くのである。この葉書は十一月四日に投函されている。その前日十一月三日は、彼が神田美土代町の革命評論社を、はじめて訪れた日であった。

2

『革命評論』はこの年の九月五日に、宮崎滔天が僚友をかたらって創刊した月二回刊の新聞である。この新聞にはふたつの性格があった。

ひとつには、それは、西郷党的自由民権主義者としての思想的出自をもち、孫文の盟友として中国革命の成就に奔走して来た滔天の、茫洋たる革命の夢を託す新聞だった。この新聞は日本革命を主題にしてはいなかった。同人の内規として、日本の時事を論じないことが定められていた。『発刊の辞』には中国とロシアにおける革命の切迫が強調されているが、じっさいにこの新聞がやったことは、中国とロシアの亡命革命家に対し連帯の手をさしのべることだった。そして、そのような連帯がかたちづくる革命のイメージには、滔天特有のアジア的無政府ユートピズムの影が深く宿されていた。

しかしまたそれは、組織的には、前年八月に成立していた中国同盟会の、日本人部の機関紙という性格をもっていた。滔天以外の同人のうち、清藤幸七郎と平山周は、明治三十三年の恵州起義以来の中国革命支援者であり、萱野長知もまた一種の中国革命狂で、和田三郎と池亨吉は萱野の紹介で発刊に参加した新参者だった。北が参加してのち、同人間には孫文評価をめぐって路線的対立が生じるが、その対立が章炳麟の年譜に、「日本人の同盟会に入るもの八人、自ら相克伐す」と記述されているのを見れば、革命評論社の同人八名は（あとひとりの同人は事務担当者青梅敏雄）、中国人側からは、そのまま同盟会日本人部とみなされていたことがわかる。

北が革命評論社を訪問したのは、同社から誘いがあったからである。昤吉は招待状の筆者を池亨吉だったというが、おそらくそのかげには、滔天の熱心があったはずである。滔天は、この当時かなりこの白面の青年にいかれていた形跡がある。彼はこのとき、絶対に『国体論及び純正社会主義』を読んでいる。頭の鋭い人だから、ただちにその独創性を理解したにちがいない。日本社会主義革命を維新第二革命ととらえる北の論理に、彼は膝を打つ思いであったろう。これは西郷党左派の兄八郎の志を継いだ彼が、つねづね考えていたことで、ただ、彼は、北のようにそれを論理化する能力を欠いていたのである。

招待状を受けとっても、すぐには北は動かなかった。昤吉は病気のせいにしているが、それだけではあるまい。『国体論及び純正社会主義』の出版後、彼は社会主義陣営から引く手あまたという状態にあった。「幸徳や堺や片山潜が時々やつて来て、主義者の仲間入りを勧めた」と昤吉が書いている。六月には、西川光二郎らの『光』から寄稿を求められたけれども、断わった。彼の観察では、「今の処社会党はホンの卵子にて、到底権力者と戦闘するには堪へ」ぬのであった（本間一松宛書簡）。彼は「全く遊撃隊」としての地位を保つつもりでいた（同上）。この決意は七月二十五日の林儀作宛書簡で、次のように明確に繰り返された。「小生は社会党の外に存在すべし。今の世に於て団集的運動を要することは論なきと共に、孤行独歩、何者をも敵として敢然たる可しといふ論客の一人位は、必要に候。先づ『社会主義の遊星』として御承知ありたし」。

例のごとき高慢と独尊と評する論者は多い。だがこれは、高慢や独尊である以前に、思想家の原則にかかわることである。彼は、既存の日本社会主義者のそれとは、重大なところで異なる革命の論理を構築している。彼らとの提携に一定の留保が存すべきことは、理の当然であろう。理論的試行において、「何者をも敵として敢然たるべし」というのは、革命思想家の原則であらねばならぬ。マルクスも死守したこの原則において、一輝のみその高慢をそしられねばならぬ理由はない。

北が革命評論社の誘いにすぐ応じなかったのには、これだけの根拠があったものとしてよい。ただ弟昤吉が「進んで偵察かた〲神田美土代町の事務所を訪ねた」。『革命評論』の編輯日誌によれば、明治三十九年九月十六日、つまり同紙創刊におくるること十一日であった。

昤吉は、その結果を次のように告げた。「『革命評論』社の連中は、頭が聊か古く、二十年前の自由民権説を奉じてゐるやうだが、意気は旺んである。兄貴が這入つて新思想を吹き込んだなら、仕事は出来るかも知れない。往年のラフアエツトになるもよい。幸徳、堺のやうな文士上りと事を共にするのは絶対反対である」。

昤吉がこのとき話した相手は、清藤と萱野だった。「僕は一見してその雰囲気が好きになつた」と彼は書いている。「その雰囲気」とは、彼の記述に徴すれば、「議論は大雑把だが、意気だけはさかんな支那豪傑風ということになる。一輝は昤吉の所見に賛成し、「お前も一緒に這入るならば、自分も這入る」と答えたとのことである。

昤吉の記述を読めば、一輝の意向はこの報告ですぐかたまり、その実現が十一月三日の訪問まで遷延したのは、病気のせいというふうにうけとれる。だが、どうだろうか。十月十日の本間一松宛書簡では、彼はまだ『国体論及び純正社会主義』の分冊発行に未練たっぷりである。革命評論社のことは一行も出て来ない。それはことの性質上当然のようにも思えるが、彼がこの書簡のなかで、幸徳との情誼上、来春は新聞社に入るようになるかも知れぬと書いているのをみれば、事実、彼にはこのとき、革命評論社に入る考えはなかったのである。

だが彼は、じっさいには、翌年一月に発刊を見る『日刊平民新聞』の記者となることはなく、十一月三日の訪問をきっかけとして、にわかに革命評論社に入社してしまった。もちろん、自著の公刊の可能性を最後的に封ぜられたことが、彼をこの行動に踏み切らせたのである。だが、その決断の意味するところについては、なお多少の分析を必要とする。私の考えでは、革命評論社への加入は、前著で明らかにした天皇制との闘争路線に、彼が修正を加えたことを意味する。その修正を鮮やかに示したのが、入社直後に書かれた『自殺と暗殺』(『革命評論』十一月十日号)であった。

政治的暗殺の意義については、彼は前著の第十五章で、ナロードニキのテロリスト、イゴール・サゾーノフの主張を分析するかたちで、すでに彼なりの判断を下している。彼の考えでは、サゾーノフ流の「剣に対する剣」の主張、すなわち革命的暗殺の主張は、ロシアにおいては真かつ妥当であるが、日本においては誤謬かつ不適合であった。

この判断の根拠は例によっていちじるしく論理的で、彼がロシアと日本の国体を異質なものととらえたところから来ていた。すなわち、ロシアは、彼の規定においては「家長国」であって、皇帝の意志なるものは、じつは国家の意志ではなく、国家を私有するものの恣意にすぎない。このような「国家掠奪者」たる皇帝と国民の関係は、「法律関係にあらずして道徳関係か或は強力関係」にほかならない。「即ち奴隷道徳によりて一切を服従するか、然らずんば強力に訴へて拒絶する関係」である。露帝が個人的利益に立って、革命家を罪人と呼んで死刑にする権利があるなら、国民もまたその利益に反する皇帝を罪人と呼んで、暗殺即死刑を執行する権利をもっている。ところが日本天皇は、国家の私有者ではない。それは「公民国家」の「一機関」である。天皇が公布する法律は、天皇という「国家機関」をかりた国家の意志の表明である。したがって国民の革命的意志は、暗殺というロシア虚無党的手段をとる必要はなく、もうひとつの「国家機関」たる議会を通じて、平和的に実現することが可能なのである。

ひらたくいえば、ここで北は、暗殺は専制国家においては不可避だが、議会制国家においては政治的に無効だと主張していることになる。もちろん彼が、当時の明治国家をかけ値なしに議会制国家と信じていたわけではないことは、すでに前に見たとおりである。天皇の意志についても同様であって、彼が天皇制の東洋的デスポティズムとしての本質を見抜きながら、あえてそれを、国体違反の「復古的革命主義」に奉ぜられた蛮神と呼んで、憲法上の天皇と区別したのは、ためにする強弁にほかならなかった。

だが、それは強弁でありながら、同時に彼の楽観でもあった。自由民権の子として生れた彼は、維新革命の民主主義的な魂に、あまりにも過信をいだいていた。日本は民主国であるべきだし、天皇は完全な制限的立憲君主であるべきだという論理は、実際にもそうだという強弁にひきずられて、当然と現実の垣根、本質と過渡との境界はあいまいになりかけていた。このヘーゲリズムに内包されるあいまいな両義性は、第二インターの議会主義的教条と結びついて、彼を天皇制に対する不当な楽観に導いていた。この頭のいいお坊ちゃんは、何と、天皇制を手玉にとれると信じていたのである。

坊ちゃんは、天皇とその政府が「国家機関たる地位を逸出して自己を一介の暴徒と化し去」っていることを、よく知っていた。「今日までの日本政府は頻々として是あり！」。しかし、彼は主張していた。「今日の吾人は一歩の幸運に会して、立法的方法にまで進化せる現今の日本国に置かれたが故に、たとえ暴漢が如何に国家機関たる権限を逸出すとも、吾人は決して之に応じて正当防衛権を主張せよと奨むるものにあらず。……吾人は重ねて今の日本の社会党の温良なるを讃美す」。

ところが彼は、自分の心魂をこめた大著に、「暴漢」が「権限を逸出」してつかみかかって来たときには、もはや忍辱することはできなかったのである。『自殺と暗殺』において、彼はいう。今日、煩悶のための自殺者がふえたのは、「暗殺出現の前兆」である、そもそも「万国無比の国体の下に服従しつゝある忠義の良民」に、煩悶があるはずはない。「大日本帝国臣民の生を享けたる意義は、天皇陛下に忠義を尽さんが為なり、何すれぞ其れ煩悶するや」。しかるに煩悶せずにいられぬというのは、「個人が自己の主権によつて、他の外来的主権に叛逆を企つる内心の革命戦争」が起っている証拠である。この叛逆が、

「思想界の版図」、すなわち内心のみにとどまるという保証はない。今日の「思想界に於ける叛徒は、内心の革命戦争に苦闘して、瀑に走り火山に赴きて敗死しつつあり」。しかし、彼らが「希望の閃光」、すなわち革命的政治思想に眼を開くときがきっと来る。「ああ誰か、煩悶的自殺者の一転進して革命的暗殺者たるなきを保すべきぞ」。

この論文は、藤村操の死から幸徳秋水の刑死にいたる、日露戦争前後の思想的な潮流を、一見、あざやかに見とおしているかのようである。だが、煩悶的自殺者から革命的暗殺者へというとらえかたには、はなはだしい論理の飛躍がある。藤村操が自殺したのは明治三十六年であるが、北は、明治三十九年の五月まで、藤村操のような自殺者が一転して暗殺者になって当然だ、などとは全然考えていなかった。逆に彼は、幸いにわれわれは民主国の国民であるから、暗殺などという暴力的手段に訴えずともすむと考えていた。

明治三十九年十一月になって、煩悶的自殺から暗殺へ、などといいだしたのは、天皇制国家権力に対して、怒りで逆上したからにすぎない。彼はただ、自分の著書を禁圧するようなことをやっていると、汝は専制主義的権力と見なされてもしかたがなくなるぞ、そうすれば暗殺者だって出て来るぞ、と天皇制国家支配者に対していいたかったのである。暗殺を煩悶的自殺と結びつけたのは、この年の二月、岡山の女学生が人生的煩悶という奴で自殺して、女藤村操と喧伝されるといった世相をふまえた、彼のジャーナリスティックな機敏さにほかならなかった。

この論文のポイントは、前著で否定された政治的暗殺が、必然とみなされていることである。この転換は、彼の日本国家の「国体」に関する認識が修正されたことを意味する。修正は次の語調のなかにあらわれている。「見よ、我が万邦無比の国体に於ては、天皇陛下は単に戒厳令を出すのみの者ならず、日露戦争を命令するのみの者ならず、又国民の外部的生活を支配する法律上の主権者たるのみの者ならず、実に其の主権は、思想の上にも学術の上にも道徳宗教美術の上にも、無限大に発現するものなり」。こういうことは、彼の前著のなかにも書いた。ただしそれは、「復古的革命主義者」の脳中にある国体論的天皇像にすぎぬものとされていた。彼の主張では、こういう天皇像は憲法違反の「東洋土人部落の土偶」であって、天皇の実像は、維新革命の精神を体現する立憲君主、すなわち国家の一機関としての権限を絶対に逸出することのない制限君主であったはずではないか。ところがいまは、その国体論的蛮神こそが天皇の実体であるかに指弾されている。暗殺は、だからこそ、賢明な手段ではないにせよ不可避のものと措定されるのである。

つまり彼は、前著でうやむやにしておいた理念と現実の関係を、はっきり切断してみせるところまで追いこまれたのである。彼はいいたかったにちがいない。天皇はこうあるべきだということと、実際はこうあるということを、自分はわざとあいまいにしておいた。それはおれの戦略だったが、いっぽう奴らに対する好意でもあった。それを奴らは無視した。こうなれば、おれは、現実をはっきり現実と呼んでやろう。彼らはそうなった以上、暗殺を免れることはできない。

私は『自殺と暗殺』一篇のモチーフを、このように解する。もちろんこのことは、北自身が暗殺を革命闘争の一手段として認めたということではない。ましてや、自分の行く手に「革命的暗殺者」としての運命が待っているのを予見した、ということを意味しない。彼は、革命と流血とを同一視する左翼ヒロイズムの一貫する否定者であったし、ゲヴァルトのロマンティックな讃美に陥ったことは一度もなかった。一貫してそれを、技術的必要性ないし有効性の見地からのみ評価したのである。『自殺と暗殺』は暗殺が革命戦術として必然だとも有効だとも主張してはいない。ただ、社会的風潮としてのテロリズムの季節の到来を予言しているだけであった。

天皇暗殺などという行為が、戦術的にはもっとも拙劣な手段にすぎぬことを、天皇と正面から対決するのを回避し、それを革命の側に盗みとろうとする詐術に心血を傾けたこの男が、知らぬはずがあったろうか。

では、天皇制との闘争路線において、このとき彼は何を修正したのか。前著のなかでふくらませすぎた立憲的天皇像を修正したのである。そしてそれと同時に、第二インター的議会主義をとりさげたのである。このあと彼は二度と、議会を通じる平和的革命を説かない。日本は民主国であるから、革命は合法的手段のみで足りるなどという主張を、強弁にせよ何にせよ、ふたたび繰返さない。天皇制権力との闘争において、そういう強弁は事実上の武装解除をもたらすこと、天皇制権力は、好むと好まぬとにかかわらず、対手をもっと苛酷でつきつめた対決に追いこまずにはおかぬことを、彼は骨身に徹する思いで認めた。

3

現実の政治運動への参加という点でいえば、そもそも、彼の大著に禁圧がくだされなかったとしても、あの本のなかで書いたことは、彼に、そのように展開された論理に立つ運動の現実化を要求していたはずである。だが、当時の日本には、彼の第二革命の論理を革命理論としてうけいれるような社会主義的運動体はなかった。遊星的存在という自己規定は、そこから生れた。だが、現実の運動から一歩ひいたところで、状況の推移を見まもるというこのクールな姿勢は、天皇制権力から手痛い一撃をくらったとき、もはや保ちがたいものになった。眼前の専制主義権力を打倒することなしには、自著を公けにすることすら不可能なのだ。彼は行動の手がかりを求めた。

前著で明らかにした議会主義の立場からすれば、彼が現実の運動に足場を求める場合、もっとも近づきやすい対象は片山潜の一派であったはずである。事実この頃の片山は、北を自分たちの陣営に誘いたい気持が、たぶんにあったように見える。だが北は、自分と片山とをつなぐ一条の細い架け橋である議会主義を、自著の再刊をめざす悪闘のなかで、すでに清算してしまっていた。堺利彦についていえば、おそらくこのもっとも理性主義的な社会主義者の眼には、北の公民革命主義は、かなり非社会主義的なものと映っていたにちがいない。北が堺より幸徳秋水に親近の情を抱いたことは、数々の事実が証し立てている。それはこの時期の北の、直接行動主義への強い傾斜を示すものといってもいい。しかし彼は、幸徳と政治行動をともにすることはなかった。片山、幸徳、堺など明治社会主義者と彼のあいだには、容易に行動をともにすべからざる深淵が開いていたというべきである。第二維新革命としての社会主義革命という北独特の論理が、その深淵であった。

彼が滔天の革命評論社に入ったのは、あきらかにひとつの偶然である。彼はまだ二十三歳の青年で、自力でひとつの政治的党派を組織できるような力量はそなわっていなかった。どこか庇を借りねばならぬ道理であるが、たまたまその庇として革命評論社が眼前に現れた。だが、庇として片山、堺、幸徳らの組織ではなく、革命評論社が選ばれたのには、それなりの理由があったものとせねばなるまい。

昤吉は自分の報告が、この選択に強い影響を及ぼしたように考えている。なるほど、幸徳・堺のような文士あがりと事をともにするより、頭は古くても仕事はできそうな滔天一派を指導すべきだ、という昤吉の主張は、一輝の心をそそるところがあっただろう。片山、堺、幸徳らが、いまさら彼の理論的指導に服するはずはないのに対して、この一党は、そもそも理論というものを欠いているために、彼の独自の革命理論を受け入れてくれそうである。この可能性は、彼にとって魅力的だったはずだ。だが、昤吉の影響については、ここいらを限度とみなしておくほうが無難である。彼は一輝に「往年のラファエットになるもよい」とすすめたが、この助言は決して受け入れられたわけではない。ラファイエット的な路線、すなわち義俠の立場からの外国革命援助は、のちに『支那革命外史』において、彼の断罪の対象となった。

私は、北の選択の根拠は、革命評論社一派の〝頭の古さ〟にあったものと思う。むろん北は、彼らの「二十年前の自由民権説」をそのまま受け入れることはできなかった。ルソー的天賦人権論は、彼の大著で嘲笑の的とされていた。だが、滔天一派の自由民権説は、ルソー的な借り着の下に、もっとあらあらしい謀反の衝迫をかくしていた。彼らは、思想的には西郷党の遺児であった。ということは、いま成立している藩閥政府と、それがおしすすめている天皇制専制主義の正統性を、維新革命の本義に照らして否認する眼の持ち主だということで、彼らの意識の深いところには、西郷党が敗れた第二維新革命戦争をふたたび戦いたいという衝動が、つねに眠っていた。これは滔天についてとくに典型的にいえることで、彼が浪花節に託して、「王侯貴人を暗殺し」などと唱いまわっていたのは、まさにその隠れた衝動の露頭にほかならなかった。

北が、昤吉いうところの〝頭の古さ〟の正体を、見破らなかったはずはない。つまりここには、彼が耕すべき畠があった。彼はそもそも、社会主義の理論から入って、日本革命の主題へ行きついたのではなかった。つまり、明治社会主義者がふつうそうであるように、社会の貧富の問題にめざめて社会主義者になったのではなかった。彼にもともとあったのは、天皇制権力を顚覆したいという反乱の衝動であった。これはこの男の社会主義なるものを理解するうえで、じつに肝要の一点で、そもそも彼には、明治政府顚覆せざるべからずという先験的な命題があり、その命題のいわば状況的な要請として社会主義に到達したのである。もちろん反乱の衝動とは、維新革命を未完の革命ととらえる初原的なパトスを意味する。これはまさに西郷党的パトスであって、それゆえにこそ、彼は明治社会主義者たちより、西郷党の落し子であるこの頭の古い「支那風豪傑」と結ぶことを選んだのである。

この西郷党のわが国近代史上の意味関連は、今日の史学者たちからは、ほとんど誤読されている。西郷は何よりもまず、明治政府による維新革命の実践的解釈に対する異議提出者であった。その異議は維新革命のやりなおし、すなわち武力反乱として提出された。この反乱に、九州各地の、封建的士族特権の回復を願う旧藩家臣団的組織（たとえば熊本学校党）が上乗りしたからといって、第二革命としての意味が失われるものではない。たとえば宮崎八郎は、西郷の反乱が成功した暁には、この右派的部分との対決が革命の課題となること、西郷が右派の要求に譲歩するなら、西郷その人をさえ打倒せねばならぬことを見とおしていた。その言葉は次のように伝えられる。「西郷に天下とらせて、また謀反するたい」。

西郷の反乱はつぶれた。しかし、維新革命はいまだ継続中である、第二革命が提起されねばならない、しかも武力反乱として提起されねばならない、という意識ないし感覚が、そのあとにながく残った。私のいう西郷党の落し子とは、こういう感覚を共有したものの総称である。彼らは自分たちの自覚を、維新革命の嫡流と感じた。藩閥政府と、それがいただく専制主義権力としての天皇制は顚覆されねばならない。なぜなら、それは維新革命の正統ではないのだから。こういう命題を先験的に抱いたがゆえに、彼らは潜在的な反乱指向者、すなわち天皇の政府に対する謀反人となった。

もちろん、彼らが天皇に対して抱いた感情はさまざまであった。西郷その人は彼の「天子様」に、儒学的な古代聖王のイメージを仮託していた。それは何よりまず、民に親しむ王であらねばならなかった。こういう西郷的な天子像が、西郷亡きあとの西郷党にも遺存したことはいうまでもない。

だが明治三十年代にあっては、西郷党の精神的遺児たちのあるものは、天皇制自体についてもっと突き進んだ認識に達していた。たとえば滔天は、明治三十六年に『明治国姓爺』と題する小説を書いていて、そのなかの一人物に、主人公の勤皇主義をきびしく批判させている。

いっぽう北といえば、彼が『国体論及び純正社会主義』で行なおうとしたことは、論理的アクロバットのかたちをとった反乱であった。彼は法網をくぐろうとして、維新革命の本義の体現者としての天皇を合理化する論理的軽業を演じたが、その軽業をつらぬいているのは、現実の天皇制権力を顚覆せねばやまぬ謀反人の衝迫なのだった。彼が、現天皇を維新革命の本義に忠実なる国家機関と規定し、その規定から生じる必然的帰結として、議会を通ずる第二革命の遂行を主張したのは、いうなれば謀反の合法化であった。つまり彼は、黒を白といいくるめることで合法的な謀反が可能と信じた次第で、これは即、天皇・大官を手玉にとりうるとする自己過信でもあった。

この男のなかには、なんと古い陰謀家の血が流れていることだろう。彼は、さまざまな苦渋や蹉跌を閲した後年になって、ああいう端倪すべからざる陰謀家になったのではなかった。『国体論及び純正社会主義』を書いたとき、彼は舌先三寸で日本帝国を盗みとろうとしていたのである。この青年のなかにひそんでいる情念は、彼より年長の明治社会主義者たちのそれより、はるかに古い歴史の層に属している。それは、古代ギリシャの雄弁家や、中国戦国期の縦横家の情念にほぼひとしくさえある。一個の頭脳をもってよく一国の権力と対峙しようというのが、その情念の実質であった。

この男がやろうとしたことは、反乱というより謀反という古風な言葉がふさわしい。だが、その情念の古めかしさは、やはり、維新いまだ終らずとする、彼の西郷党的認識のうちに根拠をもっていたのである。北は結局、革命評論社同人の旧西郷党的な謀反指向に、自分とおなじ体質を見出したのだといえる。論理的アクロバットによって天皇制権力を手玉にとろうとした彼は、その権力が軽く振った手によって、渡りつつある綱から失墜した。謀反の合法化など、あまいかぎりだったのだ。もともとの謀反人の血が燃えさかった。

4

革命評論社は、中国革命同盟会の事業の支援を第一義の目的とする。同人はすべて同盟会員である。北はもちろん加盟した。孫の屋敷で彼に対して誓盟したこと、『支那革命外史』にあるとおりである。

加盟が革命評論社入社直後であったのは、その年の十二月二日、『民報』発刊一周年慶祝大会で、日本人弁士のひとりとして彼が演説しているのでわかる。北以外の日本人演説者は、滔天、萱野長知、池亨吉。なおこの演説会を、昤吉の回想が孫文の来朝以前のこととし、田中惣五郎の記述が翌年三月、孫離日の後のこととするのは、ともに誤りである。この誤りを今日なおひき継いで、慶祝大会のほかにもうひとつ三月に演説会があり、そこでも北が演説を行なったかにいう人がいるが、もとより事実ではない。昤吉や晶が口をそろえて証言するように、北が東京の公衆のまえで演説したのは、あとにも先にも一回きりである。

北が幸徳宛の葉書に、「先づ病気を征服して真に奮闘します」と書いたその奮闘とは、それまでの彼の指向からして、当然日本の革命に関するものでなければならない。ところが事実は、こののち大正八年に至る十三年間、彼は日本の革命をなげうって、中国の革命に没頭することになった。その転進の理由については、一考も二考も要するところだろう。

しかし、彼はそれほど明確な自覚をもって、同盟会に加入したのではなさそうである。もちろん北はこの間の事情についても、推測のてがかりにすべき何の叙述も残していないのであるから、軽々しい断言は慎んでよい。だが、およそ人間の一生のわかれ途についていえば、人はかならずしも十全な吟味と自覚とをもって、それを選ぶのではないようである。偶然ということがあり、あとからつく理屈というものがある。私はこのときの彼の同盟会入りに、はたして十三年間の没頭を結果するような、明瞭な決断があったかを疑う。

もちろん、革命評論社が日本の革命を主題とせぬ団体であるのは、あらかじめ彼が承知していたことである。同盟会に入り、孫に対して誓盟すれば、中国革命の事業に心身を拘束されるのも、同様によくわきまえていたことである。だから彼は、当分中国革命というまわり途をするのだと、自分にいい聞かせていなかったはずはない。ただ、そのまわり途が十三年に及ぼうとは、彼自身予想しないことではなかったか。

まわり途と私がいうのは、この男の中国革命にのめりこんで行くエートスに、はなはだ釈然たるをえないものがあるからである。滔天の場合、事情はきわめて明瞭であった。彼はいわば、生得のアジア大陸に対する恋情のようなものがあった。北のこのときまでの生涯には、どこを探してもそんなものは見つからない。これまで彼が考えつめて来たことにとって、中国革命とは、いくら何でも唐突にすぎる。彼はかならずこれを、まわり途と自覚していたにちがいない。もちろん、日本革命へのまわり途である。

北は八田三喜に、「いまの天皇さんの時代にはまだまだ革命なんて思いもよらないから、まず支那の革命を助けて、他日その力を利用したい」と語ったことがあるという。この北の言葉は、まず中国革命を成功させ、しかるのち日本に及ぼすという、滔天の考えにそっくりである。だが、北がこの滔天流球撞き理論を本気に信じていたとは、私にはとても思えない。端的にいえば、彼はこのとき日本革命について、しばらく休暇をとりたかったものと思われる。

何のための休暇か。私は、『国体論及び純正社会主義』で構築した日本革命の論理を、現実の運動として具体化するうえで、彼の自信が欠けていたのだと想像する。天皇制権力を詐術にかけることができるという仮定に立った議会主義など、度重なる自著の発禁で、彼の心中からも消しとんでいた。彼はいまや、革命の方法論をもたない。指導者としての威信など、まだそなわってもおらぬ。肥えふとるのは謀反の衝迫だけで、その衝迫をひとしくする滔天一党と組んではみたものの、いくらその〝古い頭〟が御しやすいからといって、彼もまさかこの手勢をもとにして、自分の特異な論理に立つ運動をつくりだそうとしたのだろう。彼は革命評論社で、当分謀反の稽古をするつもりであったのだろう。私は彼の同盟会入りも、おなじく謀反の稽古だったのだと考えている。そこでは何が稽古できるか。武装反乱というやつの稽古ができる。彼が同盟会に加入した理由の多くは、この点の魅力にあったらしく思われる。

それが稽古であるならば、もともとながく関わるべきものではない。関与が十三年にわたったについては、別に説明が必要である。つまり彼は関与するなかで、完全に本気を起したわけであるが、その理由はおおまかにいってふたつあったはずである。ひとつは宋教仁との心契、ひとつは中国革命の性質を、維新革命の再現と彼が認識したことである。この点についてはまた先にいう。だが、さらに先走りしていっておけば、この十三年間の中国革命関与をとおして、彼はふたつの属性をあらたに身につけた。ひとつは浪人的性格で、これは二十三歳の彼には、まだまったく見られなかったものである。ひとつは国家的規模の策略をことする蘇秦張儀的な献策家の性格で、それはもともと彼の気質のなかにないものではなかったが、二十三歳のときには、理論的研鑽の姿勢がその発現を抑制していたものである。大正八年、ふたたび故国の革命ととりくもうとして帰国したとき、彼が、かつての『国体論及び純正社会主義』の著者と、とおくへだたった貌だちで現れるのは、この新しい属性のためである。概して、この十三年間の経験は、彼にろくでもないものを、より多くつけ加えたように思われる。

第八章　中国革命の虹

1

北が中国同盟会に入ってまずやったことは、同会の内訌への介入であったといってよい。周知のように同盟会は、孫文の興中会、章炳麟の光復会、黄興・宋教仁の華興会の三者の合作によって成立したものであるが、結成以来内部には対立が絶えず、とくに孫文の指導に対して、旧光復会・華興会系の反撥が激しかった。これは孫文の独裁的傾向が忌まれた一面もあるが、その後の動向によって見れば、底流にはあきらかに、孫の国際主義的指向に対する民族主義的な反撥が存在していた。

内訌は、明治四十年三月、孫が日本政府から五千円の餞別を受けて離日したことによって、一挙に表面に噴き出した。すなわち、外国政府の援助もしくはその形をとった懐柔に対する孫の態度を無原則的とする批判が党中にうずまいたのであるが、批判派が孫文の総理罷免と同盟会改組を提議するに及んで、内訌は分裂に近い様相を示すに至った。北が孫批判派とくに宋教仁の民族主義的指向を、中国革命の真精神として強く支持したのは、『支那革命外史』の記述によってひろく知られるとおりである。

だが、この問題への北の介入は、ただちに宋教仁の路線への支持というかたちで行なわれたのではないようである。宋の日記『我之歴史』によれば、宋は三月四日、革命評論社を訪ねて、滔天と北を相手に長時間談じこんでいる。これは孫離日の当日であるから、談かならずやその問題に及んだにちがいない。宋はこの三日前に、同盟会庶務幹事を辞任し、孫に一切の書類を引き渡しており、孫については、さぞかし積憤が口をついたことだろう。だが、彼はこのあと三月二十三日、東京を離れている。これはかねて心にあった馬賊組織計画を実行しようとして、満州へ旅立ったもので、帰日したのが夏になってからである以上、この間に進行した同盟会内の反孫の動向は、宋の直接関与するものではありえなかった。北が宋と親交を結ぶのも、彼の回想によれば、帰日後である。

だとすれば、北は宋の不在中、誰と結んで同盟会の内訌に干渉したのだろうか。張継と劉師培であるらしい。小野川秀美の『清末政治思想研究』によれば、張継は、孫文を総理から解職せよという章炳麟の主張を支持して、同盟会庶務幹事の劉揆一となぐりあったということし、さらに「劉師培は同盟会本部の改組を提議して、北一輝・和田三郎らが極力これを支持し、また劉揆一の反対によって沙汰止みとなった」という。劉師培は北と和田を、改組後の同盟会幹事に予定していたそうだ。『支那革命外史』には、張継については次のように記述されている。「熱狂児張継君は当時已に一党の輿望を負ひて立ち、革命の前に先づ革命党を革命せざるべからずとして排孫の第一先声を叫びたり」。

北が排孫の動きに、かなり深く嚙んだことはまちがいない。革命評論社の分裂がここから起った。『革命評論』は三月二十五日、第十号をもって廃刊となった。内訌の結果の廃刊であると従来されており、私自身もその説に従ったことがあるが(『評伝宮崎滔天』)、これには吟味が必要である。北は三月四日には、滔天といっしょに宋の話を聞いている。まだ喧嘩わかれをしなければならぬ仲ではなかった。『革命評論』終刊号には、文体からしてたぶん滔天と思われる人物が、社の内輪話を書いている。それによれば、「評論事務処では、「上戸党の旗頭鳳梨内閣更迭して、下戸党の旗頭外柔内閣と相成り、禁酒弁当主義の実行を始め」たので、上戸党は青菜のような顔つきだとある。鳳梨は萱野、外柔は北である。この文は萱野から北に革命評論社の指導権が移った、などといっているのではない。話は酒に関するだけで、北の禁酒提案が通ったというにすぎない。評論社の主宰はあくまで滔天である。しかも禁酒提案に一同が服したこと、「全会一致の共和的法規には皆喜んで服従し、絶つて一人の不平者無し」とあるごとくである。社内には春風が吹いている。筆者は少なくともそういいたいわけである。

分裂はまだ露呈されていない。したがって『革命評論』の終刊も、それが直接の原因なのではあるまい。第一、同盟会内の排孫の動向は、孫の離日のあとで起ったのである。その動向が劉師培や張継による同盟会本部の改組という具体的要求のかたちをとるには、まだ時日の経過が必要であろう。革命評論社の内訌は、おそらくこの改組問題に至って深刻な局面に入ったものと思われる。なぜなら、孫の総理辞任をふくむこの要求は、孫の無二の盟友である滔天にとって、絶対に認められぬものであったからである。その要求を支持している北や和田を、おそらく滔天は憎悪したはずである。あるいは彼は、北こそこの騒動の張本人、張・劉のかげに北あり、とさえ思ったかもしれない。「当時其内訌が不肖の入党数月後に起りしを以て、諸友は不肖の行動に責を負はしめたり」という北の言が、それを間接的に証する。

滔天は最初、この若者をあまく見ていたふしがある。だが、前引の編集部内輪話には、どうもこの若僧にうまく鼻面とって引廻されているらしいぞ、といった苦笑と警戒の念が読みとれるようである。後年彼は北を評していう。「其人と為りや天才肌也。故にまた己惚に過ぐ」。それにしても、支那浪人どもに禁酒弁当主義を実行させるような、けなげな若者の姿は、彼の後半生を知るものに深い感慨を抱かせぬだろうか。

評論社分裂は、この年の秋になって、孫文が滔天宛の書簡（旧暦九月十三日付）で、平山・北・和田の三人を名指しで不信任するところまでいたりついた。このとき孫が北以下を排撃したのには、おそらく武器輸送問題がからんでいる。孫文は九月、広東省の欽州・廉州で同盟会が起義したあと、香港から萱野長知を日本に送って武器を調達させた。萱野は十月中旬になって、幸運丸を仕立てて広東省海岸に接岸を試みたが、清国官憲に見とがめられ、不成功に終っている。

ところが萱野の『中華民国革命秘笈』によれば、滔天と萱野が大阪の武器商から小銃・弾薬を購入しようとしたとき、和田三郎が東京から同盟会本部代表として西下し、神戸でこのふたりと会って協議している事実がある。つまりこの時点では北・和田らと滔天・萱野らはまだ決定的に分離してはいないわけで、萱野がこの一件について「計らずも東京に於ける同盟会本部の党員間の軋轢が生じ、武器を購買して運輸するの計画が破れはしなかったが後れたので」云々と述べ、さらにこの具体的な事情については「同志の面子を重んじて永遠に発表せぬことにした」としているのを見れば、同盟会日本人部の分裂は、この一件を通じて決定的になったのであることがわかる。

すでに宋が帰日していた。北は彼と急速に親交を深める。「四十年夏……故宋教仁は北の運動より帰り来れり。張君に導かれて来訪せる彼は、交を重ぬるに従ひて、其組織的頭脳と蘇張的才幹の誠に歎賞すべきものを具備したりき。彼は冷頭不惑の国家主義者にして、生れ乍らに有する立法的素質は其の集団を組織するの任に当りたりき」。冷頭不惑の国家主義者、それはたんに宋を形容する言葉ではなく、北自身の姿を宋に重ねての讃辞であったろう。だからこれは、ひとつの運命的な出会いであった。

北は宋のなかに、自分の似姿を見た。そのことが、同盟会内の対立に彼をいっそう深入りさせたと考えてよかろう。『外史』に書いたことで明らかなように、彼は同盟会分裂を「大局の幸慶」と考えていた。なぜなら、彼の考えでは、孫系の米国的世界主義と黄系の排外的国家主義とはもともと異質なもので、「同一目的の下に或機会に際して連合」することは可能でも、「一党として融合すべきものなりしやは」疑問だったからである。「合せ物は終に離れざるべからず」という判断は、ここから生れる。分裂は「大同団結的気勢を殺」いだという点では「遺憾」であっても、「各自の思想に基く運動の自由」をもたらした点では進歩である。革命運動が「正道に入りて躍進」するを得たのは、分裂による「数年間の思想的徹底」という過程を踏んだからだ、とさえ彼は主張する。彼は自分がこの分裂を歓迎し、さらに促進すらしたことをかくさない。「不肖は彼らの思想的色彩の漸く鮮明ならんとするを悦び、覚醒の各々向ふ所に徹底せんことを望みて、敢へて自己一身の非難を顧慮せざりき」。

分裂の結果、孫文は在日同盟会員をたのみにせず、南方華僑の財力をバックにして、ひきつづき華南方面における蜂起路線を追求することになった。孫を扶けたのは、黄興、胡漢民、廖仲愷、汪兆銘らである。黄興は孫に対して不満があったにもかかわらず、彼の蜂起路線には協力した。孫はハノイあるいはシンガポールを根拠地として、次々に蜂起を企てたが、いずれも成功を見ず、明治四十二年には世界遊説の旅に出た。このあと蜂起路線を指導したのは、黄興・胡漢民の「南方統籌機関」(在香港)で(萱野前掲書)、翌四十三年二月の広東新軍事件は彼らの画策による。孫はその年の暮、ピナンに腹心たちを召集し、彼らの士気を鼓舞して、再び世界への旅へ上った。四十四年四月の黄花崗事件はその結果であり、同盟会による最後の起義となった。

孫の企てたこれら一連の蜂起は、国外に司令部を設け、国内の地方軍隊と呼応して、外から進攻しようとしたところに、一般的な特徴がある。広東・雲南など南部諸省に蜂起地点が集中したのも、安南あるいは香港方面からの指令、進攻に便だからである。そのためには武器を国外から送りこむ必要が生ずる。幸運丸や第二辰丸の失敗は、その必要から起った。第二辰丸事件とは、明治四十一年二月五日、革命軍のための武器を満載した同船が、マカオ沖で清国軍艦に拿捕されたもので、広東ではこのため激しい日貨ボイコット運動が起った。

後年北は、これを次のように批評する。「米国的思想より出づる運動方法は、其の独立の密謀と共に英本国の抗争国たる仏人より多量の武器弾薬を給付されし便宜に習ひて、隣国の黙諾の下に其等を密輸すべき『辰丸』を浮ぶることにありき」。隣国とはもちろん日本を指す。「而して覚醒せる愛国者は、日本が清国政府と何の抗争の利害なきのみならず、其の保全が犯すべからざる外交方針たるを以て、是れを一白昼夢となし、辰丸事件によりて蒙れる如き国家的侮辱は、彼等の愛国的情操より繰り返すを許さずとしたり」。

もちろん北が、日本政府に清国に対する野心がないようにいうのは、曲筆である。なるほど日本の支配エリートには、欧米世論の批判をおそれて、中国への露骨な干渉を自制しようとする動きがあった。たとえば明治三十三年の恵州事件においては、孫文一党は参謀本部および台湾総督児玉源太郎と結んで、台湾からアモイ方面に進攻しようと企らんでいたが、おりしも山県内閣と交替した伊藤内閣は、児玉が孫を支援するのをきびしく禁圧した。幸運丸一件のさいも、『東亜先覚志士記伝』によれば、萱野は武器入手について、かねがね参謀本部筋と密約を結んでいたが、いざという時になって協力を断わられたという。しかし、そのような自制にもかかわらず、日本が中国とのあいだに、自己の野心にもとづく「抗争の利害」を一貫して持っていたことは、今日周知の事実に属する。

孫は興漢排満革命において、日本支配層の支持をとりつけるのに熱心であった。恵州事件のさいは、孫は日本軍のアモイ占領を、支援の代償として認めたといわれる。この行動様式は、辛亥革命直前にいたっても変ってはいなかった。ハノイに移った孫は、仏領印度支那総督の援助をあてにした。孫は鎮南関蜂起において、みずから戦線にも立っており、たび重なる挫折にいささかも消沈しないその英気は、けっして「他力本願主義」なる北の評語を許すものではない。だが北や宋がいわんとするのは、国際的支援（そのなかには取引きを通じる外国政府からの援助も含まれる）によって、外部から清朝を打倒しようとする孫の「世界主義」の危うさである。それは、「外来の武器を持たず外人の援助を仰がざる革命の鮮血道」に反するばかりではなく、外国の野望を招き寄せることにすらなりかねない。北の批判はまさにこの点で、この時期の孫とその日本人支援者の根本的弱点を衝くものとなっている。

だがこれは、北が大正四年になって書いたことである。外援を頼まぬ「革命の鮮血道」についての自覚、ましてやその具体的な方策についての認識は、『外史』の説くような明確さにおいては、まだ確立していなかったと見るのが至当だろう。孫派と分離した在日同盟会員は、さしあたりすることがなかった。北も同様にすることがなかった。彼らは悶々たる内的過程、北の言を借りれば「思想的徹底」の方向に沈潜して行くほかなかった。

2

家族とは、四十年の初夏ごろすでに別れていた。昤吉はそれ以前に兄の家を出て、早稲田で下宿住いをしていたが、これは、このままでは中国革命運動にひきこまれてしまうと、おそれたのである。彼は自分も兄といっしょに同盟会に入ったのだが、この時退会したといっている。おくれて、母と晶が上野に家を構えた。昤吉は四十一年春、早大を卒業すると、晶を知人に託し、母を連れて佐渡へ帰った。つまり彼は事実上長男の義務を果していたわけで、おそらく彼が兄の家を出たときに、同盟会と関係を絶つかわり、以後、自分が長男代りをする、兄貴は革命にうちこんでよいかわりに、家からの援助を期待しないという申し合わせが成立していたものだろう。一輝は長男の権利を捨てたかわり、自由を得た。ただ、浪費癖の強い彼が喰いつめるのに、時間はかからなかった。四十一年の夏、彼は赤坂区青山南町の黒沢家に、食客として転りこんだ。

黒沢次郎は、田中惣五郎によれば、台湾総督府の退職官吏で、一種国士的な風懐をもつ人物だったらしい。北より十一歳年長である。北を紹介したのは萱野であったそうで、革命評論社分裂後も、萱野と北の関係は切れていないことがわかる。黒沢夫妻と北のあいだには、深い親愛が生れた。要するに気に入られたわけで、北は黒沢を「お父さん」と呼び、まるでわが家のように振舞っていたという。黒沢夫妻との親交は、北が刑死するまで続いた。馬場園義馬の『北一輝先生の面影』に、黒沢家における北の姿を伝える談話が録されているので、引いておこう。

「先生幸徳事件ノ時（筆者注、これは誤り）、身ヲ黒沢氏邸ニ隠シ、居候心持良カリシ為メカ、約三年許リ同氏邸ニ寄寓ス。一日黒沢氏帰宅スルニ、書斎ノ本（主ニ古イ昔ノ書籍）一巻モナシ、ドウシタノカト聞クニ、先生曰ク、アンナ小汚イモノハ皆ナ売ツテ片着ケテ了ヒマシタト。黒沢氏ハ大腹ノ人ナレバ、良シ良シトシテ何事モ云ハザリシト」。これは大腹というばかりではあるまい。その後の事蹟に徴するに、黒沢は深く北の人物と識見に帰依するところがあったようである。

談話はさらにいう。「黒沢サンノ奥サンハ気ニ喰ハヌコトガアルト、何ヲ言フノデスカ、貴男ハ私ノ所デ助ケラレタノデハナイデスカ、サウ云フ事ヲ云フナラ、何時デモ出テ行ツテ下サイト、云ハレルヤ、先生ハ、黙シテ、頭ヲ掻イテ居ラレタリト」。

この時期の北は、もっぱら運動資金を稼ぎ出すのに腐心していたらしい。和田三郎を通じて伯爵板垣退助に紹介されたのは、昤吉の回想では明治四十年のことになるが、北の後年の述懐によれば、板垣は『国体論及び純正社会主義』を読んで、「御前の生れ方が遅かつた。この著述が二十年早かつたらば我自由党の運動は別の方向を取つて居つた」と歎いたという。その板垣と組んで、佐渡の金山を掘ろうともした。この金山は北の亡父が試掘権をもっていたのを、革命資金をつかむため掘り返そうとしたもので、結局詐欺師のいい鴨になり、小木の遊廓で金を費消したに終ったという。一件には、北が性病をしょいこんだという余話もついている。黒沢家での蔵書無断売却事件といい、浪人的生活様式が、徐々に身について来ていることがうかがわれよう。

四十一年の秋、彼は東京を発って関西方面へ向った。これは内務省文書に記録された行動で、正確にいえば発程は十月二十七日、同文書には「京都・大阪・神戸地方ヲ徘徊シ、清国革命党関係者宋教仁、程家檉、萱野長知、三上豊夷等ト頻リニ往来シ、又ハ信書ヲ交換シ、四十二年一月二十一日帰東セリ」とある。三上豊夷は幸運丸や第二辰丸を滔天一派に斡旋した漕運業者である。

この関西行は、田中惣五郎が、ひそかに中国に渡ろうとして刑事からつれもどされたものとして以来、それが通説になっている。だが、第一、北が密航しなければ渡清できなかったというのが、うなずけない。じつはこの時期、滔天も黄興と関西へ行き、宋教仁と何かたくらんでいる。北の関西行は、彼らの動きと無関係ではあるまい。

明治四十二年度の北については、述べるべき事実がない。この年、彼は二十六歳である。あけて四十三年の北には、録すべき重要な出来ごとがふたつある。ひとつは大逆事件で、彼の名が幸徳の人名備忘録にのっているところから、彼の身辺に捜査が及んだのはまちがいない事実と考えられている。

彼自身はこの件について、後年次のように書いている。「『国体論』の出版及び同時の発行禁止から其年の冬直ちに支那の革命者の一団の中に生活せしめられて居た。幸徳秋水事件の外に神蔭しの如く置かれたる冥々の加護を今更の如く考へしめられることもあり」云々。一種不思議な文章であるが、いわんとするところは明瞭といっていい。彼はかつて幸徳とかなり親しく往来したことがあり、もちろんそれは無政府主義的直接行動論に同調するものではなかったにせよ、そのような関係が持続していたならば、あるいはフレームアップの犠牲とならぬやも計りがたかった。ところが同盟会の事業に深入りしたことが、幸徳との縁を次第に疎遠ならしめ、そのためにわが身を「事件の外」に置くことができたわけである。

さらにひとつ、この年は宋教仁・譚人鳳の「長江革命」路線が緒についた年であった。

六月、孫が日本を訪れたさい宋は面談したが、北によれば「会見は誠に冷か」であった。それも当然で、宋には当時すでにあらたな革命組織の腹案があった。それは、孫が南洋に根拠地を設けて華南方面で蜂起を試みたのとは対照的に、上海すなわち国内を拠点として、揚子江一帯に組織を扶植し、軍隊工作を蜂起に結びつけようとするものである。この「長江革命」のもっとも熱心な提唱者は譚人鳳である。譚は一八六〇年の生れだからこのとき五十歳、北は彼を「外国思想に聊かの影響だにせられざる純乎たる大陸産の豪雄」と評する。黄興・宋教仁らとおなじく湖南省の出身で、同地方の会党に大きな影響力をもっていた。宋はこの譚を盟主にいただいて、孫派の南方同盟会に対抗する中部同盟会の結成に進むのである。

このことは野沢豊『辛亥革命』をはじめ諸書に説かれるが、もっともくわしいのは、松本英紀「中部同盟会と辛亥革命」(小野川・島田編『辛亥革命の研究』所収)である。それによれば、中部同盟会の成立は、明治四十三年夏、譚・宋・趙声・居正らが中心となって招集した同盟会各分会長会議に端を発している。十一省の分会長をはじめ会員百余名が集まったというが、南方にある孫文派と、東京に本拠を置く同盟会本部派とは、当時すでに分離した状態にあり、もちろんこれは本部派の召集による会合であった。宋はこの会議で、辺境に秘密機関を設け、外国領地から入って辺境をよりどころに他に進出する孫派の方策を、「外国の干渉を引き起し、分裂の禍を醸成する」下策として批判し、北京周辺で軍隊反乱を起す上策と、揚子江一帯で同時蜂起して革命仮政府を樹立し、しかるのち北伐を行なう中策とを、会議の討論にかけた。会議はこの二策のうち、現実性をもつ中策を採択し、その実現のために中部同盟会を設立することを決議した。会議はしかも武漢と南京を最重点地域と指定し、すでに武漢方面に組織を張っていた共進会（明治四十年八月、反孫派の一部が結成）へ、連絡員を派遣したのである。

宋はこの決議を現実化するべく、この年の冬日本を離れた。北は内田良平に説いて送別の宴を張らせたが、席上宋は内田に、「実は革命の挙兵が愈々迫つて来たから帰るのである。挙兵の際には直ぐ電報を打つから極力援助を願ふ」と語ったとのことである。

だが、中部同盟会の結成までにはまだ曲折があった。譚・宋・趙声らが、南方同盟会（孫派）の最後の起義に巻きこまれたのである。だが、明治四十四年四月の黄花崗起義は、蜂起という形すら十分にとりえないまま、無残な失敗に終った。同盟会の華とうたわれる七十二名の青年が、この一挙に倒れた。孫文はのちに、この犠牲によって国内の革命情勢ができあがったと自讃したが、事実は、この失敗によって革命派は重大な打撃を受けた。これは十回にあまる失敗ののちに、同盟会の人力と資力をかけてのいわば最後の企図であったから、挫折感は深刻だったのである。北はこの一敗が革命党に禍いしたこと、量り知るべからずという。「花顔熱腸の幾多丈夫児」の喪われたことをもって、そういうのである。北はさらにいう。「此の悲痛なる事実は革命運動が軍隊運動ならざるべからざる活ける教訓なりき。……斯くの如くにして多涙多恨なる黄興は盟友流血の地に低徊して香港を去らず。後れて至れる故宋は漸く生き残れる胡服辮髪の老譚を擁して愛国運動と軍隊運動の中枢、上海に帰り来れり」。

しかし、希望は武漢の地に見出された。武漢の革命派は着実に軍隊に根をおろしており、ここには、まだ一度も費消されたことのないエネルギーが蓄積されていたのである。譚の周旋で、地元の革命結社である文学社と共進会の連絡が成り、中部同盟会湖北支部が成立したのは、旧暦五月である。つづいて湖南支部が成立し、南京の新軍との連絡がとれた。譚はこの成果をたずさえて上海へ帰る。同地で中部同盟会結成大会が開かれたのは七月三十一日。北はここに至る過程を総括していう。「一民主的夢想家と国家的思想系の事実上の分離が、僅に黄興といふ一個の人によりて弥縫し来れるに係らず、孫君の故郷たる広東に於て孫系の人の軍隊内応を誤れるより生じたる幾多犠牲の出現は、弥縫者を香港に放置して長江一帯に一党を結束せり。『中部同盟会』これなり。形式を中国同盟会内の一党に仮りて、大合同の障害〔となる〕を避けたるものゝ如し」。孫を「一民主的夢想家」と貶して、あたかも党内に支持をもたぬ一個人のように誇張するのを除いて、叙述は正確といっていい。

以上ながながと、中部同盟会の成立にいたる過程について述べたのは、北がそれと切っても切れぬ縁を結んでいるからである。「実に革命勃発の二年前、故宋君は団匪的豪雄老譚を擁立して、徐ろに密かに愛国的革命運動の参謀府を主宰しつゝあるを見たりき」と彼がいうのは、この過程のことをいっていたのである。さらに「斯くの如く不肖は、少しく考ふる所を〔他の日本人とは〕異にして孫去後の支那革命党の暗黙なる秘密運動に〔すなわち孫派の陽動ではなく宋派の蔭の運動に〕接近したるが故に、武漢爆発の運動につきて誤りなき真相を叙述し得べし」と彼が主張しえたのは、この過程をおさえていたからなのである。

武漢暴動は従来、同盟会の指導とは無縁に突発したもののようにいわれ、私も前著(『評伝宮崎滔天』)でそれにならったことがあったが、これは私の不勉強であった。なるほど、それは孫系の南方同盟会とは何の結びつきももたなかったが、中部同盟会とは密接な関連をもっていた。前掲松本論文によれば、武漢の革命団体である共進会と文学社は、九月下旬に開かれた連合会議で蜂起計画を作成し、中部同盟会本部に指示を仰いでいる。本部では宋教仁がこの計画に難色を示し、その後意見を調整しているあいだに、武漢現地で計画の一部が露見して蜂起のやむなきにいたったというのが、暴動までの経過のあらましである。これを見れば、それは中部同盟会の直接指示した蜂起とはいえぬにせよ、少なくとも、その指導との関連においてなされた蜂起であることがわかる。北は云う。「革命党領袖等の軍隊運動は広州の戒を機として明白に孫系と分離し、武漢勃発の一例に察し得べき如く長江上下の各省に亙りて軍隊の下層階級に堅確なる聯絡を拡げつゝありしなり」。

つまり、北は宋・譚とともに、武漢革命への本道を歩んでいたわけである。長江革命路線の現実性は、事実の進展によって証明された。北が『外史』において、孫文を辛亥革命のまったくの局外者として描き出したのには、これだけの現実的根拠があったのである。まさに辛亥革命は、失敗に失敗を重ねる孫の南方蜂起路線を見限り、それにかわる路線を追求したものたちの手によって起されたのだった。孫の路線の功罪についてあげつらうのは、私の真意ではない。成功した蜂起を、挫折した蜂起より尊しとするのでもない。私はただ、『外史』に示された北の満々たる自信のよって来るところをいう。

宋・譚の路線と孫の路線のちがいは、何であるのか。前者が軍隊・会党と結ぼうとしたのに対して、後者は「近代的戦争」の蜂起形式をとろうとしたと、説く人がいる。そんなちがいなどありはしない。孫ははじめから三合会、哥老会など会党の力を借りようとし、彼自身若い頃その一員ですらあった。軍隊工作についてははじめは無関心であったが、数次の失敗後その必要に気づいたことは、欽廉の役、安徽新軍事件、広東新軍事件等の示すとおりである。

会党と新軍の力を借りようとする点で、宋の路線は孫のそれと何ら変るところはなかった。では中部同盟会は、孫の路線のどこを批判したのか。われわれはそれを、中部同盟会結成大会の発した『宣言』によって知ることができる。それによると、孫派の指導する蜂起が「はなはだ狭窄にすぎ、出たり入ったり、わずか数十人」、しかも「ただ金銭主義を挟み、臨時に烏合の衆をかきあつめて党内にまじえ、僥倖として事の成功を願う」点が、批判されたのである。

つまりこれは、蜂起地点に確固たる組織を樹立せず、大衆的基盤もなしに蜂起をいそぐ孫派の方針を、批判するものといっていい。国外に蜂起司令部を設け、火の気のありそうなところに外から乗りこんで金をばらまくというやりかたが、拒否されたのである。日本軍部やフランス安南総督と結んだり、外国をとびまわって外援を募ったりする精力を、国内の地道な組織運動に注いではどうか、というのである。宋が上海へ帰って、『民立報』を拠点として長江流域の組織樹立に意を注いだのは、こういう孫派批判の上に立つものであった。国内に入って現地で組織活動を行なう、これが、宋派が孫路線に代るものとして提出した具体的方針であった。

孫の路線と宋のそれのちがいで、もうひとつ見落すべからざるは、国際主義と国家主義であり、さらには辺境革命と中央革命である。孫が辺境に地方的自治政府を樹立し、おもむろに全国に同様の自治政権を簇生せしめようとする方向をとったのに対し、宋は、それを非能率かつ、外国の干渉を招きやすい愚策とみなし、一挙に中央政権を奪取し、国家的統一を失わずに革命を成功させようとする中央革命の方式をとったといわれる。長江革命とは、その中央革命方式の具体化にほかならなかった。この国家主義と中央革命方式は、ひとつの結合した観念であり、それは宋のものであると同時に、もとより北のものであった。

3

明治四十四年十月二十六日、北は黒龍会派遣の通信員として中国へ渡るべく、東京新橋駅を発った。もちろん、十月十日の武漢蜂起の成功を知って現地に赴こうとしたもので、十九日にはすでに、宋教仁から内田良平宛に「北君イツ発ツカ」という、問い合わせの電報がとどいていた。三者間に、革命が始まれば、黒龍会は北を送って援助するという協定ができていたことがわかる。

北はこの年、黒龍会の『時事月函』の編集を手伝っていたといわれる。もちろん客分であって、入会したものではない。北と宋が、内田ならびに黒龍会に対して保留するところがあったのは、その後の動きで知れる。可能なところから、援助をひき出しただけのものと見てよい。

十月三十一日にはもう上海に着いていて、内田宛に「将校十人送レ」という暗号電報を発している。おりしも、陳其美を中心とする中部同盟会が上海機器局の占領を策していて、着くなりそれに巻きこまれた。宋教仁の盟友としての立場が、いきなり彼を革命党の上海中枢に結びつけたのである。領事館付武官で、個人的に革命軍援助の志のあった本庄繁少佐と、連絡をとりあいながら三日間、蜂起を有利ならしめるために奔走した。十一月三日、蜂起当夜、成功の報を待ちつゝあった心境を、内田宛の書信に次のように書く。「溢るゝが如き喜悦と、切るが如き心痛」。

蜂起は、薄氷を踏むような経過をたどって成功した。二日後、清藤幸七郎宛によろこびを伝えるとともに、昂ぶりのあまり、彼の中国革命観の根本を吐露する。勢い及ぶところ、黒龍会系の中国観への批判となった。「日本教育が今の革命思想を産みたるもので、日本の国家主義、民族主義を吹き込だから排満興漢の思想が出来たのだ。これほど明らかに思想的系統の示されて居る事例は余り類があるまい。日本は革命党の父である。結論はこうだ、新しき大黄国は日本と等しく国権と民族の名の下に行動すべし。この点は明らかに排日を意味すると同時に根本的に精神的に親日である。新興国に対し一点でも其れに対する侮りが見えたら最後、日本は全四百余州からボイコットされるのだ。其のボイコットたるや一時的経済的でない。永久的に一切の方面からゼネラルボイコットだ。革命党、即ち数万の日本的頭脳が治者階級を形づくつて居る新支那に対しては、日本の対支那策も一変しなければならぬ。而も其一変たるや支那の革命しつゝあるに併行して革命的一変たるべきは申すまでもない。君の従来の支那観は根本より一掃しなければならぬ。又内田兄も亡国の朝鮮人の大臣共を遇する時よりも一留学生の値は不可量の覚悟を以てされむことを望む」。

当の内田に対しては翌六日、清藤宛の手紙を見たことと思うが、後半の議論は「兄等の御思想を一変せられ」る「必要」を意味するものだと書いてやった。さらに数日後、武昌へ向う船の中で認めた書信中で、「万々一対朝鮮の心得を抱きては折角の大効業が手の裏を飜へすやう可相成候間、よく〳〵御体得願上候」と念を押した。朝鮮、朝鮮と繰り返すのは、周知のように内田が日韓合併の黒幕だったからである。

北が清藤に書いてやったことは、このあと『支那革命外史』で繰返し強調された。だが彼が、日本と中国革命とのあいだに読みとっていたのは、たんなる影響関係ばかりではない。彼が『外史』で書いたことによると、彼はむしろ中国革命を、維新革命とのアナロジーにおいて把握していたのである。私は先に、北が第二維新革命の実行的展望をふさがれたために、一種の休暇として、中国革命に関わったのだといった。ところが、たずさわってみれば、中国革命は維新革命の再現だったのである。これは、できることなら四十年前に生れ変って、維新革命をやり直したかった男である。板垣もいってくれたではないか、おまえの生れようがおそかったと。ところが、いま眼前に進行する中国革命は、それが「団匪的」民族主義を根本動力とする国民革命であることによって、維新を彷彿させている。彼は天啓にうたれたように、清藤あてに書く。「彼等の幹部を見よ、思想が日本人である如く、顔が全く日本人である」。

北は、武昌から南京へくだる船の中で、日本の海軍将校から中国人とまちがえられた。

この件についても彼は、日本留学生を中心とする革命党員の顔つきがまったく日本人だから、将校は日本人である自分を中国人と思いこんだのだ、という解釈をくだす。これは、暗示に憑かれたものの解釈である。上海入りから翌年三月の第一革命挫折にいたるまでの五カ月は、北の生涯における、唯一の行動的な疾風怒濤《シュトルムウントドランク》期といってよい。この、なにかに憑かれたような日々のなかで閃めいた、中国革命イクォール維新革命という天啓は、彼をこののち、中国革命という「地獄」の、底の底までひきずりこまずにはおかない。

武昌に赴いたのは、盟友宋がそこにいて、戦況かんばしからぬものがあったからである。しかし、一捕虜にすぎぬ黎元洪を司令にいただき、革命党の指令権を確立しなかった当初の失敗は、宋も挽回すべからざるものがあった。一夜宋と抱寝して語りあった北は、宋とともに南京をめざす。かねて連絡のある南京の新軍を蜂起させ、長江中流に革命の大拠点を築くほか、武漢の頽勢を支える策はないと考えられたのである。だが十一月十四日、南京城外に着くと、城内は反革命によって支配されていた。北は宋らを城外にとどめ、日本領事館の馬車で中国人同志ひとりを伴い、城内に入る。城内は虐殺のあとを示し、革命党は一掃されていた。起事の手がかりはない。翌日城を出た北は、宋とともに上海へ向う。後年彼は、一楼上から見た南京城景について次のように書く。「何たる悲壮なる眺なりしぞ、歴史多き金崚の山河は雨に烟りて清朝三百年の亡び行くを咽ぶ。昔者羅馬の将軍シピオ、カルセージ城に挙がる火を眺めて、誰か百年の後我羅馬の亦斯の如くならざるを知らんやと言へり。興の道を踏んで興あり亡の跡を追ひて亡あり。日本亦焉んぞカルセージの火に泣き金峻の雨に咽ばしむる日の来るなきを保するものぞ」。

上海機器局占領の夜から、南京城脱出までの二週間は、いわば北の中国革命参加の英雄時代である。南京城入りが生死のかかる行為だったことは、彼の書信が示している。だが、この時期の通信文を読んでみれば、彼が意外に、英雄的な気分からは遠いところにいたことがわかる。彼は第一、「つく〲戦争が大嫌にな」った。「生、由来軍事に無智にして、又無趣味なり」とも書いている。血湧き肉躍るような言葉は一行もない。熱情は沸騰していながら、冷徹さを失うまいとする心構えが、ありありとうかがえる。南京から鎮江に着いて、革命軍兵士の敬礼を受け、輿にのせられて黒山の人だかりの中を進んだときの感想も、注目にあたいする。挙手の礼を受けて、彼は「非常に不快な感が起つた」。「孤行独歩」は彼の「謙遜の徳で無く、一のプライド」だったからである。後年彼が『外史』で、支那浪人たちの無意味かつ幼稚なヒロイズムを、仮借なく嘲笑したのも、思えば彼の生理というものであった。

南京は十二月二日に、革命派の手に帰した。宋はここに革命臨時政府を樹て、黄興を大総統とし、自らは民政長官として実権をにぎろうとした。北は十五日付の内田宛電文で、あさってごろ宋内閣が成立するはずだと報じている。しかし宋の画策は、革命党内の各派の反感を買って流産した。孫文がそこへ帰国して来た。十二月二十五日である。大勢は孫の推戴へと動いた。

もともと孫が、このたびの革命の局外者であったのは、北が『外史』で力説するとおりである。それは孫系の南方同盟会ではなく、反孫の中部同盟会の起した革命だった。排満興漢の第一声をあげたのが孫であっても、彼がこの革命の指導権を要求する立場になかったのは、北のいうように、鳥羽伏見の一戦に勝ったばかりの革命党に、勤皇の大義を率先して説いたからといって、水戸が指導権を請求などできなかったのとおなじことである。北はすでに十一月十三日付の内田宛通信でも、孫が局外の人であることを強調していた。ところが彼は、張継に説得されて弱気を出した。宋は、北が孫大総統説に傾くと、激怒して「余は兵力を有す。孫輩の足一歩此城門に入るを許さず」といい放ったという。しかし、俘虜である黎と漢陽の敗将である黄興しか、手もちの駒がないのが、宋の弱味だった。宋は孫と和解した。十二月三十日、北の内田宛電文はいう。「孫逸仙ヲ大総統トセルハ、宋教仁張継ラノ意志」。孫の臨時大総統就任は、あくる一月一日であった。

だが、南京臨時政府は短命であった。清帝を退位せしめて北方に蟠踞する袁世凱との妥協が、日程にのぼったからである。いわゆる南北和議であるが、北は一月二十日の電文では、「領土保全ノ上ヨリ」和議を必然としつつも、あくまで「南方中心」の統一を望んでいた。三月一日付の電文で、袁の大統領就任が内定したのをやむをえぬ大勢とし、南北和議を批難する頭山・犬養派の日本人の妄動を、きびしく指弾しはしたものの、三月十二日には、袁打倒の密策が進行中であるのを、浮き立つような調子で報じた。同日の葛生修亮の電告に、「武昌ヲ中心トセル大同団結成リ、六国借款ヲ問題トシテ袁内閣顚覆スベシ」とあるのがそれで、北がこの日、五十万円という大金を、黎元洪に向ける資金として内田に要求し、翌日「五〇ナゼクレヌ。僕ノ要求ハ全然聞イテ直チニ実行シテクレ。大勢ノ一転デキル」と打電したを見ても、彼の熱狂ぶりは明かである。三月二十六日付の佐藤某の内田宛電文はいう。「北金策ニ窮シ、大局ヲ誤ルノ恐レアリ」。

これは北が『外史』で、「譚人鳳を謀主として不肖の参画せる講和破壊の運動を、却つて或る重大なる被害に終はれる失態」と自ら責めた、その事件であるだろう。だが北京中心の統一の大勢が動かず、宋その人が袁政権の農林総長となって北上するに及んでは、北もこの事態を追認した。だが北は、宋の北京行に、当時はどうしてもあきたらなかったらしい。「書生交遊の常たる怒罵の交換に及び」、ついに宋を埠頭に見送らなかった。四年後、北はこの別れを叙し、悔恨にたえかねていう。「あゝ在天の霊よ。七年の歳月栄辱を共にし死生を契りし爾が唯一の友は碌々尚玆に在り」。

のち北は『外史』において、革命党を袁中心の統一に赴かしめたのが日本帝国主義であることを、千万言を費して論証しようとした。すなわち彼の見解では、日本政府が革命のさなかに、満州朝廷を温存する立憲帝政の樹立をたくらみ、日露協約と川島一派の策動によって、蒙古を中国から分離させようと試み、さらには粛親王の満州独立運動に加担し、亡国的六国借款に加入するなど、中国に重大な脅威を与えつづけたことが、革命党に対日危機感を与え、ついに国権を失わぬために衷を忍ぶに至らしめたのであった。革命党の対日不信をかき立てたのは、彼によれば政府だけでなく、ブルジョワジーは内田の仲介によってなった高利率の三十万円借款において、廃物にひとしい武器を提供し、頭山・犬養派の支那浪人どもは、何の役にも立たなかったくせに恩恵的態度もあらわに革命派に干渉し、いずれも、対日反感を醸成する功において政府に劣らなかったのである。

これは『外史』執筆時の結論ではない。北は内田に対する電告において、以上にあげた諸問題に関して、たびたび警告と注文を発している。三月一日付の電文は、日本政府と支那浪人が対日不信を醸成しつつあるさまを告げ、はなはだ悲痛の調子を帯びる。すなわちいわく。「余ハ中国同盟会員トシテ頭ヲ失フノ義務アルト共ニ、日本国民トシテ売国奴タル能ハズ」。これとおなじ苦衷を、『外史』では次のように書く。「〔宋君は〕言々刺すが如く日本の対支外交策の根本誤謬を痛罵したり。日本の国交的堕落は日本人たる不肖の彼よりも知悉する所なりと雖も、彼によりて指摘さるゝことは日本人たる不肖の忍ぶ能はざる所なりき」。

そもそも北が黒龍会派遣のかたちで渡清したのは、内田から革命派への援助をひき出すためである。北はかつての孫・滔天一党のように、日本政府から支援されて満州朝廷を打倒しようとしたのではない。日本人将校を軍事顧問に使うことは考えたが、革命党の主体性を失わぬ範囲においてであり、しかも将校たちの体質を見破って、途中で放棄している。内田のルートでひき出そうとしたのは、兵器購入の便益と日本政府の好意的中立である。内田はなかなか律義に、北と宋に対する約束を果した。前者に関しては三井とのあいだに兵器借款を成立させ、後者については、北の注文で長州系元老に入説している。だが、内田には内田の思惑がある。北にはじめから危惧があったのは先に見たとおりであるが、北の電文をたどって行くと、両者間のきしりがだんだん高まっていることがわかる。北・内田間の交信は、現存する資料では三月十三日で切れている。その後の電文が失われた可能性もあるが、ことの経過からいって、黒龍会派遣という北と内田の関係は、このあたりで一応終ったものと見てよい。辛亥革命はひとまず局を結んだ。内田にとって、いまや自分の手を離れつつある北・宋と、手を切る時機は熟したのである。

宋が袁のもとで農林総長をひき受けたのは、むろん足許から彼をひっくり返そうと思ってのことである。北が諌止したとき、彼が椅子を叩いて、これに座って譚人鳳の武昌行を思案しているうちに武漢が起ってしまったのだ、その轍は踏まぬと叫んだというのを見れば、彼は政局の焦点からはずれるのを何よりおそれていたわけだ。この国家主義者にはもちろん、地方で農民暴動を組織するような視点はなかった。だが、彼にもそれなりの革命への指向はあった。「余の北上はこれより革命を始めんが為にして今日までの革命は余に取りて始より失敗の革命なり」。これが北によって録された彼の言葉である。

北はこの決意を宋とひとしくしていただろう。彼はすでに内田宛の三月一日の電文で、「革党ノ捲土重来ノタメニ今日ハジメテ一身惜シカラズノ覚悟」が生じたと述べている。だが、宋を北に見送って以後の北の行動は、『外史』によっても明らかではない。おそらく彼は働き場所を失っていたと思われる。翌大正二年三月六日になって、ようやく小さな事実が私の眼に入る。石川三四郎の『自叙伝』に出ていることで、北はこの日、石川および宮崎民蔵とともに、中国社会党本部に首領江亢虎を訪問、不在だったので、他の二人とともに黄興宅へ廻っている。黄宅には、おくれて宋も来合せた。

この二週間あとに宋教仁は、袁の放った刺客に倒れた。死亡は二十二日。宋は、孫が日本に亡命したあと、国民党を組織してその実権をにぎり、この年二月の総選挙に勝って、袁の最大の脅威となっていたのである。

つづいて四月八日、北は有吉上海総領事から「退清命令」を受けた。外務省への報告文書は、軍器密輸入を周旋して周旋料を貪ったとか、米穀輸出に便宜をもつかに吹聴して金を詐取したとか、英国商人に対しても類似の行為があったとか、なんら収入もないのに日常贅沢をきわめているとか、北の非行を並べたて、そういうわけでかねて監視していたが、「今回ノ宋教仁ノ暗殺事件発生スルヤ、暗殺嫌疑者ハ之ガ兇行ニ関シ邦人ト通謀ヲ為シタル事アル旨黄興ニ密告シタルモ、全然耳ヲ仮スニ至ラザリシ結果、更ニ之ヲ当各国居留地警察ニ密告シタル事件アリ」、これはいたずらに邦人への嫌疑を招き当地の安寧を妨害する行為ゆえに、「本日ヨリ向フ三年間清国在留禁止」の措置をとったと結ぶ。

北が宋の暗殺について、主犯は陳其美、従犯は袁と孫という奇怪の説をもっていたことは、『外史』によって明らかである。しかしこの文書によれば、北はさらに、陳と暗殺犯人のあいだに日本人がいるという情報をもっていたことになる。黄興に説こうとして面会を断られたとは、彼自身の記すところでもある。この「秘密の蓋に手を掛けた」のが退去命令の理由だと彼がいうのは、少なくとも事実関係については誤った記述ではないわけである。

北は上海を去る。船上から彼は、「走馬燈」のごとき宋との交遊の追憶にふける。「長江流れて濁波海に入ること千万里。白鷗時に叫んで静寂死の如し」。

第九章　革命帝国の幻影

1

上海を去ったとき、北には妻がいた。間淵ヤス、北よりひとつ歳下で、長崎の請負師の娘といわれる。十六歳のとき結婚して二児の母となったが、夫に先立たれ、子どもを実家にあずけて、上海へ出稼ぎに来ているところで、北と知りあった。北の止宿先、ホテル松崎洋行の「お手伝い」をしていたとは、彼女自身の回想である。彼女は北夫人となってからはスズの名で知られるが、あるいは当時すでに、そう名のっていたのかも知れない。

だが、このスズは、長崎丸山遊廓の出だという説がある。松本健一の説で、彼女が一生、首まで水白粉を塗りたくる癖が抜けなかったのはそのせいだという。田中惣五郎はこのことに一切触れず、ただ上海では「浮れ女にその得意とするお針をおしえたりしていた」と書いている。実家の間淵家は、スズが北と世帯をもったあと、養子大輝を連れて長期間世話になっていたことからしても、娘を女郎に売らねばならぬほどの貧家ではなかったようである。

しかし、松本の説は実説であろう。というのは、彼女の松崎洋行でのありかたにも、いくらかいかがわしさが感じられるからである。そこで彼女は、北と中国人同志の「重大秘密会合の席に侍っていた」というが、その席とはむろん酒席だろう。つまり彼女は、いわゆる仲居をつとめていたわけで、しかも彼女がおそらく気がすすめば客と寝る女であったろうことは、北の上海到着後、すぐ彼と性関係を結んでいるので推察がつく。スズは上海占領の直前に警察に連行され、蜂起の日どりを吐けと責められたが、ついに洩さなかったという。「管野スガ子みたいな女だ」と毒づかれたので、釈放後「管野スガ子ってだれ」と聞くと、北は笑って答えなかったというのだが、これはほとんど寝物語である。北の上海到着から蜂起までは、四、五日しかたっていない。恋が成り立つわけがないので、おそらく北は、はじめは客として彼女と寝たのである。二・二六軍事法廷の法務官小川関治郎は覚書のなかに、スズのことを「宿屋の酌婦」出身で「全くの無教育、目に一丁字もない文盲」と書いている。

スズは上海占領直後、北と結婚したといい、研究家たちは何の疑いもなく、それを受けいれている。北にこのとき、結婚などするひまがあろうはずはない。北が武漢行から帰ってしばらくして、ふたりは同棲に入ったのだろう。これを世のつねの結婚のようにいうのは、彼女の女ごころである。しかし同棲しているうちに、北は彼女を一生の伴侶とするきもちが固まったらしい。一年後の宋の葬儀のさい、葬列が彼女の前で停止したというのをみれば、このころには彼女は北の夫人と認められていたのである。

北はもともと、愛の伴なわぬ結婚は売淫の一形式だという説のもちぬしで、娼婦に対する階級的偏見もなかった。遊女の前歴などより彼女への愛のほうが肝心であったのは、階級的修飾を剝いだ裸身の女に愛を誓うべしとする、二十三歳のときの原則の一貫というものだった。彼は大正五年には、スズを正式に籍にも入れた。スズも、どういう事情からか一度は遊女にもなったとはいえ、そこから上手に抜け出して、針仕事で金を稼ぐような気性があったのだから、女郎根性が身についた女ではない。「闊達な性格」という田中の印象からしても、また後年、北家を襲った乱暴者を「武術」を使って追いかえしたという挿話を見ても、彼女が一種奔放な女傑ふうの女だったことがわかる。

だが、北がスズを実家にあずけて、単身、東京青山六丁目の母の家（弟晶と同居）へ帰ると、母は素姓のあいまいな女との同居をきらい、晶とともに家を出た。北はこの家にスズを迎え、やがて青山四丁目に新居を構えた。生活は苦しかった。だが、そのうちに女中も置き、食客も転りこんで来るようになった。どこからか、例によって詐欺恐喝まがいの行為で、金をせびって来ていたのである。

大正二年夏、第二革命が失敗すると、多くの党人が日本に逃れたが、そのうち北が最も親しく往来したのは、宋派の重鎮である范鴻仙と譚人鳳だった。范は北の隣家に住んで日夜往来したというが、彼らとの対話は北にとって、辛亥革命総括の意味をもっていただろう。実践的には彼らにはたいしてすることもなかったはずで、表面に現れた動きは、大正三年六月、北が「東京雑貨商今野某」と大阪に赴いて、南京公債三十万円を換金しようと奔走したが不調に終ったと、警察文書に記録された一件くらいである。この公債は、譚人鳳の所有にかかるものといわれる。

だが、大正五年の中国再渡航にいたるまで、じつは彼は、あるひとつの事業にひそかな精力をそそいでいた。時の総理大臣大隈重信に対する入説がそれで、『支那革命外史』はそのために書かれた。のち彼が憲兵隊調書で語ったところによると、矢野龍渓から、大隈と石井外相に中国革命の事情を話せという要請があって、とりかかった仕事であった。彼が大いにこの機会を利用したのは、譚人鳳を大隈に会見させたのでも知れる。大正四年十一月に起稿し、『支那革命党及革命之支那』の表題で印刷配布したのが十二月だった。例によっておそるべき集中力である。印刷部数は百部で、政界の要人や言論機関に配布された。現存テクストの第八章までをこれに収める。おりから起った第三革命によって執筆が中断され、翌五年四月からふたたび筆をとって、五月二十二日に、第二十章までの後篇が稿了された。

『外史』の成立について、まずいうべきことは、これが「時の権力執行の地位に在る人々」への入説のために書かれた著作だということである。もちろん、その性格は、この本の本質に影響を及してはいない。北は、そのために「辞を厚ふし礼を卑ふする」ところがあるというが、それは枝葉のことである。権力者たちに催眠をほどこし、自分のめざすところに誘導するたぐいの、譎詐的表現がみられるのも、同様に末節のことに属する。要するに彼はこの本で、自分の考えを憚りなく述べたものと認められる。

問題は、彼の思想家としての位相のとりかたにある。『国体論及び純正社会主義』で、彼は何と書いていたか。「啓蒙運動とは下層階級を対象とすべきものにして、階級闘争に於て強力を発現すべき前提の者なり。故に孟子の運動が君主の遊説なりしに反して、今日の社会主義は一般階級特に労働者階級の智識を開発することを以て唯一の方法となす」と書いていた。ところが彼は、前著で否定し去った権力者に対する入説を、みずから行なおうとする。彼は大正十年に付した序文のなかで、大隈は自分の説く方策をとり入れようとした形跡があるが、真精神を解せぬ「口頭的反響」にすぎなかったとか、寺内は朝鮮総督時代、この書に讃意を表して来たが、西原借款にせよシベリア出兵にせよ、内閣を組織してからやったことを見れば、何と迷惑な読まれかたであったことかとか、もともと自分が入説の効果について、それほど期待していたわけではなかったのを匂わせ、かつ、「亡国階級」に属する彼らに誤り読まれても、大川周明や満川亀太郎のような同志を得た以上、本来の目的は達せられたのだと主張している。

つまり彼は一言釈明の要を感じてこういうことを書いたわけで、権力者に対する入説の限界はよく承知している、自分はなにもそれが革命の本道であるとは思っていない、本道はあくまで「大地震裂して地湧の菩薩の出現する」を期待するにある、というのが彼のいわんとしたことであった。もちろん、北が本書で行なったのは、中国に対する外交政策を転換させるという、一定の限度内の、為政者に対する働きかけである。政治の場面において、このような工作が革命家の原則的態度とあい容れぬわけでないことは、歴史の事例に数々見るとおりである。しかし北がこのとき見せた入説の姿勢には、たんにそういう一定限度内の工作というにとどまらぬ、深刻な意味があった。

第一に、支配者に対する入説は彼の体質であった。『国体論及び純正社会主義』すら、理論的には入説という方法を否定しながら、心情的にはそれへの傾斜を多分に含む書であった。でなければ、それはあれほど、アクロバティックな論理を鎧わなかっただろう。入説への傾斜は、ひとつは彼の戦国縦横家的情念から生れた。この、一管の筆よく天下の形勢を左右しようとする操作的情念については、すでに先に触れておいたが、それが露出して放恣にわたるのは、『外史』の執筆をきっかけとする。辛亥革命時の画策と奔走の一歳半が、けだし、この情念を肥大させたのである。しかし、もうすこし立ち入って見るならば、それはたんに彼の情念のみならず、彼の第二維新革命の論理に由来することが知れる。来るべき革命を維新革命の本質の展開ととらえた彼に、反動的「成金大名」になり下がったとはいえ、かつては「一刀を落し差しに天下を放浪せし花の若武者」たりし維新元勲に対する、特殊な思いこみがあったのは、当然予測されるところだろう。果して彼は『外史』中に、内田良平の長州系元老への入説に望を託した理由を、次のように書く。「是れ彼等が明治末政界の中心権力たりしが故のみにあらず。革命が書生の事業なるを心解し共鳴し得るもの、官吏登庸試験の及第者にあらずして、日本に於ては残存せる維新の経験者に外ならずと期待せるを以てなり」。『国体論及び純正社会主義』における国体に関する強弁の、虚実さだかならぬ両義性も、せんじつめれば根はここにあったというべきだろう。

第二に、『外史』における入説の姿勢は、彼の革命家としての位相に、決定的な転機が訪れたことを意味していた。彼が大隈に授けようとしたのは、日本が革命中国を援護し、中国と提携してイギリスとロシアをアジアから撃攘する方策である。これはまた、日本が、日本海を内海とするアジア人の大ローマ帝国を樹立する方策でもある。第二維新革命によって天皇制専制支配を止揚し、資本家地主の簒奪体制を顚覆しようとした革命家は、十年ののち、支配者に道義的大帝国樹立の方策を授ける蘇秦張儀の徒に変じたのである。

二・二六事件のさいの憲兵隊調書で、彼は「私の根本思想を申しますれば、この『支那革命外史』に書いてある日本の国策を遂行させる時代を見たいと謂ふ事が唯一の念願であ」ると述べている。むろん北がその実現を見て死にたいと念願した大帝国は、日本のそれも中国のそれも、革命帝国であった。こののちの北に、社会革命の見地が失われたようにいうのは正確ではない。それならば、『日本改造法案』が書かれねばならぬ理由はなかった。だが、『外史』を転機として、社会革命は北にとって、「外交革命」という至上目的に嚮導されるものになった。外交革命とは、『外史』がそれをめざして書かれた目的で、『外史』初版の後篇は『支那革命及日本外交革命』と題されていた。要するにそれは、イギリス追随の外交方針を放棄して、日支同盟による大帝国建設の方向に切りかえる「革命」をさしている。北が国民の共同社会の理念態として幻視した「国家」は、ついにここまで肥大した。それは自立して、何もかも喰い尽さずにはやまない。北は、その「国家」の大帝国としての完成を司どる舵手たらんとする。「世界列強の治乱興亡」を掌に指す謀士たらんと夢見る。「一塊掌上の地球儀何ぞ滑かにして小さきや」。辛亥革命一歳半の体験は、この男にかくのごとくものを見ることを教えたのである。

『外史』を書きあげた北は、すぐさま上海へ渡る。大正五年六月。三年の追放期限はやっと切れていた。満川亀太郎によれば、彼はこのとき、知り合ったばかりのこの青年に「僕は再びオゴタイ汗を大陸に求めに行きます。日本にはもう帰らぬ積りです」と語ったとのことである。

2

『支那革命外史』は、さまざまな側面をもつ本である。北自身はそれを「『革命支那』と

〔日本の〕『革命的対外策』という一個の論題を一個不可分的に論述したもの」という。まさにそういうものにちがいないが、この本にはまださまざまな要素がある。ひとつにはこれは、辛亥革命の渦中にあった一日本人の、革命の準備から挫折にいたる全過程についての歴史的証言である。さらにそれは、一般に革命というものについての、北の所見を開陳した書でもある。さらにこの本のなかには、日本史と中国史に関する北の特殊な理解が示されている。そして最後に、これは彼以外の誰にも書けぬ、一篇の黙示録的詩篇ですらある。すなわち北は、本書において、理論家として語り、歴史家として舞い、詩人として予言している。そして文章においては、北が立ったのは彼の一生における絶巓である。

北がこの本で到達した文体は、理論を語ることと、歴史を叙べることと、詩として結晶することを、同時に可能にするような文体である。稀有のことというほかない。大川周明は「少くも明治以後の日本に於て、かやうな文章を書いた人を知ら」ぬという。彼はおそらく入神の状態で、この本を書いたのであろう。だが、その入神状態は、本書の文体をいちじるしくアルコール含有度の高いものにした。機関銃から射出されるような名文句の洪水は、彼が文章において、節度の不足という悪徳をもっていたことを示す。彼が明治以来の漢文くずしの文体で、誰も書き得なかったような名文を書いたことは事実だが、いわば酩酊を強要するようなそのリズムを、いくらか下品なものに感じる美意識のもちぬしは少なくあるまい。清張流にいえば、ここでも張扇の響が聞えるのである。しかし、そのように留保してさえ、行文のリズムはあまりに圧倒的である。北が書いたのは山陽ばりの美文ではない。ここにあるのは旧約を思わせるような予言の情熱で、このような全身的な文章を人は一生に一度書けるだけである。奔溢する過剰と誇張と煽動的トーンを救っているのは、孤絶する意識が白刃のように文章を貫いているからである。ほそくとがった意識の先端が、とてつもない重さの巨巌を支えている。あるいは、意識はわざとのように、針の穴のような通路をくぐって荒野へ出ようとする。その緊張と孤絶感が、最終的に北の「名文」を免責しているのである。

『支那革命外史』はまず第一に、辛亥革命の歴史叙述として、われわれの前に現れる。しかしこの点では、北の「創作した講談」という吉野作造の放言が示すように、従来、本書の記述は研究者たちからまじめに受け取られて来なかった。近年、北の内田良平宛の通信が知られるに至って、それが一定の事実をふまえたものであることが認められるようになったが、それでもなお、北の記述がいかに信ずべからざるものか、力説せずにはおれぬ研究者の一群が存在する。だが彼らのいいぶんを聞いてみれば、北の叙述に、彼の強い主観のバイアスがかかっているのを指摘するにすぎない。しかし、主観のバイアスがかからない歴史叙述などない。北の視座が自分のそれに合致せぬからといって、史料的信憑性を欠くもののごとくいうのは、研究者として失格であろう。彼らはまた、北の孫文、あるいは宋教仁の思想に対する理解が、誤解・曲解であると指摘する。しかし、これまた多分に解釈の問題にすぎまい。

『外史』の辛亥革命把握を批判するのは、各人の自由というものであるが、私はやはり、その批判なるものに、北に対する偏見の構造を認めずにはいられない。第一、内田宛通信が知られるに至るまで、『外史』の史料的価値が認められなかったというそのこと自体が、学問の名のもとに自己貫徹する偏見のおぞましさを、白日のもとにさらしている。『外史』の歴史叙述は、なによりもまず、渦中の実見者の証言であり、しかも証言するものは高い知性のもちぬしである。第一級史料の資格を欠かぬことはあきらかで、とくに宋・譚の中部同盟会系の運動については、さすがの研究者たちも、北の記述の正確さを認めざるをえなくなっている。叙述の主観性をチェックさえすれば、『外史』はまだまだ、研究者を裨益しうる細部をかくしもっているはずである。

ただ、『外史』の史料的価値に触れた以上、例の宋教仁暗殺問題を素通りするわけにはいくまい。北は、宋暗殺の主犯は陳其美で、従犯は袁世凱と孫文だと主張した。これは、宋が北の夢枕に立ったという有名な一件も含めて、北の叙述が荒唐を極める例として、批判者のかならず引くところである。

北がこのような判断を、いつごろから抱くようになったかということは、すこぶるむずかしい問題である。北が『外史』の前半で孫を公明正大の人と呼んでいるところから、この説が大正五年になって、法華経信仰との関連のもとに形成されたとする見解があるが、この説にも難点はある。北は前篇で「宋君亦同じく趙秉鈞を共犯としたる暗殺に仆れ」云々と書いており、共犯という以上、ほかに犯人がいると考えていたのはあきらかで、しかも、宋暗殺の直後、真犯人について騒ぎ立てて追放をくらっているところから見れば、陳に対する疑いは、事件当時からあったと考えたほうがいいようである。

陳は事実、このとき疑われていた。だからこそ彼は上海電報局を調査して、下手人と趙秉鈞の関係を立証する電文を公表し、これがこの一件に関する今日の定説となったのである。北はあきらかにこの証拠物件を知っていた。でなければ、袁・趙を共犯というはずがない。にもかかわらず、彼は陳主犯説を放棄しなかった。これに孫を従犯として追加する考えは、おそらく大正五年になって生れたものであろう。

こう見てくると、北の説は、あながち荒唐な妄想というのではないことがわかる。宋が夢枕に立ったなどというから、人が眉に唾をつける。彼はけっして、真犯人が袁ではなくて孫だと主張しているのではない。これは今日の論者たちがかならずしも正確に読んでいないところで、彼は、袁と趙がこの暗殺に関与しているという定説を認め、その上で、これが袁と孫の利益の合致にもとづく、趙と陳の合作だと主張しているのである。それなりに巧妙な仮説というほかはない。

もちろん、このさい問題は、仮説ではなく事実でなければならぬ。北の仮説は、事実関係において、これまで実証されていないし、今後も実証不可能な性質のものだろう。北がそのように思いこんだのには、しかるべき情報もあったと考えてよい。だが私は、この点でだけは人が事実と称するものに従いたくはないという衝動が、彼には強くあったのだと思う。夢告までもち出させるのは、その衝動である。彼によれば、宋と彼の路線は、袁と孫に夾撃されるところにその本質があった。また、武漢革命の真の組織者であった宋・譚は、孫文によって革命の指導者の地位を簒奪され、かつての同志の陳其美は上海紳商と結託を深めて、孫の傘下に走ったのであった。北の思いこみが、当時流布されていた陳犯人説に固着するのには、深い心理的動機があったというべきである。陳主犯説はさらに、孫従犯説に拡大され、モリソンの周旋による袁・孫の野合という断定にまで昂進した。この点でも、北に情報的うらづけが皆無だったとは、私は思わない。だがつまるところ、孫・陳の袁と組んだ密謀という北の猜疑は、いわば彼にとっての神話だった。

後年彼は「革命的中心人物は凡ての歴史に於て、似而非なる同一戦列中の鍍金者流（名誉権力、我見邪慢の地金に外部周囲より革命的光輝を塗られた似而非者）によって終滅せしめらるゝ事実と其の天意」については、深く悟ったと書いた。いうまでもなくこれは「裏切られた革命」の神話である。革命に生き死にするもののあいだには、つねにこうした神話が生れる。それは研究者が扱う事実とはレヴェルのちがう、革命者にとっての現実である。むろん現実の幻想的把握は、彼を破綻に導く。しかし、神話はそのような幻想ではない。それは、あくまで冷徹な理性によってえられた路線的認識を、行動へむけて搏撃する情念の虚構である。北にとって、宋暗殺に関する猜疑は、宋と自己の革命路線が、歴史の暗渠に葬り去られるのを拒否するための、こうした情念の虚構だったと考えられる。では、彼と宋の中国革命路線とは何か。これが、彼が『外史』に盛ろうとした眼目の第一であった。それは一言でいえば、共同体国家の生命と精力を最大ならしめるような、革命の方向といってよい。彼はまず、中国革命の性格を「民族的覚醒による革命」、すなわち「排満革命」と規定した。しかし、この規定によっては、清朝を打倒して、漢人たる袁世凱の政権が出現してなお、第二革命、第三革命を提起せねばならぬ理由が説明されない。北は排満革命を「興漢革命」の「前提的運動」とする。興漢革命とは「袁が代表する亡国階級の根本的一掃」を行ない、「真の近代的組織有機的統一の国家を建設」する革命をいう。

批判者たちは、北の中国革命の構想に、社会革命の視点が欠けているのを指摘する。だが、この指摘は必らずしも正確ではない。社会革命の必要は、彼とて十分に承知していた。彼の考えでは、満人朝廷の支配とはじつは「代官階級」の支配であった。「革命本来の要求は此の中世的代官政治に対する打破」である、と彼はいう。しかも、「経済的実力と政治的権力は一個不可分」であって、「不可分なる一個『旧勢力』に向って粉砕の斧を揮ふ」のが、革命である。辛亥革命は排満革命という「単なる序幕」をあけただけで、「斧鉞は未だ政治的経済的旧勢力たる代官階級に向つて試みられ」ていないというとき、彼は、まさに社会革命こそが革命の終着点であるのを指摘しているのである。北がいう代官階級とは、中国的デスポティズムの背骨をなすマンダリン階級のことである。彼はこのマンダリンに対する「勇敢なる掠奪、大胆なる徴発、一歩の仮借なき没収」を主張する。これは、革命政府の財源をどこに求むべきかという見地からなされた主張であるけれども、「支那の財政改革」とは「徴税法の整理に非ずして徴税者其者の顚覆」だという彼の問題の立てかたに、社会革命の見地が欠落しているとは、誰もいうことはできない。

そもそもをいうならば、「真の近代的組織有機的統一の国家の建設」という興漢革命の本義が、たんに強力なネイション・ステートの建設をいうものではなく、有機的統一という一点に、社会組織の共同的な組みかえを含意するものであることは、『国体論及び純正社会主義』の論理構成をたどり終えたものには、もはやあきらかといっていい。北の思考体系においては、国家とは、彼なりの理解における社会主義的性格を含むことなしには、けっして本質的には国家ではないのだった。

しかし北にとっては、革命とは、そういう社会革命の要素を不可欠のものとして含みつつも、結局は国を興すところにその本来の存在理由があった。見よ、彼はいう。「革命とは亡国と興国との過渡に架する冒険なる丸木橋なり」。この基本的見地は、中国革命にも適用される。それは興漢革命という規定にすでにあらわれていることであるが、それをさらに「一掃さるべき階級と其代表者の覆滅とは、支那が積弱割亡の禍根を芟除して、能く一国として存立し得るや否やを決せんが為めの革命」と敷衍するところに、まったく正直に言表されている。まさに北にとって、中国革命とは「亡国階級と興国階級の革命的決勝」であり、それゆえにまた、維新革命と基本的性格をひとしくするのであった。

3

孫文に対する悪意は、北がこのように革命の目的を、一個の統一的生命体たる国家の、もっとも活動的でもっとも強大な生態の創出ととらえたところに、その根拠をもっていたと考えられる。孫文と宗教仁の路線的な相違は、孫が辺境革命路線をとったのに対して、宋が中央革命路線を選んだ点にあるといわれる。孫が辺境に革命政府を樹立する路線に執したのは、各地にうちたてられた革命政府に大幅な自治権を与え、そのような地方自治政権の連合体として新中国国家を構想したからだとされているが、だとすれば彼のなかには、彼の盟友の宮崎滔天がそうであったように、帝力われにおいて何かあらんやといったふうな、中国農民の無政府的なユートピズムを、革命の依拠すべき伝統とみなす考えがあったことになる。宋がそのような孫の路線に対する批判として、中央革命の方向を提出したのは、先にも見たとおり、辺境に対立政権をうちたて、外国の承認を求める路線が、外国の干渉を招き寄せるのをおそれたからであり、さらには、国家的統一を破壊することなく短期的に革命を遂行することが、強大な中国民族国家を創出するもっとも効率的なコースだと考えたからである。

北と宋にとって、至上命令は、新中国が強大な国家となることだった。それはもちろん、社会的正義を実現しつつ、そうであらねばならなかった。北は、地方分権と自治が中国の伝統だという孫の考えを、まっこうから否定した。彼によれば、中国は有史以来、つねに強大な中央集権的統一国家の実現を求め続けて来たし、革命中国もその法則からはずれてはならなかった。「脱税し得る自由、法網を免れ得る自由、罪悪を犯して罪する力を見ざる自由、兵変暴動を起して征討されざる自由、帝力我に於て何かあらんの自由」は「腐朽せる旧専制政治の弛緩せる結果」であって、革命政権は、まさにそのような自由を制圧する「専制的統一」を実現するのであった。この専制的統一の方向を高く揚げる点で、北の路線は、孫のそれのまっこうからの対立物となった。

北の考えでは、中国革命はひとたび血の海に浸らねばならなかった。彼が革命にともなう流血自体に、快感をおぼえるような薄弱な頭脳のもちぬしでないことは、先にも見たところが中国革命については、「自由の楽土は専制の流血を以て洗はずんば清浄なる能はず」といい、「弥陀の手に利剣あり。左手、自由の経巻を展べて、右手、専制の剣を揮ふ」と、ことさらに慈悲心による大殺戮を強調する。革命中国の統一者は「人を殺すを嗜む」ものでなければならぬ、とさえ彼はいう。「旧代官階級」を一掃し、瀕死の老大国をよみがえらせるべき中国革命を、彼は、維新革命より数等困難なものにみなしていたのである。中国革命の指導者は「苦痛の鬼、戦の地獄のサタン」であるべきなのに、孫は民主主義的自治政体を夢みる「天使」にすぎぬと彼はいう。孫の臨時大総統就任は「悪魔の胴に天使の首を載せ」たものである。「天使の首はワシントンの楽園を夢み、悪魔の胴は仏蘭西革命の地獄に血を嘗めんと欲す」。いわば彼は、革命的専制の主張において、プレハーノフを斥けたレーニンのごとくあったといえる。

彼はそのような革命的専制に、「東洋的共和政」なる呼称をあたえた。この概念を説明するために彼は、「神前に戈を列ねて集まれる諸汗より選挙されし窩濶台汗」やら、ナポレオン的革命皇帝としての明治帝やらの例をひくが、要するに彼の主張するのは、ひとりのカリスマ的指導者を仰ぐ革命委員会の専制であった。彼はそのカリスマが、皇帝のかたちをとるか大総統のかたちをとるかは、国情のいかんによることで、本質的な問題ではないとした。それが共和政である以上、たとえ名は皇帝であっても、かつての国家の私有者としての専制君主とはまったく異質な国民的なカリスマである点で、終身大総統とかわらない、という理解がそこには存在する。彼が明治帝というカリスマをいただく明治国家を、共和政と強弁的にみなしていることに注目せねばならない。すなわち理解は、『国体論及び純正社会主義』の論理と直通している。

東洋的共和政は何よりもまず、「自由的覚醒を代表する少数革命家の専制的統一」を、その実体とする。すなわち彼は、今日的概念でいえば、党の独裁を主張したのである。その専制的統一は、革命議会によって表現されねばならなかった。その構成員は「覚醒なき国民」の投票によって選ばれるのではない。そのような「投票万能のドグマ」に立脚する「白人共和政」と区別するためにこそ、東洋的共和政の概念は樹てられたのである。革命議会は「旧権力を打破せる勲功と力」を有するものたちが、「自身が自身を選出」して成立する。これはいわば「新国家の新統治階級を組織すべき上院」である。「東洋的共和政は大総統と上院にて足れり」。「真に国民の自由意志を代表する下院」は、「国民を隠蔽せる今の中世的階級を一掃屠殺したる後」のことである。北のこのような主張に何ら新奇な点がないのは、ただちに気づかれることだ。レーニンも、スターリンも、毛沢東も、いわゆる革命的独裁については、みなおなじことを主張したにすぎない。

レーニン型社会主義の専制的性格は、もともとマルクス主義に含まれていたのではなく、ロシアのアジア的性格に由来するものだという説がある。私は、かるがるしくはその説を信じない。ただロシアと中国の革命が、当人が望んだことかどうかはともかく、指導者をカリスマ化する一貫した傾向を示しているのは、まぎれもなくアジア的性格というものだろう。北のいう東洋的共和政は、カリスマ的指導者を必須とする点で、まさにおなじくアジア的であった。いわば彼は、アジアの革命における個人崇拝の必然性について、かなりシニックな認識をもっていたとしてよいだろう。カリスマは、かならずしも、有能な実務指導者でなくてもよいし、あるいは指導者でなくてすらよい。明治帝の場合、北は彼を革命の情念的シムボルとみなしていたようだ。カリスマの資格として彼は、「天を畏れ民を安んずるの心」をあげた。明治帝はそのような心を失わぬ皇帝、つまり自分が国家にとっての「必要」であるのを一瞬も忘れぬ皇帝だと、彼は考えるのである。明治帝について彼が云々した革命家的活躍は、このことをふまえたうえでの文飾にすぎない。

彼は、仏即魔としての革命指導者を、カーライルのいう意味での「神人」であるとした。それは「常に神を視、神に接し、神と語」るものであった。すなわち彼は、政治指導者がつねに彼岸的なもの、霊的なものに魂を開いていることを要求するのであるが、これは革命における一種の民族宗教の要求を彼が感じていることにほかならない。

大正五年の初頭、すなわち『外史』前篇の擱筆と後篇起稿のあいだに、彼は法華経への信仰を確立し、同時に一輝と名のった。これは行者永福寅造の手びきによるものといわれるが、諸家がこぞって説くように、彼はいわゆるお化けを見る性質の人間で、大正期のひとつの流行であった心霊科学に、疑いもなくいかれやすい心的傾向をもっていた。精神と物質の一致という大正期の通俗哲学は、彼の一生を通じての信念だった。そもそもをいうならば、『国体論及び純正社会主義』には、一種の宗教的指向をあらわす宇宙哲学的たわごとが、すでにみちみちていた。彼は、人間は獣と神とのあいだにある存在で、進化の結果、神に到達し、そこでは排泄作用も性交も消滅するのだと説いていた。宇宙には「経過的人類の解すべからざる永遠の目的」がある、宗教はそれをいわんがために神による天地創造を説いたが、じつは進化論的必然のなかにその目的はかくれているのだ、進化論はその意味で「社会主義の哲学宗教」なのだ、科学と宗教はそこでは一元化するのだと彼は力説した。これは、だから旧来の宗教は不要で、進化論にもとづく社会主義があれば足りるのだ、という主張でもあった。「実に社会民主々義は『人類』と『神類』との進化を繋ぐ唯一の大鉄橋なり」。

北のこのような宇宙目的論は、べつに珍しいものではない。テイヤール・ド・シャルダンも梯明秀も、その点にかぎっては似たことを説いている。彼らの論理を先どりしているのは、またしても彼の知的優秀さであるが、要するにこの宇宙目的論は高級なたわごとである。それはほとんど、彼の個人的嗜好といってよい。だが、この宇宙目的論は、「天則に誤謬と無用なし」というときの天則とかたく結びついていた。北のいう天則とは、半身は冷厳な客観的法則であるが、残りの半身は、宇宙の大目的を宰領する神の意志であった。そのような天則を見抜いたと信じるのは、ひとつの世界観想にすぎない。それは文字どおりこの世を「観ずる」のであり、悟りの境地と同一である。だから、それは恣意である。東洋の人間は、つねにこのような世界観想において、高級な恣意に陥って来た。

このような宇宙目的論的指向から、ふたつのものが生れる。ひとつは「天則」の物神化であり、ひとつは民族の宗教的使命についての観念である。

天則の物神化は、革命的ニヒリズムに帰結する。それは前著にも見られるところだったが、『外史』において極まった。彼は慈悲心による大殺戮を主張する。「観世音首を回らせば即ち夜叉王」。天則は個を圧殺する、それが革命の大義だという名分のもとに。仏心をもって利剣をふるうというのは、大義のニヒリズムにほかならない。それはまさに、ドストエフスキイの大審問官の信念である。北が「租税とは掠奪が法律の美服を着たる者」というのは、正しい。しかしそういう思考は同時に、強力の決定権を無限定に容認する方向にともすれば展開しがちである。

民族には固有の世界史的使命があるという考えは、古来珍しいものではない。それが同時に一種の宗教的使命とみなされて来たのも、旧約の予言者たちや、マホメット、日蓮など、多くの事例の示すところである。帝国主義時代に育った人間として、北には、列強の興亡のなかに世界史的な意志、宇宙目的論的な意志を読みとるような、強い嗜好があった。宇宙には目的があるという考えからは、興隆する民族はみなその目的の実現の一部を担っているのだという考えが、容易に導き出される。つまりそれは天則の道具なのであるが、天則とは宇宙目的、いいかえれば神の意志にほかならぬのだから、この使命感は強烈な宗教的色彩を帯びることになる。興隆しつつある民族の指導者は、だから神の声を聞かねばならぬ。北にとって、革命とは興国の契機である。すなわち、革命家は「常に神を視、神に接し、神と語」ることがなければならぬ。それはかならずしも、革命家が宗教的な特異な資質、たとえば見神的な資質をもたねばならぬということではなかろう。北がいわんとするのはおそらく、革命家が民族の使命について、つねに激烈な宗教的感情で鼓舞されていなければならぬ、ということであるはずである。

大正五年の法華経受容は、幼時から日蓮に親しんで来たおいたち、心霊現象を信じやすい体質、などを無視できぬとしても、思想の問題としては、すでに『国体論及び純正社会主義』に濃厚であった宇宙目的論的指向が、民族の世界史的使命についての宗教的信念に結晶する過程における、一事件と解すべきだろう。このあとのなりゆきは別として、大正五年においては、彼は法華経と日蓮を、あきらかに国民革命における宗教的エートスとして受容している。すなわちこれは、個人的信心の事件ではなく、革命と民族の宗教的信念を不可分とする認識のできごとであった。彼は革命が一個の非合理として歴史上現象することを、しばしば力説した。「古今凡ての革命とは説明を除きたる結論のみを天に与へられたる国民的運動なり。故に多く理論の冷頭に借らずして情熱の激浪を捲く」。法華経はあきらかに、このような革命における非合理との関連において、彼自身の使命感を強化するものとして受容されたのである。

4

しかし北が『外史』を書いた眼目は、中国革命の性質を論じ、東洋的共和政なるキー概念を提出することにあっただけではなく、一歩進んで、日本の対英追随の外交方針を根本的に転換せしめることにあった。彼によれば、革命中国に対して日本が与えうる援助は、兵器の提供でもなければ、支那浪人の義侠でもない。英国の対中国外交政策に追随することをやめれば、それが何よりの援助なのである。彼の中国革命観の第二前提は、これは興国の気概あふれる革命であって、自らの足で立つことができるというにあった。ただ英国とロシアが、おのれの帝国主義的利権のために亡国階級を支援して、革命の進展を妨げているにすぎない。日本の任務は、中国革命への干渉を許さぬという姿勢を、自己の強大な武力を背景として、英国とロシアに向けて示すことにある。ところが現実の日本の対中国政策は、これとはまったく逆に、英露の亡国階級支援と利権拡張政策に追随し、英露とあわせて、中国国民の反感の的となっている。これが北の痛恨事で、『外史』はこのような為政者の愚に対する諫争の書として書かれたのである。

だが北の目標は、たんに日本を中国革命の後見人たらしめることに尽きはしなかった。日本と中国が革命帝国として共存し、ともに世界に威を張ることが、彼の窮極の理想であり目標であった。彼は、革命中国がかならず、漢・唐のごとき大帝国再現をめざす民族主義的方向をとり、一大陸軍国として世界政治に登場することを、もっともはやく予見した日本人であった。さらにまた、その中国の民族主義的方向が、そのまま放置すれば日本帝国主義ととりかえしのつかぬ衝突におちいること、その場合、中国国民の日本に対する反感は、期待が裏切られたものであるだけに、英国やロシアに対する反感よりさらに熾烈なものになるだろうこと、イギリス帝国主義はかならずそのような対日反感のかげにかくれようとすることを、誰よりもはやく見抜いた日本人だった。このような衝突を回避し、日中がそれぞれ大帝国的理想をなかよく実現できるために、彼が描いてみせた甘美なプランは次のとおりである。

日本は英国と戦うことによって、彼をアジアから駆逐し、中国革命に対する最大の妨害者をとりのぞく。その結果、日本が英国から奪取するのは、香港・シンガポール・濠州・ニュージーランド・英領太平洋諸島である。インドはもちろん独立せしめねばならない。英国は日本と中国を兄弟喧嘩させようとして、しばしば成功して来た、お礼はたっぷりせねばならぬというのが彼の考えである。

中国は、日本の後援をえてロシアと戦うべきである。その結果、彼は内・外両蒙古を確保する。日本はロシアからバイカル以東のシベリア沿岸諸州を奪う。満州は、中国がロシアから奪われたのを日本が奪回したのであるから、中国もあえてそれを日本に請求せぬはずである。ロシアと中国は「両国歴史ありて以来の敵国」である。中国は、日本が満州・

東シベリアを領有して、この北方の脅威から自国を保護してくれることに、万が一にも文句があるはずはない。

北はこのようなプランを実現するために、さまざまな世界戦略を提出した。彼の考えでは、世界大戦において日本がドイツと結んでいたら、彼のプランは順調に実現されたはずだった。しかしドイツを敵にまわした以上、ほかに世界戦略上の同盟国を求めねばならなかった。彼は米国をそれに擬した。日本は米国と経済同盟を結んで、米資本を中国に導入させるべきである。米国は投下資本が枷となって、日本にそむくことが不可能になろう。日本が濠州を領有する代償として、米国にはカナダ併合を認めてやればよい。日本と彼のあいだには、もともと「宿怨」はない。彼はまた、世界大戦がドイツの勝利に終る場合を想定し、そのときは仏領印度を占領して、ドイツがインドに来たらざる保証とせねばならぬと説いた。

要するに北が説いたのは、日中両国が強国として共存するためには、条件がそろいすぎていて、これを活用しない手はないということであった。「日本の利益より云へば、支那は膨脹的日本の前駆を為す者」、中国からいえば、日本は革命の成果を保全してくれるものである。両者の「存立的必要」はかくのごとく一致している、というのが北の考えであった。

北の説いたようなプランを、世間では何というか。うまい話、という。私は、このうまい話が実現可能だったかどうか、議論するつもりはない。北の判断のあまさや誤りについては、すでに多くのものが論じている。だがこれが現実の世界戦略として、妙にかんどころをおさえた提言であることも事実である。北の対英・対露の領土拡張策は、北進論・南進論として、一九三〇年代に入って日本支配者たちの現実の政策問題となった。香港・シンガポール・濠州・仏領印度の略取は、「大東亜戦争」の実際に行なったところであった。ただそれは、北の提言のポイントである革命中国との共存と、まったく逆の方向で行なわれた。そして北はそのような事態もまた次のごとく、たしかに予言していたのである。

「あゝ支那に不仁の兵を用ひるの時は、米の正義を求むるに対して不義の戦を挑むの時。而して日米開戦に至らば、白人の対日同盟軍と支那の恐怖的死力によりて、日本の滅亡は朞年を出でず」。

だが、部分的に妙なリアリティをふくみながら、北のこの大帝国構想は、結局蜃気楼を見ているようなむなしさを感じさせる。なぜかといえば、それは現実政治の世界戦略というよりも、共同体国家という幻想の、極度にふくれあがった形態だからである。北が思想家としての初発において、人間を共同性において把握し、しかもその共同性を、国家という生命体に仮託せねばやまぬ欲求のもちぬしであったことを、われわれはすでに知っている。『外史』を書いたとき彼は三十二歳の壮年であったが、前著においてすでにあきらかだった国家物神化の傾向は、このときついに擬ファシスト的な膨脹主義的妄想にまで収斂した。人間の社会は共同的なものでなければならぬ、という強烈なモチーフから思想の旅立ちをした二十三歳の青年は、革命的大帝国の樹立を自己目的とするところにまで転位したのである。この意味で『外史』は、『国体論及び純正社会主義』における〈共同社会主義から、『日本改造法案』の擬ファシスト的論理がひき出されてくる、つなぎ目を示す著作である。『改造法案』の構想は、すべて『外史』のなかにふくまれているといっていいすぎではない。

第十章　擬ファシストへの道

1

大正五年六月、ふたたび上海へ渡ってからの北の動静は、一切が闇に包まれている。振中義会の会員である長田実という医師が、旅館で困窮している北を見かねて、自分の病院の二階に住まわせ、生活のめんどうを見たことはわかっているが、その二階で毎日法華経を大音声で唱えていたほか、革命派の運動と具体的にどのようなかかわりがあったのか、資料は何ひとつ語ってはくれない。

彼は行動の手がかりを失っていたのだ、と考えることもできる。盟友宋はすでになく、革命的専制の必要について意気投合した范鴻仙も刺客の手に仆れていた。譚人鳳は老いている。彼が生死をともにすることを誓った宋派の人脈は、先細りになりつつあった。

だが、そもそも今次の渡支の目的からいえば、北は革命諸党派の運動のなかに身を置くことを、あまり必要とはしていなかったかも知れない。彼は『外史』で、革命中国を統一するにはひとりの「英豪」が必要であるといい、そのような「支那の地下層に潜む」英豪、すなわち彼の用語でいえば「窩濶台汗」が、革命の大地震裂によって、やがて「地上に揺り出」されるのを予言していた。彼の渡支の目的は『外史』の巻末に明記したように、その「窩濶台汗たるべき英雄を尋ねて鮮血のコーランを授け」ることにあったのである。

彼は長田病院の二階に起居しながら中国の政情の推移を見まもり、策を授けるべきオゴタイ汗の出現を待ち望んでいたのであろう。だが仮に、彼がオゴタイ汗と認めうるような人物が出現したとしても、いったいどういうふうにしてその人物にわたりをつけるつもりであったのか。さらにはそのオゴタイ汗が彼の授ける策に唯々として従うと、どうして仮定できるのか。考えてみれば埒もないことであって、そのとめどなさにはやはり、他国の革命に介入するものの非主体的な位相が、露出していたと見るほかはあるまい。彼は自分が中国人でないために、あるいは中国人になりきる努力もしなかったために、「鮮血のコーラン」を奉ずべき党派を、みずから結集しみずから指導することができなかった。彼は後年になって人に、「ぼくは支那に生れていたら、天子になっていたよ」と語ったといわれる。むろんこの「天子」というのは、『外史』の東洋的共和政の論理からして、カリスマ的な革命指導者のことである。つまり彼は異国人であればこそ、みずからオゴタイ汗たる途を塞がれ、そのいつとも知れぬ出現を待ち望むとめどない位相にみずからを置かねばならなかったのである。

北には予言の能力があった。『国体論及び純正社会主義』で彼が行なった予言は、しばしば的中した。彼はたとえばドイツの共和国化やＥＣの出現を予言した。むろんこれは神秘的な能力などではなくて、彼の理論的認識がその程度の射程をもったということである。『外史』におけるいくつかの予言もあたった。彼がその出現を予言したオゴタイ汗は、このときまだ湖南省長沙の一学生であった。

北が毛沢東の出現を予言したのは、疑うべくもないことである。もちろん毛と北は、イデオロギーの基礎が異っている。しかし、どのようなイデオロギーに立とうとも、毛が近代中国史上に果した役割は、北がいわゆるオゴタイ汗に期待していた役割と、重要な面で一致していた。北はオゴタイ汗的大総統が、中世的代官階級を徹底的に収奪し、英国・ロシアをはじめとする帝国主義勢力を駆逐し、「唐代の郡県制度を近代化せる大統一」を実現し、革命中国を「一大陸軍国」として世界政治の舞台に登場させるのを予言していた。これは毛が現実に行なったことである。革命的専制と中央集権的統一への指向という、重要な特徴において、毛はまさに北のいうオゴタイ汗、すなわち「哲人皇帝の意味における終身大総統」であった。もちろん北には、農民革命の視点は明確ではなかった。だが彼は、オゴタイ汗が「四億万民の自由の上に築かるゝ近代的民主政」の追求者である程度のことは、誤たず把握していた。北は「革命とは数百年の自己を放棄せんとする努力なり」といい、その根本義は「国民の心的改造」にあるとした。具体的にはそれは「亡国教」たる孔教を打破することで、秦始皇帝は孔教に対する史上唯一の「革命家」と讃美された。これはまた、毛が信じて行なったことでなかったか。毛にみずからを、漢武帝や始皇帝に擬する思いがあったのは、周知のことである。北は革命中国のナショナリズムが、収斂して行かざるをえない極点を見すえていた。

だが、中国の革命的「諸汗」たちは、北の「鮮血のコーラン」を必要としてはいなかった。彼らの求めたコーランはマルクス主義であった。北の夢想もしなかったところだが、それは民族主義的な解釈を許したのである。そしてそのような解釈法が見出されたとき、北は中国革命という馬から振り落された。大正八年、五・四運動が勃発するに至って、彼ははっきりその運命を悟ったはずである。

五・四運動の激浪と出会うまで、北について叙すべき事実はほとんど何もない。大正六年、中国の対独参戦が問題になったとき、譚人鳳を動かして反対の火の手をあげたということはあったが、それが果して彼自身がいうように、その後の南北交戦に至る動乱の緒をなすような、影響力のある行為だったものかどうか、史料は彼のいいぶんを裏づけてはくれない。

大正五年の暮ごろ、彼は譚人鳳から孫瀛生《えいせい》の養育を依頼された。瀛生は大正四年十一月二十八日、長崎に生れ、産後十日目に母を喪って、祖父のもとで育てられていたものである。スズの回想によれば、瀛生はこのとき生後一年二カ月、「病弱のため骨と皮ばかりに痩せ衰え、この世のものとは思え」なかった。彼女は「一目みるや思わず、おびを解き肌を拡げて走り寄って、譚老人の手より奪いとるようにして肌に抱きしめた」のである。彼女はこのように母性的な情愛の深い人柄で、のちに笠木良明の夫人が喉頭結核で死んだときも、病人と枕を並べてやすみ、背中をさすり痰をふきとるそのさまは、聖女さながらであったという。譚老人はこのとき、北に向い容を改めて、「貴下と私は二人であって二人でない。どうか瀛生を貰ってくれ。貴下がこれを鞠育し他日有用の材としてくれるならば、われ歿後百年の後といえども、われわれは彼に志を継がしむることが出来るではないか。日華両国のため彼を鞠育してくれ」と語ったとのことだ。瀛生の父、譚弐式は大正七年の夏、湖南の獄を逃れようとして殺された。彼を殺したのは、西原借款によって組織された段政府の軍隊であり、それはつまり日本が彼を殺したということだと、北は理解した。瀛生は孤児となり、大輝と名づけられて北家の養子とされた。

大正八年六月二十八日に、北は満川亀太郎宛に、『ヴェルサイユ会議に対する最高判決』という一文を書き送った。文中に述べられたことから察すると、前年あたりから、満川宛に書簡のかたちで時局観を述べ、満川がそれを各方面の人物に回読させるという関係が、成り立っていたらしい。彼はこの一文中で、ヴェルサイユ条約がドイツの「社会革命の大風潮」を誘発して、近い将来「一片の反故紙」となることを予言し、大戦の結果、英帝国が決定的に弱化して崩壊に向いつつあると断定した。あいかわらず鋭い眼力であるが、いっぽうでは彼は、そうとう馬鹿なことを書いた。つまり彼によれば、日本は講和会議で「二段の計画を胸に畳んで」、ウィルソンの無併合無賠償方針に賛成すればよかったのだった。というのは、それはかならず仏伊の反対でつぶれるからで、そのときになって日本が、アメリカの独領アフリカ併合を支持しつつ、南洋独領占有の要求をもち出せば、国際的孤立に陥ることはなかった、というのが北の理屈だった。

現実政治家をもって任ずる彼は、独領アフリカという餌にアメリカが喰いつかぬはずはないと信じた。彼はまた、アメリカが東洋に進出するのは、英国の植民地に手をのばせない不満からだ、とさえ信じた。彼の考えでは、英米を離間しえて、米国とのあいだに「英帝国分割」同盟を結べさえしたら、日本にとって、この世に憂いはなくなるのである。そういう同盟が可能だというのだ。何という妄想だろう。しかし問題は、それが実現可能な政策であるか白昼夢であるか、というところにはない。要するに、彼がいっているのはみな高級な床屋政談であって、世界戦略に関するその種の献策にとめどなく傾斜する位相こそ、彼の思想家としての退化の指標にほかならなかった。

だが、彼がこのように日米同盟に執着し、脳裏に世界戦略をめぐらすのは、じつはみな危機感から出たことだった。彼の眼には、日本が中国ナショナリズムから排斥され、米・英・中の連合によって破滅させられる未来図が、悪夢のようにやきついていた。内田宛の通信文を見れば、彼ははじめて中国の土を踏んだときから、中国ナショナリズムとの衝突の予感におののいていたことがわかる。『外史』はその衝突を回避するための、必死の提言だったとさえいえる。だが、予感は、このとき現実のものとなっていた。この年の五月四日に始まった五・四運動がそれで、『ヴェルサイユ会議に対する最高判決』を投函しに行った岩田富美夫は、帰途「雲霞怒濤の如き排日の群衆に包囲され」ねばならなかった。北は六月に入って断食を始めていた。『ヴェルサイユ会議に対する最高判決』は、この断食中に書かれたのである。五・四運動であげられた排日の声を、彼は批難することはできなかった。それは日本政府の帝国主義的政策の招いたもので、彼はつね日頃、誰よりも鋭くその犯罪性を批判して来たからである。だが同時に、彼は排日、侮日の声を苦痛なしに聞くことができなかった。日本国家とそのシムボルとしての天皇を自己と分離するような視点は、彼にはなかったからである。同盟会員として頭を失う義務はあるが、祖国を裏切ることはできないというかつてのディレンマは、ここにその極相に達した。「御前の主張に依りて戈を執り、御前の本国に依りて殺されたるもの、瞑せざるを見よ」として与えられた「忘形見」大輝は、「小さい下駄をはいて父よ父よと慕ひ」寄る。「涙の眼を転ずれば、ヴェランダの下は見渡す限り此の児の同胞が、故国日本を怒り憎みて叫び狂ふ群衆の大怒濤」、しかもその「陣頭に立ちて指揮し鼓吹し叱咤して居る者」は、「悉く十年の涙痕血史を共にせる刎頸の同志」たちである。のちに彼が回想したところでは、これは「地獄」というものであった。

五・四運動については、彼は一定の判断をもっていた。それをもって「支那の過激化」とする見かたに対して、彼は、それが「徹底的革命」という意味であるならたしかに過激化であるが、「資本対労働の争が現はれたる露独の如き」過激化の意味なら、誤った解釈だとした。なぜなら中国革命の主要な打倒目標は「中世的代官階級」であり、資本ではなかったからであった。五・四運動は、革命がながい停滞と混迷からぬけ出て、「実行時代」に入ったしるしだと、彼は感じた。しかし、それは運動の転換を意味するものではなく、あくまで、自分がこれまで把握して来たラインにそっての深化であり徹底であるというのが、彼の判断だった。この北の判断は、それなりの正しさをもっていた。でなければ、中国マルクス主義における李立三コースの敗北と、毛路線の制覇はありえなかった。だが彼は、マルクス主義が、資本対労働の矛盾が主導的でない後進国における革命理論として奇妙な威力を発揮する逆説についてはほとんど盲目であった。彼は、中国革命に出現したマルクス主義的新潮流について、「新人」中には「妙に事大的流行的」な「バタ臭い」連中がいる、というふうにしか感じていなかった。中国革命を領導するのは民族主義的パトスだという彼の確信は、あくまで正しかったけれども、「新興支那の国柱的人物」が、まさに民族主義者であるそのゆえにマルクス主義者たろうとは、彼の想像の及ばぬところだった。この新潮流は、北をふくめて、それまで中国革命を支援して来たすべての日本人を、過去の人物として革命の局外へ振り落した。

北が大正八年六月、断食に入ったのは、このように革命の局外に振り落されるのを、感覚的に予知したためであるように思える。彼は自分を襲いつつある転機の性質を、見すえたかったのにちがいない。断食とは行であって、こういう手段からしても、北が思想的な契機として認識の力だけではなく、非合理的な決断の力を重視する境位に達していたことが知れる。この断食の期間を彼は四十日間とのべているが、長田実によれば、四週間目に血便が見えたので、譚人鳳に説得してもらって中止させたという。この断食から生れたのが、かの「さうだ、日本に帰らう。日本の魂のドン底から覆へして日本自らの革命に当らう」という有名な決意である。彼は「本国の革命的指導者にだけなりとも」示すべき、「革命帝国の骨格構成の略図」を書き始めた。それは『国家改造案原理大綱』と名づけられた。

大正五年に北を訪うて彼の信徒となっていた満川亀太郎は、大正七年十月になって老壮会を設立し、改造運動のための「思想交換」を行なっていた。老壮会は運動体というより談話交換会であった。堺利彦、高畠素之ら社会主義者も講師として招かれた。満川はこのような意見交換会にはやがて満足できなくなり、八年八月一日に大川周明と猶存社を作った。だが満川の考えでは、この会には指導者がいなかった。これが実行団体であるだけに、そのことは致命的だと彼には思えた。『支那革命外史』の心酔者だった彼には、自然に北を呼び戻す着想が浮んだ。この満川の提案に、大川も賛成し、自分が使者に立とうといった。のちに、もっとも感銘を受けた十冊の本のなかに数えたのでわかるとおり、大川も『外史』に深く魂を動かされていた。これは大正八年八月八日のことであった。

大川は鉄道枕木の荷主というふれこみで、唐津から貨物船にのりこみ、八月二十三日の朝、上海に上陸した。長田病院を訪うと、北は近頃フランス租界に居を構えているという。すぐに来てもらって初対面の挨拶をすませ、太陽館に場所を移して要談に入った。これは北が大正五年上海に来たとき、最初に止宿した旅館である。北はこのとき三十六歳、大川より三つ年長であった。白い詰襟の夏服を着ていたが、すぐ脱いで猿又ひとつになった。「白皙端麗、貴公子の風姿を具へる」と見えた彼が、「何とも言へぬ愛嬌」をたたえた「痩せた裸形童子」と化し、ひとつひとつの動作に「微笑を誘ふユーモラスなもの」を漂わせたと、大川はいっている。その夜は徹夜した。翌日はフランス租界の北の「陋居」で語り合い、二十五日に上海を去ったのである。

北はこのとき『国家改造案原理大綱』を巻七まで書きあげていた。大川は、北の表現によれば「日本が革命になる。支那よりも日本が危いから帰国しろ」といいに来たわけだが、まさか北がこのような改造案を書いていようとは思っていなかった。北は彼にこの巻七までを託し、巻八は書き上げ次第発送し、年末までには自分も帰国するという。大川は「抑へ切れぬ歓喜と感激を覚えた」。

満川も回顧していう。「大川君は同志の倚託を完うして東京に帰つて来た。然も思はざりし『日本改造法案大綱』を齎らし帰つたことは、どれだけ同志をして歓喜せしめたか知れない。実際これだけ明確に国家改造方針を指示したものは無かつた。我等の望んで已まざりしは、粉々たる抽象的改造論ではない。実にかくの如き具体的法案であつたのだ」。北は残稿を八月二十七日に書きあげ、これを岩田富美夫にもたせて帰国させた。満川はさっそくこれを謄写版印刷に付し、各方面に配布した。部数は四十七部だったといわれる。

北は約束どおり年末に上海を発ち、大正九年の元旦を長崎の妻の実家ですごし、一月五日に東京へ入った。入京前後、警察と新聞が危険人物の潜入として大騒ぎをした。北が清水行之助などの壮士を連れて上海を発ったのが、『改造案』のプリント配布とあいまって、当局の疑念をかき立てたのである。満川はこの日、東京駅まで出迎えに行ったが、うまく会えなかった。牛込南榎町の自宅に帰ってみると、玄関に北の信玄袋が置いてある。「おお、北さんはやっぱり安着したのだ」。満川は喜びのあまり声をあげた。北の姿は見えない。「ちよつと青山の御経の先生のところへ行く」と出て行ったという。北は入京第一歩、法華の行者永福寅造を訪ねたのである。信玄袋のなかには、皇太子に贈呈すべき法華経の経文が収められていた。

『国家改造案原理大綱』は、大正十二年五月に改造社から、はじめて刊本となったが、このとき『日本改造法案大綱』と改題され、多少の修正がほどこされた。これは伏字の多い本で、大正十五年の西田税版、昭和三年の西田税小型版においても、伏字はついに解消されなかった。現在このテクストを完全なかたちで見ることができるのは、西田税が書きこみを行なったものと、内務省の内部資料として印刷された無伏字版が、残されているからである。

2

『改造法案』は、『国体論及び純正社会主義』で北がうちたてた日本国家論と、緊密に結びついた革命綱領である。彼には、政治的国家の集中的表現としての法をとくに重視する思考癖があり、そのために『改造法案』は、改造国家のいわば憲法草案のようなかたちをとっていて、革命の性質に関する総論的考察は、注のうちに断片的に洩らされているにすぎないが、彼の指向する革命が、『国体論及び純正社会主義』で定式化された第二公民国家革命、すなわち第二維新革命であることは、たとえば大正十年に書かれた次のような一文によってもあきらかといっていい。

「今の元老及び死去せる元老なる者等が維新革命の心的体現者大西郷を群がり殺して以来、則ち明治十年以後の日本は聊かも革命の建設でなく、復辟の背進的逆転である。現代日本の何処に維新革命の魂と制度を見ることが出来るか。……維新革命の屍骸から湧いてムクムクと肥つた蛆が所謂元老なる者と然り而して現代日本の制度である。……大西郷が何故に第二革命の叛旗を挙げたか。而して其の失敗が如何に爾後四十年間の日本を反動的大洪水の泥土に洗ひ流して、眼前見る如き黄金大名の聯邦制度とそれを維持する徳川其儘の御役人政治とを築き上げたか」。

つまり『改造法案』がめざす革命は、法案自体の表現を使えば、「政治的経済的特権階級」という「一大腫物」を「切開シテ棄ツル」任務をおびた国民革命であって、それが実現する国家は、『国体論及び純正社会主義』以来彼が説き続けた、倫理的制度としての共同体国家なのである。彼が示した共同体的国家の骨組みは次のようなものだった。

私的企業の限度は資本一千万円であり、限度以上の企業は没収され国営に移される。一家族の私産限度は百万円である。限度以上の私産は無償で国家に収納される。一千万円を超える企業没収のさいの株主補償は、私産限度の百万円以内においてのみ行なわれる。土地所有の限度は地価十万円であり、それを超える土地は国家に収納される。賠償は私産限度内にかぎって行なわれる。要するに、一家族の私有しうる財産は、株券、土地、現金をあわせて百万円を超えることはできず、資本一千万円以上の企業はすべて国家によって没収されるのである。

これを逆にいうなら、北の共同体国家では、一千万円以下の資本の活動が認められ、地価十万円以下の地主の存在が許され、一家族は百万円までの私産を保有しうる。これが社会主義だろうかというのが、この法案をこれまで論じて来た人びとのすべての疑問であった。北の構想は、国家独占資本主義の方向をめざすもののように見える。あるいは、労働者の諸権利、国民の諸権利の保障とあわせ見るなら、いわゆる混合体制的な福祉国家をめざすものに見える。資本金一千万円は今日の金額に換算すれば数百億である。数百億といえば大資本だ。当時資本金一千万円の企業は浦賀船渠、鴻池銀行、伊藤忠商事、日華紡績などである。これらの企業を無傷で存在せしめて何の社会主義か、それはむしろブルジョワ支配の再建ではないのか、人びとはみな、こう疑ったのである。

だがそれは、北の公民国家革命の論理を解せぬところから発した疑いであった。また、北自身における、ブルジョワ的近代主義者の半身と、日本コミューン主義者の半身の関係を、ただしく把握できぬための誤解であった。いかなる社会主義国においても個人の私産は許されるし、その私産が一定限度内で資本としての働きを営むことは認められざるをえない。後者の働きを認めぬ社会主義国家が、兵営国家ないし官僚国家に転落するのは、すでに先行例の示すとおりで、その限度をどこに設けるかというところに、今日の社会主義経済体制の試行錯誤が存在する。北はその限度をかなり大きくとっただけで、その大きさに彼のブルジョワ的近代主義者たる半身が現れているのである。

北のそのような性格は、すでに『国体論及び純正社会主義』にも露出していたが、『法案』においては、「合理的改造案ハ必ズ近代的個人主義ノ要求ヲ一基調トス」といい、さらに進んで「此ノ国家改造案ヲ一貫スル原理ハ国民ノ財産所有権ヲ否定スル者ニ非ズシテ全国民ニ其所有ヲ保障シ享楽セシメントスルニ在リ」というところに、その特徴ははっきり現れた。要するに彼は、物貨にかかわる人間の欲求をかなり大きな範囲で認めないでは、自分自身が不自由を覚えたのであった。

彼は、万年筆でも机でも、そして邸宅でも、すべて大きなものが好きであった。貧窮を意とせず、かつそれに堪えることができたが、同時に豪遊を好んだ。その彼が、「家屋ハ衣服ト等シク各人ノ趣味必要ニ基ク者ニシテ、三坪ノ邸宅ニ甘ンズル者アルベク、百万円ノ高楼ヲ建ツルモノアルベシ」というのは、微笑を誘う。だがそれは、社会主義は個人の趣味嗜好の問題に干渉しないのだ、という透徹した認識である。「私人一百万円ヲ有セバ物質的享楽及ビ活動ニ於テ至ラザル所ナシ」。そして、そのように個人の物質的生命活動の充足を認める論理は、企業活動という生命充足形態の、一定限度内の容認にもつながったのである。

しかし、一千万円というかなりの規模の資本活動を認めたことに気をとられて、『法案』の本質を見誤ってはならない。そもそも、一千万円という資本限度を資本金と解し、当時の年鑑類から資本金一千万円の会社をさがし出して、それがかなりの大会社であることを確認し、そこから、『法案』のめざす社会体制が社会主義とはいえぬという判断をくだすという手続きが、じつは方法として錯誤しているのだ。『法案』の本質は、一千万円という限度の大きさには現れていない。それはじつに、改造国家の権力が一定限度以上の大資本を没収し、改造後においても、その限度をこえて成長する資本を収用しつづける点に現れている。つまりこの国家は、一定限度以上の大資本を存続せしめず、存続を許された中・小資本を「国家の必要」に従属させるところに、その本質がある。その一定限度を一千万とするか百万円とするかは、まったく国家権力の自由であって、この自由こそ、この国家が、国家独占資本主義を指向するものでも、ブルジョワ独裁の新形式をうちたてようとするものでもないことの、あきらかな証明である。

北の『法案』が、資本限度をこえて成長する資本を、ただちに没収するものであるのは、その社会主義的本質を理解するうえで、とくに重要な点である。社会主義革命は即座に、あらゆる資本を絶滅するものではない。自営的商人、職人層の資本活動は、共産主義への移行以前の段階では当然認められざるをえず、その活動から生ずる資本主義復活の可能性を、いかにして防遏するかというのが、マルクス主義のひとつの理論問題だったのである。北の革命綱領は、それが一定限度内の資本活動を永久に認めようとする点で、マルクス主義と本質的に異っているが、大資本の復活の可能性をたえずつみとる用意を忘れない点で、まぎれもなく、大資本に対する国民の革命的独裁を主要特徴とする、独自な社会主義であることを示している。すなわちそれは、日本コミューン主義の伝統のうちにはぐくまれた共同社会主義で、その根本特徴は大資本の圧制に対する激烈な反感にある。

北は『法案』のなかで、しばしば、大資本の解体を揚言している。これが日本コミューン主義の根本的情念である以上、資本限度一千万円という額は、あくまで中・小企業の限度と解さねばならぬ。おそらくこの資本とは、資本金の意味ではなく、会社資産のことである。でなければ、改造後この限度をこえて成長する資本の国家収用という規定があるはずがない。どこの阿呆が、資本金一千万円をこえれば没収とわかっていて、それ以上の増資を行なうだろうか。北のいう資本が資本金ならば、この規定は空文に帰する。その限度をこえれば没収という規定があるのは、それが資本活動によってたえず増大する会社資産であればこそである。会社資産を一千万円におさえれば、当時の大資本はすべて解体の対象に収まったはずである。

このような大資本に対する独裁としての日本コミューン国家は、誰がその政治権力を保持するのだろうか。国民である。この国民とは、打倒対象である大ブルジョワジーと天皇制専制主義官僚とを除くというほか、階級的規定は与えられていない。北は階級的革命でなく国民革命の視点に立っているのだから、このことは当然であるが、その国民が社会経済的構成のレヴェルでは、労働大衆を実体とすることは、改造国家権力の性格を検討すれば、ただちに明らかになる。

改造運動は「天皇ニ指揮セラレタル全日本国民ノ超法律的運動」とされる。だが、後段で示すように、天皇はあくまでも担がれた御神輿にすぎない。それを担ぐのは革命権力である。革命権力は顧問院、改造内閣、改造議会、在郷軍人団会議より成る。このうち改造議会は、「国家改造ノ根本方針ヲ討論スルコトヲ得ズ」というのでも知れるとおり、協賛機関であり、国民の各層を革命に吸収する装置にすぎない。革命権力の最高権力は五十名を定員とする顧問院であり、これが実質的な革命委員会である。それは天皇から任命され、天皇を補佐するが、任命といい補佐といい、天皇をとりこにしたものの、おのれの「革命的専制」をとりつくろう表現であるのは明白である。北はこの点でも、維新革命の再現を指向している。改造内閣は顧問院のもとにある実務機関であり、在郷軍人団会議はロシア革命における労・農・兵のソヴィエトにあたる。顧問院・改造内閣・改造議会の関係は、党中央委員会・政府委員会・人民代表者会議の関係にほぼひとしい。北は十月革命からも、人が思う以上によく学んでいるのである。

しかし、北がやろうとしているのは、党の存在せぬ国民の革命である。カリスマ的革命指導者とその熱烈な支持者から成るはずの顧問院が、実質的な党中央委員会の役割を果すのは当然としても、この党はこのままでは下部組織をもたない。その下部組織にかわるものが在郷軍人団会議である。これは在郷軍人の「平等普通ノ互選ニヨル」組織で、「現在ノ在郷軍人会其者」ではない。この会議は一定限度をこえる資本・私産・土地の没収の執行者である。すなわちこれは、社会革命の現場の担い手である。担い手はなぜ、在郷軍人をあてしかるべきなのか。ひとつはその「愛国的常識」のためであり、ひとつは彼らの大多数が「労働者ト農民」、すなわち「国家ノ健全ナル労働階級」であるからである。見よ、北にとって在郷軍人団会議とは、革命の担い手として組織された労働者農民を意味したのである。そしてまたそれは、党なき国民革命において、何をもって革命権力の下部組織とするかという難問への、彼の苦肉の回答でもあった。

北は検閲をはばかって、ほんとうは軍隊としたかったところを在郷軍人と書いたのだ、という説がある。テクストの理論的分析はやらないで、探偵的かんぐりばかり働かせたところから出た愚論であることは、いうまでもない。こういう説のもちぬしは、北の革命の構造が全然わかっていない。彼が指向する革命は、「天皇大権ノ発動ニヨリテ三年間憲法ヲ停止シ両院ヲ解散シ全国ニ戒厳令ヲ布ク」という軍事クーデタ方式である。クーデタを行ない、戒厳令を実力的に保証するのが軍隊であるのは当然である。『法案』にクーデタと明記した以上、その担い手を軍隊とす、などと書いて内乱予備罪に問われる必要は、北にはなかったのである。しかし彼は、権力奪取と革命権力の保持にあたる軍が、同時に、資本・私産・土地の収奪にあたるべきだとは考えなかった。彼の考えでは、権力奪取後の革命軍隊は、国内の階級的闘争に加わってはならなかった。軍はあくまで国民に対して中立でなければ、外敵に備える機能を果せない。権力奪取後の社会革命は、現役の兵士のほかにその担い手を求めねばならぬ。このことを彼は、『法案』の巻二、第四パラグラフの註三に明記した。

北の共同社会主義が、資本制を一部許容しながらも、あくまでそれを革命権力のきびしいコントロルのもとにおくものであるのは、労働者に関する諸規定によっても明らかである。残存せしめられる中・小資本に雇用される労働者は、資本と自由な契約を結ぶ賃労働者でありながら、「真個其ノ自由ヲ保持シテ些ノ損傷ナカルベキハ論ナシ」とされる。これは争議がすべて革命権力によって調停される以上、労働者は賃銀についても不利な決定はくだされない、ということを意味する。さらに私企業に働く労働者は、純益の二分の一の配当をうけ、経営に干与し、株主となる権利をもつ。この労働株主制は存立を許される私企業が「将来半世紀一世紀間ハ現代ノ如キ腐敗破綻ヲ来ス」おそれがあるところから、その防止策として設けられている。すなわち私企業は革命政府により上から統制されるだけでなく、労働者委員会によって内部から監視されるのである。

『法案』の共同社会主義は、経済的な私益追求という人性の自然を否定せず、一定の資本活動の経済的効率性を利用する点では、たしかに一種の混合体制を指向している。だが、それはあくまで大資本・大地主に対する共同体国家の独裁である点で、ブルジョワ独裁下の修正資本主義とは本質的に区別される。中小の資本・地主は、共同体国家から枷をはめられている。たとえば、残存する地主・小作関係については、共同体国家は別に法を定めて小作人の権利を擁護する。そしてそのゆえに、この共同体国家においてはスターリニスト国家の場合と同様、労働者のストライキは禁止されるのである。

『改造法案』は、このように革命権力による大資本・大地主廃絶の見取り図を描きだした。では、『国体論及び純正社会主義』が掲げたもうひとつの任務、天皇制専制主義を廃絶する民主主義革命的任務は、どのように規定されているのか。枢密院をはじめとする宮中関係の官僚はすべて罷免され、華族制、皇室財産は廃止される。文官任用令、治安警察法、新聞紙条例、出版法等、国民の自由を拘束する諸法律も廃止される。二十五歳以上の男子に普通選挙権が与えられる。人権と福祉に関しては、八時間労働制、幼年労働の禁止、婦人労働の平等、孤児・扶養者を欠く老人・不具廃疾者の国家扶養、義務教育期間の十年への延長、生徒への教科書・昼食の無償給付、婦人保護法の立法、夫の貞操順守の義務づけ、官吏の国民に対する凌辱行為の禁止、刑事被告の人権保護、遺産の均等相続制等が規定されている。

われわれはこれらの要求が、戦後の民主主義的改革のほとんどすべての項目を、さきどりするものであることに気づくだろう。これらの規定につけられた註には、家父長制支配、とくに国民の自由の制限と女性蔑視に対する、彼の強烈な嫌悪が露出している。ただし北は、女性には参政権を与えぬものとした。これは彼の女性観の特異な点であって、「婦人ヲ口舌ノ闘争ニ慣習セシムルハ其天性ヲ残賊スル」ものだという見解に見られるとおり、彼には、女性をひたすら天使風に優美なものとみなす奇妙な女性崇拝者の側面があった。

そういう女性観からすれば、女性は将来肉体労働からも解放されるべきで、その天分は家庭と、芸術や教育や学問などの社会的分野で発揮されるものとされる。
この婦人参政権に関連して、彼は「政治ハ人生ノ活動ニ於ケル一小部分ナリ」という言葉を吐いた。これはおそらく北が一生のあいだに述べた思想の、最高の稜線を示すもので、このような言葉をふと洩らすことができたという点で、彼は一切の革命イデオローグから区別される本質的な思想家の位相に、片足だけは踏みこんでいる。

3

『改造法案』はしかし、共同体国家の実現をめざすたんなる国内改造綱領ではなく、その共同体国家が、ユーラシヤ大陸東端部から大洋州にまたがる民族的生存圏を築くための、対外膨脹主義の綱領であった。膨脹の方針については、『支那革命外史』に示されたそれと大筋で一致しており、詳説の要はない。中国と結んでロシアから極東シベリアを割取し、米独と結んだ第二次大戦で英国植民地を分割し、オーストラリアを領有するというのが、その基本方針である。もちろんインドは独立せしめられる。朝鮮・台湾等の植民地は放棄されない。ただ従来の秕政をただす方針は明示されている。満州は日露戦争の結果、すでに日本に帰属すべき運命が決せられているとすること、これも『外史』にひとしい。

北のこの対外膨脹主義については、まずその「開戦ノ積極的権利」の理論的妥当性が検討されねばならない。彼は「国家ハ不義ノ強力ニ抑圧サルル他ノ国家又ハ民族ノ為メニ戦争ヲ開始スル権利ヲ有ス」と主張する。これは義戦の主張であって、それ自体としては高潔な動機をあらわしている。だがこの義戦の主張は、今日すでに破産しつくしている。それは義戦が往々にして、侵略的動機をおおいかくす欺瞞であるからではない。義のために国家が国民に死の犠牲を要求しうるという思想が、破産しているのだ。義戦の主張は、今日では個人の心情のレヴェルにしか属さない。北は「倫理的制度としての大日本帝国」という欲求を、正義を体現する物神的民族共同体の幻想まで昂進させたために、義戦という夢想的主張におちいらねばならなかったのである。

しかし北の「開戦ノ積極的権利」は、いっぽう、「国家ハ不法ノ大領土ヲ独占シテ人類共存ノ天道ヲ無視スル者ニ対シテ戦争ヲ開始スルノ権利ヲ有ス」というリアリズムに裏づけられていた。これは、領土狭小の国家は「国際的無産者」であるという考えかたで、一般にファシズム的論理の一特徴を構成するものである。人類史が民族国家の制約を脱せず、大領土の国家と、領土狭小の貧しい国家がある以上、このような主張は、原理的に存在の根拠をもっている。われわれはファシズムという名称にとらわれて、その根拠に盲目になるべきではない。この領土問題は、民族の利己的主張の妥協点をさぐるというかたちで存在している。「正義トハ利己ト利己トノ間ヲ劃定セントスル者」という表現は、北がそのリアリズムをよく知っていたことを示している。北はその劃定を、戦争によって行なうことを主張した。この主張が今日破産しているのは、その結果の悲惨さがあまねく知られたからである。

第二次大戦後の世界は、この問題をふたつの方向で解決しようとしている。ひとつは、帝国主義的拡張政策の結果である植民地を相互に放棄して、おたがいいいぶんはないようにしようという方向である。だがこの方向は根本的欺瞞を含んでいる。米国はインディアンから強奪した広大な中西部を、ソ連はギリヤーク諸族から奪ったシベリアを、中国は満州族の故地である東北を、けっして放棄しようとはしていないからである。つまりこの問題は、過去へさかのぼればきりがなくなる。結局、ある時点で国境線をくぎって、それ以前の不正は問わず、問題を凍結するというのが、今日とられている解決法である。もうひとつは、領土の狭小は、工業、通商、国際援助で補うという方向である。つまり国境線の改訂を求めて戦争するより、そのほうがわりが合うという考えかたで、いずれにせよ、結局今日の領土問題は、一種の損益計算に立つ合理的妥協として存在している。北的な主張は、原理において葬られたのではなく、おなじリアリズムとしての効率において葬られたのである。もちろん、それを真に葬り去るのは、民族国家的視座と、その裏返しにすぎぬ世界国家的視座を、ともに止揚する真の共同性の思想だけである。個の自立的現存がそのまま共同的でありうるような人類史の段階を指向する思想だけが、北の革命的大帝国の主張を、その根底において葬ることができるのだ。

北において対外膨脹主義と国内改造は、分離すべからざる統一的綱領であった。それが「非常ニ遭遇シタル時国民ノ不安騒乱ヲ招クガ如キ国家組織ヲ以テシテ、如何ゾ大日本帝国ノ世界的使命ヲ全フスルヲ得ベキ」というふうに、対外膨脹のための国内改造の論理をとるとき、北はファシストに似てくる。しかし、英領分配の要求を「今ノ軍閥ト財閥ノ日本」が掲げるならば国際的孤立は必至だが、「改造セラレタル合理的国家、革命的大帝国ガ国際的正義ヲ叫ブトキ、之ニ対抗シ得ベキ」学説は存在しないという北は、国内改造を一切の前提として語っている。そのとき彼は、ポーランドは地主的圧制下にあるよりも、社会主義ソ連に帰属したほうが幸せだと考えた、三〇年代のスターリニストにたいへん似てくるのである。

北において、国内改造と対外進出のどちらが本源的であったかというのは、なかなか微妙な問題である。初発の動機はたしかに共同体国家の追求にあったが、それは増殖する生命体であることによって、必然的に対外膨脹の論理をはじめから内包していた。しかも彼は、後年においてはしばしば、対外戦争のための国内改造であるかに語った。それが説得の術策であったとしても、その両者を結びつけざるをえない彼の思想は、必然的にファシズムに帰結する運命にある。その意味で北は、まぎれもなく日本の擬ファシストのひとりに数えられる。

大正八・九年は、戦前日本国家のひとつの曲り角であった。それまでの日本国家は、現実には富国強兵のための資本制創設を国家目標としながら、資本制の市民社会的論理とはまったく異質な世界の住人である、村落共同体あるいは下町共同体の基層民たちを、天皇制共同社会の幻想によって資本主義国家としての民族的自立の方向に動員するという、およそ奇跡的な動力学的操作に成功して来た。ところがこの構造は、大正中期になって、ふたつの方向から破綻した。

その破綻はまず第一に、建設の完了した資本制的市民社会の諸体系と、基層民にふきこまれた天皇制共同社会の幻想との完全な乖離から生じた。その乖離が社会心理的レヴェルで意識されるようになったのは、むろん資本制が、基層民を共同体的生活圏からひきずり出して、市民社会的論理の支配する世界に直面させる段階に到達したからである。彼らの共同体的生活倫理からすれば、分立する個的利害のゲームの理論である市民社会的論理は、その異様さにおいて驚愕すべきものに見えた。しかし、そこへあとずさりすべき共同体的生活圏は、崩壊にさらされている。資本制のただなかに追放された彼らには、共同性への激しい飢渇感が蓄積され、もちろんそれに物質的窮乏が重複した。彼らは資本制的現実を目前にして、これが天皇制権力によって教えられて来た共同体国家であるはずはないと感じた。この対比は劇的である。すなわち天皇制権力が基層民に投げ与えた天皇制共同社会の神話は、ここから権力に向けて逆流を開始したのである。

この逆流を加速し、一定方向に誘導した右翼イデオローグは、玄洋社・黒龍会によって代表される伝統的な国粋主義イデオローグとは、位相的なちがいがあった。玄洋社・黒龍会の壮士たちには、基層民の共同性への飢渇を、自分たちの思想的位相を決定するさいの、ひとつの対極と意識するような視点はなかった。新しい右翼イデオローグたちは、基層民と天皇制権力というふたつの極のあいだの心理的力学関係のなかに、おのれの思想的位置を求めた。その意味で彼らの位相は、本質的に中間的だったといっていい。

大正八年は、この中間イデオローグの社会的登場を告知する一劃期である。彼らの存在理由は、天皇制権力に対し逆流を開始した基層民の意識に、敵を見つけてやることにあった。財閥ならびにそれと結託する重臣・特権官僚が、天皇制共同社会の本義を歪曲しているのだという神話が、彼らによって生み出された。

北はこの中間イデオローグの、もっとも優秀でもっとも醒めた一例であった。彼は、家族国家原理にもとづく天皇制共同体思想など、かたときも信じたことはなかったが、維新革命の本義からして日本は社会主義国家であるのに、特権者層の反動のためにその本義が裏切られているのだという彼の根本思想は、天皇制共同体の幻想が支配エリートに対して逆流を開始する論理と、よくなじむ性質をもっていた。だから『日本改造法案』は、その逆流を教唆煽動する中間イデオローグの第一声となった。天皇がみそなわす国に、このような不正や悲惨が横行していいのかという感情は、大正十年、朝日平吾が安田善次郎を刺殺するに及んで、ひとつの社会心理として浮上したが、朝日の遺言を読むと、彼の反財閥反支配エリートの感情には、『日本改造法案』の濃い影が落ちていることがわかる。北が彼から、安田の血を浴びた衣を遺贈されたのは、ゆえなしとしないのである。

だが、天皇制支配エリートは、北などの中間イデオローグの運動がそれ単独で存在するのであったなら、けっして、それから根底を揺がされることはなかったはずである。明治国家の統治構造は、中間イデオローグにひきいられた基層民の心理的逆流が、支配エリート間の政治的分裂と結びつくことによって、はじめて分解の危険にさらされた。支配エリート間の欧米追随派と帝国主義的自立派の分裂は、大正二年、桂太郎が孫文に示したといわれる、日英同盟を破棄し、ドイツと結んで英国の世界覇権を失墜せしめ、アジア諸民族を解放する構想に、すでに萌芽として認められるが、ヴェルサイユ会議以後の英米帝国主義との対立激化を通じて、次第に鮮明なものとなり、昭和初年には、欧米協調派の筆頭西園寺公望に、日本が大アジア主義などといわずに、開国以来の、英米に追随して大をなす国是をまもっていたら、今日の変調は来たさなかっただろうにと、嘆かせるところまで深刻化した。だが、支配エリート内の主流をなす欧米協調派が、帝国主義的自立派との闘争に敗れねばならなかったのは、逆流を開始した基層民の天皇制共同体幻想が、つねに後者を支持激励し、前者を暗殺をはじめとする情動的行為で脅迫したからである。

基層民の共同性への飢渇は、支配エリートの帝国主義的自立派を支持激励するような指向性を、もともっていたわけではない。それをその方向に誘導したのは、むろん中間イデオローグである。だが、なぜそのような誘導が可能であったかといえば、それは、基層民の眼に、支配エリートの欧米協調派の体質が、自分たちを無間地獄につきおとしつつある資本制市民社会の論理を体現するもののように見えたからである。欧米協調の国策は、それが財閥・重臣・特権官僚層の思想的体質であると考えられたために、基層民の支持を得ることはできなかった。それに反し、帝国主義的自立の国策は、財閥・重臣・特権官僚層の欧米市民社会的感性を敵とするものとみなされたぶんだけ、基層民の共感をかちえた。むろん、事情はもっと錯綜しており、財閥・重臣イクォール米英協調派イクォール資本制市民社会指向というように、話は簡単ではなかった。だが、筋書きをそのように簡明ならしめるのは、中間イデオローグの仕事である。彼らは基層民の共同性への飢渇を、自由主義的な上層支配エリートに対する反抗と、反英米的な下層支配エリートへの支持のチャネルに流しこんだ。英米追随の伝統に立つエスタブリッシュメントたちは、自分たちの基層民統合の装置であった天皇制共同体神話が、このような思いもかけぬ逆流を開始して、支配層中の新興反英米派と結びついたとき、なすすべを知らなかった。

この結びつきは昭和前期の周知の騒乱、一般に天皇制ファシズムとして概括される諸動乱に行きついた。この過程にあって北は、基層民の欲求を、自由主義的支配エリートへの攻撃と、その政治的敵手である帝国主義的自立派への支持の方向に、一貫して誘導した点で、まざれもなく中間イデオローグの機能を果したといえる。彼はけっして、帝国主義的自立を指向する新興支配エリートを止揚の対象とする視点を失いはしなかったが、彼らの目標が彼のめざす「黄人の大羅馬帝国」と一致するかぎりにおいて、さらに彼の一貫した敵である伝統的支配エリートの脅威であるかぎりにおいて、およそ術策的に彼らと一時的な結合を結んだ。反英米派的新興支配エリートの政策は、とくに中国に対する侵略方針という点で、北の考える革命帝国樹立の指向と、根本的にくいちがうものであったけれども、彼が革命的帝国の主唱者であるかぎり、彼の主張は、ひろい意味での日本ファシズムの文脈に組み入れられて行かざるをえなかったのである。

だが彼が、日本ファシズムの教典といわれる『改造法案』の著者であり、事実そのようなものとしてその後の擬ファシズム運動に広汎な影響を与えながら、一度もその主流たりえず、異端的な地位にとどまらざるをえなかったのは、俗にいわれるような、彼の唯我独尊的な性格による以前に、やはり彼の教典の理論的性質に問題があった。いわゆる天皇制ファシズムの立場からみても、一般に北の教説には、ふたつの許容できぬ要素があった。

ひとつは、その徹底した大資本廃絶の指向で、ファシズム的な傾斜をもついかなる新興支配エリートも、本気でこの綱領を受け入れることはできなかった。北の綱領はこの点で、国家社会主義を掲げるドイツやイタリーのファシズムにも見られない徹底性をもつ特異な擬ファシズム綱領である。

ひとつは、その天皇観である。北は『改造法案』において、革命が天皇の発意と指揮のもとに行なわれることを明記した。だがこれがあるふくみをもった擬装的表現であることは、寺田稲次郎の伝える挿話によって決定的にあきらかである。北が天皇裕仁を「クラゲの研究者」と侮蔑的に呼び、皇太子について「ちいさい癖に大きな自動車に乗って」などと口走ったというのは、話としてまだ序の口である。中野正剛が北をシベリア総督に擬したという話を、寺田が伝えると、彼は色を変じて「天皇なんてウルサイ者のおる国じゃ役人はせんよ。そういってやりたまえ」と答えたという。これは昭和四年のことである。またこれは伝聞であるが、寺田が確実な話として伝えているところでは、北は秘書に「何も彼も天皇の権利だ、大御宝だ、彼れも是れも皆天皇帰一だってところへ持って行く。そうすると帰一の結果は、天皇がデクノボーだということが判然とする。それからさ、ガラガラと崩れるのは」と語ったという。統帥権干犯という名分を考え出した真意はこれだというのだから、話は昭和五年ごろのことである。北のもっとも熱烈な使徒磯部浅一が、のち獄中でみずからこの逆転の過程を踏んだのは、まさしく悲劇というものであったろう。

北の天皇観は『国体論及び純正社会主義』以来、一貫して変っていない。ただ、戦術が変った。すでに大逆事件当時、彼は「天皇は強い」と感想を洩らしたといわれる。しかもその強い天皇は、いまやわが国の基層民によって、市民社会的現実から自分を救済してくれる守護神とみなされている。彼は、天皇に対するこのような「国民ノ人格的信任」に、正面から抗する愚を悟って、天皇に収斂する基層民の反資本主義的感情を、そのまますくいあげる戦術に転じたのである。だが『改造法案』をよく吟味するとき、ましてやそれを『国体論及び純正社会主義』との関連で読みとくとき、北の天皇観、すなわちそれを革命の道具として抱きこみ、いわば革命の至尊なる捕虜とする指向が、見えてこないはずはない。『改造法案』は擬装された不逞思想ではないか、という疑いは、北が刑死する以前から、彼のまわりに渦巻いていた。

北が日本ファシズムの指導者となりえなかったのは、大資本と天皇制を止揚する断乎たる意志が、その教説に秘められていたからである。ふつう、こういう北のファシズム綱領の革命性は、彼がかつて社会主義者であったことのなごりと考えられている。だが、北がこの綱領によって、社会主義者からファシストへ転落したと考えるのは、社会主義についてもファシズムについても、つきつめた考察を欠くところから生ずる短見である。いうならば北は、はじめからファシズムへ展開する本質を秘めた「共同社会」主義者なのである。ファシズムとは、その本質においては、国家という共同体に幻想的に退行する社会主義である。スターリニズムが党と国家を物神化するときファシズムに近似するのは、そのためである。北の思想は、ドイツやイタリーで政治体制となったファシズムとは、擬似的に近接しているにすぎないが、思想本質においては、ファシズムの原義を示すものといっていい。私が北を擬ファシストと規定するのは、政治的に現象する典型的ファシズムとの距離をはかってのことであるが、思想本質としてみれば、彼の思想は、もっとも純粋な革命的ファシズムの形姿を示すものかも知れない。そしてそれは北にとって、まさに純正な社会主義でもあった。擬ファシスト的教祖としての北の晩年、あまりに早く訪れた晩年をたどろうとするわれわれは、ファシズム悪玉史観ではなく、せめてこの程度の遠近法で問題を扱う必要がある。

第十一章　順逆不二の法門

1

帰国後北は、牛込区南町にある猶存社二階の、畳も敷いてない莚ばりの部屋で、あいかわらず法華経朗唱にあけくれる生活であった。ほかには『国体論及び純正社会主義』に手を入れるのが日課で、満川とふたりで散歩や観劇にもよく出かけた。

このとき手入れされた原本は、満川に「門外不出にしてくれ」と注文づきであずけられ、現在は久野収の所蔵となっている。久野によれば、表題が『民主社会主義論』と変更され、「復古的革命主義」が「国体破壊主義」に、「純正社会主義」が「民主社会主義原論」に、といったぐあいにいくつかのタームがいいかえられ、文章がかなり現代的にあらためられているが、論旨はむしろラディカルになっているという。

国民の魂をどん底からくつがえす革命をやろうとして帰国したものが、奔走もするでない無為の毎日である。猶存社には沼波瓊音、鹿子木員信、島野三郎、笠木良明らの人物が集まり始め、大正九年七月には機関誌『雄叫び』が発刊され、演説会も開かれるというのに、それら組織や宣伝活動に一貫して風馬牛の態度であったのは、大川周明がのち次のように回顧したごとくであった。「口を開けば咳唾直ちに珠玉となる弁舌を有し乍ら、未だ曾て演壇に立たず、筆を執れば百花立ちどころに燎乱たる詞藻を有ち乍ら、全くジャーナリズムの圏外に立ち、専ら猶存社の一室に籠りて読誦三昧を事とし、その諷誦の間に天来の声を聞き、質するには答へ、問う者には教へて、只管一個半個の説得を事とした」。

北がこのように時勢を静観する態度をとり続けたのは、ひとつは革命いまだ来らずとする情況判断のせいだったとしてよい。彼は前年大川と上海で会ったとき、「乱兆既に歴然」とする大川に対し、「乱兆は歴然でも革命の機運は未だ熟しては居らない」と答えたとのことだ。また満川によれば、このころ北が警視庁刑事から乞われて白扇に揮毫した文句は、「舟は千来る万来る中で私のまつ舟まだ見えぬ」というのであったという。

だが、北が待つ舟とは何か。そもそも、舟を待つとはどういうことか。彼が待った舟の正体は、この年彼がやったふたつのことを見ればわかる。そのひとつは皇太子に対する法華経経巻の献上であり、三月二日付で宮内省から受領証が出ている。いまひとつはいわゆる宮中某重大事件への介入で、彼が書いた久邇宮家宛の勧告文は、当時の怪文書中の白眉とうたわれたという。これは皇太子と久邇宮良子との婚約発表を、元老山県が久邇宮家には色盲の遺伝ありとしてくつがえそうとしたもので、九年十二月から浪人団の山県攻撃が始まり、翌年二月十日に至って宮内省より婚約に変更なしと発表があって、山県側の全面敗北に終った。北は浪人団の主流にいたわけではないが、久邇宮家から挨拶を受けたというように、宮中に一定の印象を残すことに成功した。

北の介入の焦点が、皇太子にあったことは明白である。法華経の献上といい、彼はたしかに若きプリンスにとり入ろうとしていたのだ。彼の待つ舟とは、広い意味での革命の機運であると同時に、より直截には皇太子その人を意味した。彼が帰国後はじめて近づいた要人が小笠原長生であったのも、そう考えてこそ納得できる。小笠原は当時、東宮御学問所幹事であった。『日本改造法案』は、天皇をとりこにすることによってのみ実現可能な革命綱領である。のちに二・二六事件の取調べのさい彼は「〔改造は〕聖天子が改造を御断行遊ばすべき大御心の御決定を致しますれば即時出来ることであります。之に反して大御心が改造を必要なしと御認めになれば、百年の年月を待つても理想を実現することが出来ません」と語ったが、このとき彼は自分に不敬な考えがないといいたかったというよりは、ただ『法案』の論理を正しく表現したのである。天皇をとりことする手順はひとつとはかぎらない。彼がいわゆる至尊強要的な手段についても覚悟するところあったのは、歴々の証拠がある。またそれは、証拠によらずとも、『法案』の論理自体から導き出されることである。だが彼は、まずは天皇を玉として扱った維新革命家の後裔であった。だが彼は、まずは正攻法をとろうとした。大正天皇の狂疾があきらかである以上、攻め落すべきは皇太子だったのである。

そしてこのことは同時に、彼が考えていた革命とそのための運動の性質にかかわっている。革命とは彼にとって、階級革命や社会革命ではなかった。それらを含まないというのではむろんないが、本質的にはそれは国民、より正確にいえば国家の元気を更新する契機で、そういうものとしてもっとも効率的な形態がよしとされたのである。だから彼には、階級性の見地から徹底した革命を至上とする視点はない。彼は逆にそういう西欧革命観を止揚したところに立つのが、自分の革命観の独自さであるとした。いわゆる上からの革命が下からの革命より劣るという価値観は、もはや彼にはなかった。『国体論及び純正社会主義』で述べられた、上からの革命をナンセンスとする視点は、やはり彼にとって脱ぎ棄てられるべき移植観念だったのである。

彼の革命には大衆運動の観念がない、とよく指摘される。最初からなかったのではない。二十三歳のときの著書には、革命は大衆運動によって成就されると、ちゃんと書いてあった。だが、それは学習によって得られた教説で、いまやその視点もすでに放棄された。その理由は、彼が本質的に、オルテガいうところの「大衆の反乱」以前の時代の子だったことにある。マスという視点が彼にはなかった。それを組織するという視点はさらになかった。ものごとをそういうふうに視るのを知らなかったのではないが、それは彼の嫌悪をそそった。この点では彼は、ひとりの個の現存という視点に執するものであったといってもいい。個を影に化してしまうゆえに、大衆・組織・制度といった観念の実体化を彼は嫌った。島野三郎によれば、彼は晩年、法律や制度は万能ではない、個人の内的な革命こそかんじんで、修身斉家治国平天下という東洋思想の優れた点はそこにある、という考えに到達していたということだが、この一見はなはだ陳腐な所見は、もちろん、そういう彼のリヴァイアサン的マス社会への嫌悪のレヴェルで読まれねばならない。一般にファシズムは、マス社会現象の一部としての大衆運動であるゆえに、この点でも北は特異な位相にある。

このことは、北の革命における党の不在という問題に関連する。彼が党や類似の組織に一切冷淡であったのは、一応、改造運動は全国民の自覚によるべきもので、一党派の専制によるものであってはならないという立場の、しからしめるところと考えられる。党というものが原義的にもっている部分的性格は、彼の全体という理念からすれば、たしかに斥けられるべきものであった。だが、きびしいリアリストたる一面をもつ彼が、二・二六事件における青年将校たちのように、天皇のもとに全国民が同胞として結集する運動などという美辞を、心から信じていたはずはない。彼の場合、党に代位するものは、少数の自覚的革命家の結合だった。「数十人の国柱的同志あらば天下の事大抵は成る」というのが彼の信念で、しかもこれら国柱的同志は党組織によってではなく、人間的な相互信頼で結合すべきなのであった。この点からしても、革命は彼にとってクーデタであるしかなかった。

このような党なき革命を彼は、維新革命から示唆されたのにちがいない。維新の革命家たちが権力を奪取し、その中央権力を梃子にして、べつに党を必要とせずに上から社会革命を達成して行った過程こそ、北の脳裏にあった革命の範型であったろう。しかし北にとって、党がなぜ、なくてすめばすむほうがよいかといえば、自由な個人が党に組織されるとき出現するのは衆愚だからである。彼は個を衆愚たらしめるような機構を何よりも嫌った。党は「国家ノ元首ガ売名的多弁ヲ弄シ下級俳優ノ如キ身振ヲ晒シテ当選ヲ争フ制度」とともに、そのようないとうべき機構と考えられたのである。彼は昭和七年の建白書に、ロシアや国民党中国の一党独裁の現状を非難して「党国ヲ以テ国家ヲ掌握シテ放タザル奇怪ナル制度」と書いた。革命的専制の主張者として一見矛盾のようであるが、これまた彼の党組織への深い嫌悪をあらわす言葉と読むことができる。

だが、衆愚をいとうた彼は、けっして大衆の動向に無関心だったのではない。無関心どころか、革命を人為の結果でなく天則の働きとする点で、彼は一生変ることなきヘーゲリアンであった。天則は大衆の動向となって現れる。だから彼は、マルクス主義的用語でいえば、大衆の革命的機運の成熟をひたすらに待つ待機主義者でさえあった。この、天則は人為によって左右できないという信念が、彼を組織や運動に無関心たらしめた根本の理由で、彼の観念では、革命とは組織や運動で人為的に醸成したり促進したりするものではなく、その到来は天のはからいにまかせ、いったん到来するや、少数の革命家集団がその前髪を誤たずつかまねばならぬような、好機にほかならなかった。もちろんこのように把握された天則とは、いわゆる人類史的法則の物神化であると同時に、神の意志と弁別不可能な宗教的観念でもある。北が大正九年から昭和十一年にいたる十六年間、いくつかの謀略は別として、革命家らしい組織活動をまったく行なわず、年を経るごとに神仏に対する祈念を深めて行ったのは、問題を思想のレヴェルでみるかぎり、このような天則の絶対化にもとづくものといえよう。北はまさに大川周明のいうごとく、この点で「世の常の改造運動者乃至革命者とは截然として別個の面目を有して居た」。

宮中某重大事件に介入したあと、大正十二年まで、北には叙すべき行動も存在しない。この年には、五月に『ヨッフェ君に訓ふる公開状』という文書を書いた。これは革命政府の領土継承権を論じた部分に、あい変らず鋭い論理構成力がみられ、またロシア労農政権の社会帝国主義的性格をいちはやく予言したところに、今日的意味がなくもなく、さらには「由来諸君は革命位したことを英雄の事業の如く逆ぼせ上つて居るのが火傷の本だ」という一句に、ひごろの眼のすえかたをうかがわせるものがありはするものの、革命家の必要としては、別に書かないでもすんだ文書である。

『改造法案』を書きあげたのち、彼は、文章を自己目的とする文筆家の位相に対して、たびたび軽蔑の言葉を洩らして来たし、事実、政治が必要とする文書しか筆をとらなかった。国交回復を瀬踏みするために、後藤新平の招きで入京したヨッフェを威嚇することは、政治の必要というものであるにはちがいないが、元来、文書による威嚇など、異邦人の相手にどれほど通じたものか。後年この一件を、自分のひと吠えでヨッフェを退去させたなどと、手柄話めいて回顧したのは、あきらかに自我肥大が異常の域まで昂進したのを示す事実にすぎない。要するに、ヨッフェがさも修羅場を踏んで来た顔つきで横着に構えているのが、修羅では一枚うえと自任する彼には我慢しにくかっただけであろう。

ところが、この文書は猶存社解散の決定的な契機となってしまった。というより北はひとつは感情的に悪化しつつあった大川との関係を断ち切るために、この文書をばらまかせたのかも知れない。大川や満川は、ヨッフェの使命に対して好意的であったから、北の行動は当然、社内の物議をかもした。時至れりとばかり北は、大正九年の秋以来、船成金の山本唯三郎所有の豪邸（千駄谷九〇二番地）に移転していた猶存社の表札を裏返し、北一輝と墨書して、社の解散を内外に明示したのである。

北と大川の決裂は、お山の大将どうしがかならず陥る不和と解するのが通説である。もちろん、それはそのようなものと見なすこともできる。大川自身の回想によれば、彼が北に辟易したのは「是非善悪の物さしなどは、母親の胎内に置き去りにして来たやう」な「魔王」ぶりであり、手段を択ばぬ生活費の調達ぶりや、説得のためには「口から出放題」の弁舌を弄する権略に、「若し此儘でいつまでも北君と一緒に出頭没頭して居れば、結局私は仏と対立する魔ものになると考へたので」、あるときの激しい口論を機に北と別れたのであるという。しかし彼は回想の時点では、はっきりこう書いている。「離別の根本理由は簡単明瞭である。それは当時の私が北君の体得していた宗教的境地に到達して居なかったからである」。

だが感情的異和や、棟梁的気質どうしの衝突とは別に、両者にはやはり別れねばならぬ理由があったといっていい。ソヴィエト政権の評価などはともかくとして、ふたりにははっきり革命の方法に関するくいちがいがあった。のちに神武会を組織したやりかたに見られるように、大川にはあきらかに党指向があった。彼は眼に見えるファシスト組織を求めていて、その点からしても、そのようなものを無用とする北とは、いつかは決裂のときを迎えねばならなかったのである。

2

西田税が病気のため少尉で陸軍を退役して右翼運動に投じたのは、大正十四年六月である。彼は、大川が猶存社解散後、満川らと再結成していた行地社の一員となり、機関誌の編集にたずさわった。だが彼は、士官学校の生徒であった大正十一年に北を訪れて以来、北の思想に深い影響を受けていて、行地社に属したのもべつに大川に指導を仰いだものではなかった。北は西田の行地社入りを黙認したものと思われる。北のいわゆる弟子たちに対する態度は、このように大幅な行動の自主性を認めるもので、西田が北の代理人の立場になったのちも、彼なりの自由な政治行動に走るのに一切干渉しなかった。岩田富美夫、清水行之助から、上海時代からのこれは乾分といってよい連中にも、すでに大化会、大行会を作って自分の店を張るのを黙過していた。

してみれば西田は、行地社の抱える北派の爆弾であったといえなくもない。彼の行地社入りのわずか二、三カ月あとに、安田生命争議事件が起った。これは行地社の会員の首切りから端を発した安田生命と行地社の争議であるが、清水行之助らも介入したといい、何やら錯雑な様相を呈していて、これに関する成書の記述には信頼が置きがたい。ただはっきりしているのは、この事件の大川の収拾ぶりに、行地社内で不満がたかまったことである。このあと満川、西田をはじめ、笠木良明、高村光次、中谷武世らが、ごっそり行地社を脱けた。西田の脱退は十一月、笠木、高村の満鉄組は翌十五年、宮内省怪文書事件をきっかけに脱退に動いた。西田はのちに、大川と別れたのは「人格的に亦性格的に全然相反する点があつた」からで、「彼が常に遊里に出入し、大言壮語することに不快の念を抱いて」いると語っている。

行地社を脱けた西田は急速に北の信頼を得、この年の終りには『日本改造法案大綱』の版権をゆだねられるまでになった。北が序文を書いたのは大正十五年一月三日で、刊行は五月、部数は三、四千部だったと西田がいっている。『日本改造法案大綱』は大正十二年に改造社から刊本になっているが、これはかんじんな改造方法の部分を完全に削除されたもので、その全貌ははじめてこの西田版で示されたのである。

北はこの直後に起った宮内省怪文書事件の調書で、西田のことを「非常に将来ある人物と思ひ他人に対するよりも真剣に教へた」といっている。北にはそれまで浪人タイプの弟子はいたが、彼らを自宅に寄食させ、ふところをいつも開いているように見えても、どこか彼らと一線を劃し、おまえらは自由なんだよと、突き離しているところがあった。岩田や清水はそういう親分の束縛せぬ態度を、逆に冷たさと感じることがままあったはずである。つまり北はほんとうの意味では、弟子をとろうとしない人だった。その彼が、西田をここまで近づけたのは異例というほかはない。だが、西田が北の唯一といっていい真の弟子たりえたのは、人物の優秀さのほかに、北に対する思想的帰依が純粋だったからである。外部の政治運動と直接触れるのがいやな北には、外界との媒介者が必要である。西田はそういう媒介者として、北の眼鏡に叶ったのであろう。

大正十五年は、北にとって怪事件に明け暮れた年であった。これは詳述すればそれだけで一冊の本が書けるほどの怪奇劇であるが、なるだけ簡潔に概略を述べ、その意味を検討するにとどめる。

辰川竜之助という浪人がいて、北とは上海以来の知り合いで、当時千駄谷の北の家に入りびたっていた。北はこの男のことを、まあ弟子のようなものといっている。彼が十五銀行の乱脈な経営ぶりを聞きこんで、寺田稲次郎と連名の糾弾ビラを作製した。寺田はあとで内田良平から叱られておりたから、結局は辰川ひとりの仕事ということになる。ビラの内容は、十五銀行は松方など薩派重臣と関係が深く、彼らの便宜を計るために経営が乱脈をきわめている、もし倒産するようになれば預っている皇室関係の金にも損害が及ぶわけだが、はなはだ怪しからぬではないか、というのである。弾劾内容は大筋では事実に近かった。

辰川は一万枚ばかり刷ったビラの内、千枚ばかり各方面にばらまき、大正十四年十二月に、十五銀行の成瀬頭取に面会を申しこんだ。成瀬は驚いて、日銀総裁の市来乙彦に相談したところ、市来の使っている情報屋の原田政治の線から、背後に北がいるらしいのがわかった。市来はヨッフェへの公開状の印刷資金を与えたこともあって北とは旧知の仲で、料亭に北を招いて、取りつけ騒ぎが起れば預金者が迷惑するから、辰川を押えてくれるよう頼んだ。北は了解するふうであった。あけて十五年一月、十五銀行側は北に活動資金として五万円を贈り、北はそのうち一万五千円を辰川に与えて、運動を中止せしめた。

事件の全貌は一年半のちの検察の取調べで判明したことで、北が五万という大金を喝取したことは、当時は当局も世間も知らなかった。だから世間の眼には、芝居は第二幕の宮内省怪文書事件から開けた。今回の役者はおなじ辰川に西田税が加わり、対手は牧野内大臣、関屋宮内次官、東久世内匠頭、市来元大蔵大臣、怪リーフレットの書き手は西田で、告発の要点は、ひとつは北海道の皇室御料地をめぐる小作争議で、牧野・関屋・東久世が無政府共産主義者杉木某に鼻面をとってまわされ、あげくは杉木にまいないして歓心を買ったというもの、第二はおなじく北海道御料地払下げ問題で、故松方正義と牧野、市来らが八十万円の賄賂をとって山わけしたというものである。西田らは、リーフレットの見本を同封した辞職勧告書を牧野以下の大官に送りつけた。大正十五年五月のことで、この働きかけは笠木・高村の満鉄組の参加をえて六月にまで続き、七月末、捜査の手がのびた。北と西田はこの一件で八月末から翌年一月ごろまで収監された。西田のこの件における動機は明瞭で、あくまでこれを事実と信じた彼は、社会問題化して特権的支配エリートに打撃を与えたかったのだった。北は乗気ではなかった。社会問題化するには材料が薄弱だとすぐ見抜いただろうし、それにスキャンダルから社会的騒乱をつくり出すというのは、彼の革命の方法ではなかった。だが彼は、西田によせとはいわなかった。まず辞職勧告くらいにしたらどうかと教え、勧告書文案にも手を入れてやった。明らかに気乗りしていないにかかわらず、成り行きは気にかけており、西田は彼の態度を「不鮮明に思ふ」た。

北はじつはこの件でふたまたをかけていた。市来との関係からいっても、西田らが騒ぐのはこまりものであったが、弟子の自主性を重んずる彼の立場からはやめろともいえず、副産物として、笠木・高村らの行地社同人が、牧野や関屋と深い関係にある大川に、行動をもって行地社からの離脱を示すことになるのは、結構であると考えていた。

だが、彼が師の権威をもって一件を中止させなかったのは、おそらく、またこれが金のねたになるのではないかという思惑があったからである。というのは、前警視総監赤池濃がこの件に介入したとき、北は金で解決がつかぬかという赤池の提案を、自分の立場としては金は扱えないと断わりながら、市来に会って見ろと、謎のような返事をしているからである。十五銀行から五万円せしめていることを知っている私たちには、この謎はすぐとける。北は赤池の買収話の露骨さに顔をしかめているので、もっとスマートなやりかたでないと、自分も立つ瀬がないし、若いものも収まりませんよといいたいのである。赤池は市来に会ったが、何のことやらわからなかった。市来は五万円の一件を明かさなかったのである。

でも、こいつらのねらいは金だときめこんでいる赤池は、委細かまわず三千円を北に贈った。北はこの金に手をつけず、この一件が恐喝事件になる危険を回避した。自分は金で解決がつくなど暗示したことはないし、現に金にも手をつけなかったと、後日の取調べのさい北は主張したが、表面を見るかぎり筋は通っていた。しかし、赤池の立合人沼波瓊音の歌人らしく澄んだ眼は、裏によどんだものを見逃さなかった。彼はかねて北のことを「気品の高い人と交れば、随分実際的活動の出来る者であるが、然らざれば知らず世の中に如何なることをするか判らぬ様になりはせぬか」と考えていたが、この件についての北の態度に濁りを感じた。赤池の金が三千円でなく三万円であったなら、北は受け取っていたと彼は思った。

さて、このふたつの怪事件は、もちろん北がはじめから恐喝を目的としてたくらんだものではない。十五銀行事件のさいも、北は辰川にやれともやるなともいわなかったそうだが、いずれにせよ北はこの種の事件にあまり政治的意味を認めていなかったのである。彼がこのころ本腰を入れた事件は、第三の怪文書事件である朴烈・文子の怪写真問題だった。だが、弟子たちがまき起したそういうどうといったことのない事件が、いったん金になりそうな気配を見せるや、彼はためらわずその機会をつかんだ。その態度はいたってあっけらかんとしていて、十五銀行の一件のさいなどは、「おれは買収された。今日から資本家の側にまわるよ」としゃあしゃあとしているのに、辰川は二の句がつげなかったとのことである。そうやってふところに入れた三万五千円を、彼は生活と遊興に使い果した。

こういう彼の行為を道徳的に許せないものに感じるのは、市民社会の倫理的感性である。せめて運動費に使ったのなら、というのも、おなじく市民主義者の政治倫理である。彼らは、北のこの種の行為を思想的堕落と信じて疑わないが、市民主義的な倫理規範を踏みはずしたために堕落する思想など、はじめから思想の名に値いせぬことを知らない。彼らは、北の言葉でいえば金という「人生そのものに絡み付いた悲惨」の真の意味を解さぬために、思想の意味も解さぬのである。

末松太平がはじめて北を訪問したとき、北はこの若い将校に天ぷらそばをとってやって、「ねえ君、この天ぷらそばだってタダじゃないんですよ。お金がいるんですよ。そのお金をどうしますか。ぼくは資本家からとって来るんですよ」と語ったそうだ（末松氏談話）。また寺田稲次郎には、次のように述懐したことがあるそうだ。「説法してる間は大分感心してる様だが、最後に月末の払ひに困つて居ますがと言つて切り出すと、ヤーアッハッハてな事を言つて態度が一変する。さう言ふ時には、殊更鄭重に金をかうして頂いて、心の中で経国の大挙に仕ふる者の必ず践むべき一つの試練だと念ずる。君はまだ若いから恥かしいのが先に立つのも無理はないが、道念が強くないと忍辱の鎧が軽侮の矢に耐えぬのです。而し恥づかしいなあとは思ふね、実際」。

北にはむろん、恒産も定収入もなかった。北自身や辰川竜之助が取調べ官に述べたところでは、北は当時中国の石油事業などからたまに金が入ることはあったらしい。しかしそれはあてにもならぬ臨時収入で、しかも常時食客を養い、出入りする弟子たちに小遣いを給せねばならなかった。原田政治がある日北家をたずねると、岩田富美夫が二階の北の部屋に向けて拳銃を撃っていた。下におりて来た北は、呆れ顔の原田に「岩田が小遣いをこれだけくれといったけれど、やらないもんだから、あれは俺を脅迫しているんだ」と語ったという。こういうのは再々のことだったらしく、千駄谷の家は、岩田の撃った拳銃の弾痕だらけであったそうだ。北は彼らを養うために、また自分自身食うために、ほうぼうへ「托鉢」に出かけた。毎月、長靴をはいて政友会の床次竹二郎のところへ、二十円、三十円というわずかな金をもらいに行っていたそうだ。大正十四年頃までの北の生活が極度に苦しかったことは、さまざまな人間が証言している。

むろんこれは、浪人の生活形態である。浪人の行なう「托鉢」は一歩誤れば恐喝になり、心底まで敵に心を売り渡してしまうことにもなる。悪銭は身につかない。運動資金と称しながら遊蕩に身をもちくずす例も、そこから出てくる。革命家のこういう浪人的弊害を批判するところに、党費によって養われる常任活動家のシステムが生れた。こういう近代的な金の調達システムから、その前代の浪人的形態を批判するのはやさしいことだが、そこには盲点も生じる。第一浪人に、運動費と生活費を区別せよというのがむりである。彼らは私的生活が即、運動である。また、悪銭と浄財を区別せよというのがむりである。有力者や富豪から金を吐き出させる行為には、ここまでは倫理にかない、これから先は堕落だといった境界はない。要するに問題は、悪銭はとっても、それによって身を売らないという志があるかないかということだけである。北はたしかに悪銭はとったが、身は売らなかった。

清水行之助によれば、大川周明は当時北のことを「吉原のやり手婆みたいだ。あんな手練手管に乗っては、日本の改造はできない。あれはダラ幹だ」と罵っていた。ところが矢次一夫の眼には「北一輝は政治的権略を弄してはいるが革命家的であり、これにくらべると大川は、ブルジョワ政治浪人の天下取り的野心家」だ、というふうに見えた。矢次は、麻生久もこの点ではおなじ印象をもっていたといっている。

ダラ幹でないと自任しながらも遊び好きの大川は、待合で芸者をはべらせながら十月事件の謀議をこらした。芸者は革命の必要経費というわけで、つまり大川の認識は、私事をこんなふうに公的に粉飾せねば気のすまぬレヴェルにとどまっていたわけである。待合遊びは北もやった。三万五千円ふところに入れた年の四月から八月まで、彼は四谷の待合で芸者をあげて遊んだ。前後三十九回、経費はしめて二千三百余円、ちょうど宮内省怪文書事件の時期にあたっている。この待合遊びなるものの内容については、私には考えもある。だがはっきりしているのは、この遊興は北の私事であり、私事を革命事業と関連させて粉飾するような意識から、みごとに切れていることである。

寺田稲次郎は昭和五年ごろ、警察幹部から「北には私欲のためとしか思えない随分な金が動いている」と警告されたという。北は私欲をかくしたことは一度もなかった。「僕は金が一番好きなんだよ。大金が入るなら是が一番だ。極めてよろしいな」と寺田にむかって放言し、二・二六事件の当夜はスズに「おっかちゃんや、この騒ぎが片づいたら大きな家を建ててやるぞ」といい、寺田のほうを向いて「二人で今度は大いに遊ぼうな」と語りかけた。自分の腕で稼いだ悪銭を「私欲」に消費することに、何のやましさも覚えなかった。そのことと、革命のためには恥をしのんで金をもらわねばならぬことがあるという公的必要とは、微塵も混同されなかった。彼が、私的動機をつねに公的名分で隠蔽せずにはおれぬ戦後進歩主義者より、この点で思想的優位に立っているのは明らかなことである。

北のこのような態度を批判しうるものがあるとすれば、それは市民主義的倫理やマルクス主義的革命道徳ではなく、その両者をあわせて止揚しうるような認識である。北は金のため革命を売ったと、戦後進歩主義者たちは批判する。まるで見当はずれで、こんなひょろひょろ矢に北の立場が射倒せるはずはない。そういう批判をかつてくだした大川でさえ、のちには「貧乏すれば猿又一つで平気であり、金があれば誰憚らぬ贅沢を尽した。その貧乏も贅沢も、等しく身について見えて、氷炭相容れぬ双方が一向無理を伴はぬところに北君の面目がある」といい、「常に塵や泥にまみれて居りながら、その本質は微塵も汚されることのない北君の水晶のやうな魂」を認めざるをえなかった。

北は革命を売ったからだめなのではない。彼の一度も売らなかった革命が彼の「大義」であったからだめなのである。「大義」はニヒリズムを要求する。「権略」を要求する。「忍辱の鎧」を着る自己犠牲的な革命の行者は、同時に、人間をいつでも踏みにじる覚悟のある「魔王」でなければならぬ。「大義」としての革命は、かならずこのようなニヒリズムを内包する。この論理の必然のおそろしさを知らぬ戦後進歩主義の極楽とんぼたちだけが、自分はそのわなを抜けられるとおめでたくも過信するのだ。北は「大義」のとらわれびとであった。「順逆不二の法門」は、「大義」の要求する東洋的観念弁証法のいみじき表現である。

大川は白隠和尚の「女郎の誠に卵の四角、三十日三十日の良い月夜」という法歌をひいて、北の「言論文章」はすべてこのたぐいの絶対矛盾の自己同一的論理に立つものだといっている。鋭い指摘であって、これが東洋的観念弁証法としての「順逆不二の法門」の正体である。この弁証法は、戦後の流行イデオロギーがタダモノ論的形式論理に自足しているその分だけ、それに対して優位に立っている。だが、この弁証法が結局だめなのは、世界のつじつまを主観的にあわせる方法にすぎぬからである。それは一切の矛盾をカオスにおいて解消しようとする、観照であり悟りであるにすぎぬ。「順逆不二の法門」とは、あらゆるニヒリズム的権略と革命という大義との自己同一性を論証する弁証法で、そのような弁証法的確信のもちぬしであればこそ、北は、関東大震災のさい救けてやったアナキスト朴烈を、怪写真事件のひとつの駒として扱うことができた。朴烈をこのように扱うことは、彼の意識のなかでは、朴烈の生命を大宇宙的に生かすこととおそらく同義だったのである。

3

朴烈・文子怪写真事件は、要するに、天皇暗殺を計ったとして収監中の両人に、担当検事がさまざまな特別待遇を与え、とくに取調べ室で両人の抱擁を許したというもので、その抱擁写真を検事が朴烈に与え、朴が友人に託して外部にもち出したのが、北一派の手に入ったことから事件化したものである。

北らは、大正十五年七月二十九日付で写真入りの弾劾文書を作製して配布した。その文章は北が書いたものといわれている。北が、これを怪しからぬ出来ごとだと本気で思ったはずはない。彼がこの事件に本腰を入れたのは、若槻憲政会内閣を倒す絶好の手段と感じたからである。怪文書を配布すると同時に、彼は政友会の森恪と小川平吉にこれを倒閣材料として使うよう申入れた。政友会はこれにとびつき、若槻内閣は倒閣寸前にまで追いこまれた。北が憲政会内閣を倒そうとしたのは、もちろんその国際協調の外交方針を、革命的大帝国路線の敵対物とみなしたからである。前記二事件を北が政治事件として扱うのに消極的だったことを考え合わすならば、彼が原則もなくやみくもに怪文書を乱発していたのでないことは、おのずと明らかであろう。

北は八月二十七日、西田とともに宮内省怪文書事件で検事局にひっぱられ、翌昭和二年一、二月頃まで入獄した。出獄の年、北は四十四歳、それまで痩せて病弱だったのが、この入獄を機にふとって丈夫になった。日頃何をたべていたのかと人様に思われてはずかしいと、母のリクがこぼしたそうである。

獄中でいろいろと考えることがあったとみえ、保釈後大川にやさしい手紙を書いている。いわく、「君との友情に阻隔を来せし点は小生一人に十二分の責任あることを想ひ止まず候。仮令五分五分の理屈ありとするも、君は超脱の仙骨、生は辛酸苦楽の巷に世故を経たる老怪者に候へば、君を怒りし如きは以ての外の不行届と恥入りて日を送り候」。もっとも、あんたは世間知らずのお坊ちゃんといわれては、大川も嬉しくはなかったかも知れない。

昭和二年四月に若槻内閣が倒れ、北は森恪から礼金として五万円贈られた。しかし災難はまだ止まず、五月には十五銀行問題の取調べが始まり、八月には予審に付された。このときもふた月ばかり入獄した形跡がある。翌昭和三年一月に予審が終結し、十五銀行事件については免訴、宮内省事件については公判に付すとの決定が下った。宮内省事件について判決がおりたのは昭和五年十月三十日で、北は懲役三カ月執行猶予四年、西田は五カ月の実刑をくらい、豊多摩刑務所で服役した。

北がこのころもっとも精力を傾注した運動は、ロンドン海軍条約反対である。ひごろ外部との交渉は西田にまかせきりで、奥の院に鎮座していたといわれる北が、このときは自ら先頭に立って動いた。統帥権干犯という攻撃手段を案出し、政友会に議会で浜口内閣を攻撃させたのは北であったといわれる。昭和五年四月のことで、このときも森恪と小川平吉が北の政友会工作の窓口であった。北はまた、かねて懇意の海軍中将小笠原長生を通じて、海軍軍令部長加藤寛治、同次長末次信正に会い「最後の方法の処まで話した」という(藤井斉書簡)。北はつねに西田を政治的代理人として表に立てていたといわれるが、このように本筋と信じる政治問題では自ら動いたことを見落してはならない。

北の意図するところは、またもや民政党内閣、とくに幣原外交の打倒であった。彼は昭和三年にもパリ不戦条約問題をとらえて、成立したばかりの浜口内閣にゆさぶりをかけており、朴烈事件以来、民政党に代表される自由主義ブルジョワジーと、その奥にいる牧野伸顕ら重臣ブロックを一貫した主要打撃方向としていたことがわかる。ロンドン海軍条約が問題化する直前の昭和五年一月には、井上蔵相の金解禁政策にストップをかけるため、安田銀行を首にされた重役から聞きこんだ話をもとに、井上と安田銀行の関係を暴露するビラを西田に書かせ、安田銀行に取りつけ騒動を起させようとした。西田はこの一件で警視庁に十日間留置され、北自身も召喚されている。寺田稲次郎によれば、北はこのときも数万円の小切手を銀行側から手に入れたらしい。もっとも、これは当局から没収をくらった。

矢次一夫は、北のこのような民政党攻撃を、「封建的勢力を利用、支援し、資本主義の打倒に向って闘争しようとする」もの、すなわち「資本と封建」への「くさび打ち込み作戦」であり、朴烈・文子怪写真事件も、パリ不戦条約問題も、さらには国体明徴問題も、このような「封建勢力への支援、資本主義政治勢力への攻撃作戦として見るとき、はじめてその意味が理解される」という。このような両虎を分断しあいたたかわせる右翼戦略論は、当時すでに矢次ら国策研究家のあいだでは常識であったらしいが、少なくとも、北を単なる天皇制ファシズムの尖兵とする戦後的理解より説得的な主張であるのは否めない。

しかし問題は、矢次がいうように「護憲三派内閣以後、残燭的存在に過ぎなくなっていた封建諸勢力が、この明徴問題の発展を通じて、いちじるしく守勢から攻勢へ、さらに積極的支配勢力へとのし上ってきたこと」にあった。国体明徴問題が起ったのは昭和十年であるが、北はこのとき、困ったことだと頭を抱えていたといわれる。くさび戦術は両刃の剣だったのである。

このような情況操作的な行為のほかに、革命家北には、本道たる運動構築という任務があったはずだ、というのはふつうの考えである。だがその点では北は西田に一切を任せて、その成果についてもことさらな期待はもたなかったように見える。その理由についてはすでに見たところだが、北は組織づくりには関心がなく、昭和四年に西田が日本国民党結成に動いたときも、まあ、やらせておけといった程度の判断だったかと想像される。ただ、西田を通して獲得されて行く尉官クラスのいわゆる青年将校には、もう少し強い関心を持っていたはずである。

末松太平が大正十四年に北を初訪問したとき、北は「軍人が軍人勅諭を読み誤って、政治に没交渉だったのがかえってよかった。おかげで腐敗した政治に染らなかった。いまの日本を救いうるものは、まだ腐敗していないこの軍人だけです。しかも若いあなたがたです」と語ったという。西田は末松に「北さんは日本の革命はあきらめていたが、君らの出現によって考え直すようになった」と述懐したそうだが、この言葉は吟味される必要があるとはいえ、北にこれら青年将校との出会いによって、彼らを改造運動の前衛とみなすアイデアが生じたのは事実かも知れない。

大正十四年時点では、北と面識のあった青年将校は、大岸頼好、菅波三郎、末松太平などの数名にすぎなかったが、昭和六年の十月事件当時には、大蔵栄一、村中孝次、栗原安秀などを含む一勢力まで成長していた。昭和七年の五・一五事件で西田が反対派から重傷を負わされたとき、見舞いにかけつけた将校は菅波、大蔵、村中、栗原、香田清貞、安藤輝三らであるといわれ、のち二・二六事件の調書では、菅波のほかはこのときはじめて会ったように北は陳述している。このうち大蔵、村中については北は明らかに思いちがいをしているが、のちに二・二六反乱の主力となる村中以下の将校たちと、かたい精神的つながりが生じるようになったのは、なるほどこの最愛の弟子が死に瀕している病床が機縁であったかも知れない。北と西田が、このののち親子のような関係となったのは、両人ともども調書で明言しているところだ。

十月事件や五・一五事件の概要は、ここで説くまでもなかろう。この両事件に西田が青年将校グループをバックにして一定の関与を行なったのは、よく知られているとおりであるが、西田の関与し振りは、前者の場合でも桜会の幕僚と大川周明派の主導する方針に批判的であり、後者の場合は北の指示によって途中で手をひいている。北が西田の関与をさしとめなかったのは、これらのクーデタ計画が成功した場合に、『改造法案』実現の方向に情況を収束せしめる足がかりを残しておくためだったろう。このふたつの事件を主導するグループは、北の綱領を掲げるものではなかった。北の保留は当然で、また人一倍眼の見える彼としては、成功の可能性についても、そう問屋がうまくおろすものではないと感じていたものと思われる。

北はこのころ、日本をめぐる国際環境について、深い憂慮にとりつかれていた。彼は五・一五事件の直前に『対外国策ニ関スル建白書』と題する一文を草し、各方面に配布したが、これはいかにして日米戦争を回避するかという憂慮の念につらぬかれた文書だった。米国と戦うことはかならず第二次世界大戦、すなわち米英露支の四国に対する戦争を戦うことを意味し、即日本の滅亡に帰結する、それゆえに絶対にこれを回避せねばならぬ、というのが彼の議論の大前提である。では、いかにして回避するか。歴代内閣はまさにこれを回避せんがために、軟弱外交をとり続けて来たのである。だがこれは「衰亡政策」である。「日本ハ昭和六年九月十八日ヲ以テ明カニルビコンヲ渡リ候」。衰亡政策はもはや許されない。しかし対米開戦は破滅を意味する。この絶対矛盾を切り抜けるべき上策として北が「建白」するのは、フランスとの同盟なのである。人びとはフランスの突如たる登場に仰天するであろう。北がフランスを思いついたのは、英仏間の関係悪化という情勢をおさえてのことで、日仏同盟によって英国を牽制すれば、英国の助力ぬきの米国は日本に単独開戦するはずがないというのが、北の理屈なのであった。日米開戦はかくして避けられる。また日仏同盟は、支那の反日の根元をなす北方の「ボルセビーキ国家ノ根本的処分」策でもある。なぜなら、革命時莫大な貸金を踏みたおされたフランスは、日本の対露開戦に際して、よろこんで西よりロシアを攻撃するだろうからである。

北はこの同盟策実現のために、本気に平沼騏一郎や池田成彬を説いた。だが昭和十年の建白書の『日米合同対支財団ノ提議』に至ると、フランスの対露接近を理由として日仏同盟案は放棄され、またもや日米合作という『支那革命外史』の提案に逆もどりした。彼の理屈では、これまで日支間に紛争がたえなかったのは、満州という「地雷火」があったからであるが、すでにこの火種は掘り出されて捨てられたのであるから、今後の日支間はこれ以上の進出を日本が控えさえすれば比較的安定すべく、そこに日本が先導して米国資本を支那に導入すれば、三者はめでたしめでたしというのであった。

猫の眼のように変る提案と冷笑したいものは、山ほどいるはずである。だが、北の視座は終始一貫していて、要するに中国問題に起因する対米開戦の危険を、何が何でも避けたい一心が、こういうさまざまな思いつきに彼を赴かせているのである。同盟者の変化は情勢の変化に即応するもので、外交上当然のことだというのが、彼のいい分であろう。このふたつの建白書が悲惨なのは、しかし、そういう彼の高級床屋政談的な思いつきのためではない。彼が憂慮する対米衝突が、彼自身の革命的大帝国主義の実現の結果、少なくとも満州における実現の結果であることが悲惨なのである。彼の憂慮がどのようなところまで深まっていたかは、個人に於ける無反省な自己礼讃がその人の一生を破滅させるように、国家における現実を離れた自己礼讃は怖るべき国難を招く、という彼の言葉が示す。「屈辱外交ノ後ヲ受ケテ勃興セル自主独往ノ精神的自覚」は結構であるが、外交のことに当るものは「常ニ戒慎ヲ忘」れてはならぬと彼はいう。幣原外交を屈辱外交と攻撃するのを権謀として辞さなかった彼は、その本音においてはかくのごとく、対外硬の情動を危険なものとみなすリアリストだったのである。

二・二六事件の調書で彼は、国家改造のためには国際関係を静穏の状態に置かねばならぬといい、さらに、国家改造は維新の場合と同じように、国家が外圧の中で生きのびる方策として実現を見るはずだと述べた。そうしてみれば彼は、米英露という外圧のもとで、米英との関係を好転させた上で国家改造を行ない、改造された国家の充実した国力で、中国との紛争の原因であるロシアを討つという構想だったわけである。彼の夢見る革命的大帝国は南方への野望を捨てて、いまや北半分に縮小されたのであった。

4

北は二・二六調書で、五・一五事件のさい、ロンドン条約の元兇たる牧野に対しては門前から一発の爆弾でごまかし、逆にロンドン条約を葬るべく必死の働きをした西田を襲撃するというような奇怪事を見たので、かつて中国革命において盟友を謀殺された経験もあり、「益々世の中に厭世的の考を懐いて、自分の行くべき途は祈りの途であり、神秘の世界であると信じまして、益々訪客を謝絶して専心信仰の修業を努めて居りました」と語っている。

いささか遁辞の匂いもするが、五・一五以降の北に見るべき動きがないところからしても、私はこの述懐に北の本心に近いものを感じる。法廷ではおなじことを「政治、思想等の運動に専心従事せず、時に応じ政治外交問題に関係せしのみにて」といったふうにいっており、これは事実としては正確な陳述といってよい。

この専心信仰の生活については、私はとくに論じる能力をもたない。だが昭和四年四月二十七日より記載がはじめられた『霊告集』を見れば、その信仰というのも、ことごとく国家の運命に関わっている。いわば彼は神に祈ることによって国難を打開するという姿勢を、この『霊告集』に関するかぎりとりつづけているのである。この姿勢を擬装と断じる人もある。呪術師にまで退化したのだという人もいる。真実はこの場合中間にあるのだろう。北が霊告を信じたその態度は擬装ではありえない。だが、スズ夫人を霊媒としてお告げを受けるだけでは、『改造法案』の実現などおぼつかないのは、彼の知性をもってすれば明白なことである。彼は霊告で革命をやろうと思ったわけではなかった。ただ世の中には霊威というものがあると信じていて、その助けも借ろうとは思っていたのである。この苦手な領域について、私のいえるのはせいぜいそのくらいにすぎない。

『霊告集』は今日、『北日記』と銘打って抜萃が公刊されている。だがこれは日記というものではない。自分や夫人が見た夢と、夫人を通じて受けた霊告と、神社参拝のとき聞いたお告げとを記録したものである。その三種類のどれに属するのかということも、ちゃんと註記してある。北がスズを霊媒として使っていたのは周知のことだろう。北は巫女的な異能をもつスズを大切にして、家庭のことは何もさせなかった。女中もそのために、三人も傭ってあったのである。この『霊告集』なるものはまちがいなく、北が書き残したもっとも馬鹿げた文章である。もっとも、夢を記述した部分はときにはカフカのような凄味があり、ときには詩のように美しい。

この霊告遊びといい、北の晩年にはなにか心気の衰えが感じられる。そういう人生の時期に当っていたのであろう。こういう衰えの時期は思想も志も、いかんともすることができない。もっともこの沈静を、大金が入るようになったせいだろうというものもいる。昭和六年の暮、三井の専務理事有賀長文は、北を初訪問して三万円渡した。池田成彬のドル買いが物議の的となったので、北の輩下に池田を襲わせないように頼んだのである。翌七年、北が日仏親善を説きに来たので、活動費に二万円やった。昭和九年になると有賀は池田に北関係を申し継ぎ、盆暮に一万円ずつ渡すように頼んだ。池田はこれを昭和九、十両年度にわたって実行したが、昭和十年には、国民政府外交部長張群と会うために渡支するということで、さらに一万円ふんだくられた。有賀は北を卓見のもちぬしとして好意的に見ていたが、池田は、北のゆすりかたの巧みさと凄さ、さらには執拗さは常人のものではないとして、はなはだ嫌悪を感じていた。

北は昭和七年から伊香保に別荘をかり、同年十月には自動車を購入し、昭和十年十月には、中野区桃園町の千坪を越そうという大邸宅に移転した。母にも杉並区和泉町に家を買ってやった。昭和六年夏から八年夏までつとめていた女中の話では、書生一人、運転手一人、女中三人をかかえ、月々のものいりは八百円という桁はずれな額で、北自身の小遣いや、西田をはじめとする門下生に与える生活費はこれとはまた別計算だった。三井からの金があればこそ出来た贅沢であるのを見抜くのに、べつに探偵の眼力は要しない。

ただ明白にしておかねばならぬのは、北がこの巨額なつけとどけに対して、何ものも売ってはいないということである。もちろん、反対給付のないお賽銭は世の中にありえない。三井の望む反対給付は、北の輩下から襲撃されぬこと、それに北の影響下にある運動が三井にどういう社会的対応を望んでいるのかを知ること、このふたつだった。北にすれば、これはお安いご用の反対給付というものである。なぜなら第一に、彼は政治権力者へのテロは肯定したが、資本家個人へのテロは否認していた。五・一五のときは西田に、狂人のようにむやみと人を殺す連中とつきあうなとさとしている。第二に、三井が青年将校運動の実力と要求を知って、自発的にその要求に身を屈してくれれば、これは敵陣の無血占領で、改造計画の予行演習みたいなものだった。北は青年将校を三井に売りなどは、一度もしなかった。運動の状況について三井の番頭に教えてやれば、それがいわば三井へのデモンストレーションになるのであった。

そんなうまい話があってたまるかという人には、これは事実そのうまい話なのだといっておこう。ただし、北はもらったお金のお返しはちゃんとしている。二・二六のさい彼は襲撃目標から池田の名前を除いてやった。彼はもともと資本家への個人テロを認めていないのだから、なんとも結構ずくめのバランスシートである。二・二六軍事法廷で、北は「有賀、池田両氏と交際するに及び、我国の資本主義経済機構の改革には、流血の惨事を見ずして出来るとさへ確信を有するに至りました。彼等は必ず自己崩壊を来す時期は近しと感じたからであります」と述べている。日本ブルジョワジーの代表者は、北からかく、その性根の脆弱さを見抜かれていたのである。

北が暮しがゆたかになったので革命へのパトスを失ったのかどうかは、北の著作の示す思想がその程度のレヴェルのものであるかどうか検討して、はじめていえることだ。そういう能力もないものたちのかんぐりが下司に落ちるのは、せんかたもないことである。北が霊告遊びや神社参拝に日を過していたのは、『改造法案』実現の手順について、はっきりしためどをもてなくなったからであろう。民間右翼の能力についてはすでに見限っており、満州事変を起した幕僚系革新運動についても、対外策の面では一定の評価を与えても、彼らに社会革命の指向が乏しいことを見てとっていた。二・二六調書で述べたところでは、「国家改造の第一歩」は自分の『法案』に同意する人物への組閣の「大命降下」だというのだが、そういう人物もまだ見つかってはいない。北は自我狂だから改造内閣の総理には自分を擬していたにちがいない、というのは論者の自我の大きさにあわせた見かたで、北の自尊はそういう天下取りの野望ではなく、自らをその総理に対する思想的導師たりうるとするところにあった。望みを託したかつての皇太子、いまの裕仁天皇が北の『法案』を嘉納するような考えのもちぬしでないことは、すでに歴々であった。北が安藤大尉を通じて秩父宮に接近し、秩父宮が桃園町の北家を訪ねたこともあるというのは、原田政治の証言であるが、だとすれば彼は秩父宮を摂政とする方策すら胸に抱いていたのかも知れない。

ともあれ、こういう北の閉塞した状況のなかで二・二六事件が起った。

周知のようにこれは、蹶起の機をうかがっていた在京皇道派将校が、第一師団の満州派遣というさしせまった状況にせかれて蜂起を決意したもので、北と西田は、万事がすべて決定されたのちに通告を受けたのである。北が計画し指導した反乱でないことは、その後彼が取調べ段階で主張したとおりといってよい。反乱どころか、彼は日中関係調整のため、三月中旬には中国に渡って張群と会う予定だったのである。しかし彼が全く計画にあずからず、示唆も与えていないかといえば、これが微妙なところで、村中から、勝手に兵を動かせば統帥権干犯にならぬかと聞かれ、「大義名分自づと明らかなるは疑無し。他末節に過ぎず」という霊告をスズからひき出して、励ましてやっている。また村中は蹶起趣意書を北宅で浄書しており、これも反乱を容認した行為ととれぬことはない。

しかしこれらは結局、北が死士たちの志を憐れんだ結果ということができる。彼らの重臣ブロック打倒という目標は北から見ても正しかったし、蹶起にかけた熱情はあわれのかぎりであった。そして何よりも、村中、磯部、栗原らは彼の弟子たちであり、彼らが主導する反乱将校団は、現存する諸勢力のなかで北がもっとも信頼できる革命派グループにほかならなかった。彼らの蹶起計画は彼の眼から見れば、さまざまな難点があって、中止するのが上策であったが、それを制止できぬ以上、成功を祈るのは師として当然のことである。あとでは彼は「心から目的の成就を祈つて居りました」と、はっきり取調べ官に語っている。

だが一歩突っこんでいえば、彼には、ひょっとすればこの反乱が成功するのではという期待もあったのにちがいない。二十六日当日、訪問した中野署特高主任に「本日の事件は、出動した軍隊により事実上の戒厳令が布かれて居るのである。之に対抗する軍隊はない」と語ったのは、初期情況の有利な展開を見て希望を抱いたものととれる。ところが同日夜、西田から、真崎・荒木をはじめとする皇道派の将軍・幕僚と事前の了解は何もとりつけていないと聞き、心中しまったと思った。成功に期待をかけていたからこそ、しまったと思ったのである。

二十七日からは、軍上層部の了解もとりつけていないこの失敗必至の反乱を、何とか無惨な結果から救おうとして動き始めた。「此儘にして置けば行動隊を見殺しにする丈けである。時局を収拾する事が何より急務である、随つて時局収拾は青年将校を有利に保護するものの内閣でなければならぬ」と考えたのである。二十六日の軍事参議官との会合で、反乱将校側が台湾軍司令官の柳川を後継総理に希望したと聞き、栗原に電話を入れて、真崎の線で収拾を計れと助言した。台湾から柳川を呼んでいたのでは間に合わぬと読んだのである。夜、ひそかに占領陣地を抜けて村中が北宅を訪れたので、この点を村中に再度念をおした。また、第三者の海軍を動かして妥結の機運を導くため、加藤寛治の力をかり伏見宮軍令部長に働きかけた。さらに二十八日には、栗原、村中に一度蹶起した以上目的を貫徹せよ、自決は最後の問題だ、君たちが死ねば自分たちも生きては居られぬと電話で申し伝えた。これらの行為はのちにすべて反乱指導ととられたが、彼は「真崎内閣であろうと柳川内閣であらうと、其の内閣によつて私の国家改造案の根本原則が実現されるであらうなどと夢想しては居りません」といいきり、真崎に任せよと勧告したのは、真崎なら反乱将校をむざむざ殺させることはあるまいと考えたからだと、明快な陳述を行なっている。

北は二十八日の夕刻、憲兵隊に逮捕された。留置場では、隣房にいた矢次一夫に、「もしも私が指導していたら、こんなへまなことはやらぬよ。真っ先に宮城の諸門を封鎖して天皇を擁し、大権発動を断行しているさ」といい放ち、矢次がそれでも今度の事件の中心人物はみな『改造法案』の影響を受けた青年将校なので、もし直接指導しなくとも迷惑は免れないのではと反問すると、「僕はね、私学校生徒にかつがれて城山で野垂れ死をし、あげくの果てに、上野の森で乞食の親分のような恰好で立たされている西郷のような馬鹿ではない」と答えて毅然としていた。すなわち彼はこの拙劣な反乱と断じて心中はせぬつもりだったのである。取調べ段階でもはじめは、あたうかぎり言質を与えず、免れようとする態度が露骨だった。

だが七月十二日、民間人被告の審理の関係で刑の執行を延期された村中・磯部をのぞく反乱将校が銃殺に処せられたのちは、この一件から免れることはできぬ、いや免れてはならぬという肚がすわった。「私は日本国家改造法案大綱に依り国家改造せしむべく青年将校を指導したることなし」という主張を、彼は一度もとりさげはしなかったし、反乱将校の目的が『改造法案』の実現にあるという認定も本心から認めたわけではなかった。なぜなら、それはみな事実であったからである。だが十月五日の第四回公判に至って、『改造法案』を国体と相容れぬ不逞思想であるとする法務官に、約二十分抗論したのち、彼はついに「法務官殿は何処に陥入れるかと云ふことが知れました今日、尚今迄極刑にされますことを覚悟しました以上」、『法案』が憲法を否認する「矯激な思想」であることを承認すると居直り、反乱将校の意図が『法案』の実現にあるという点についても、「青年将校を見殺しにすることが出来ません故、承認致します」と答えた。

のち刑死直前に、北は眸吉に対して「私はこの事件には何らの関係はないが、これ〔死刑〕は私の思想の抹殺の為に行われたものだ。だが、私の書物を愛読していた幾人かの青年将校を死へ追いやっているので、私は責任を問われれば責任は負う。例え、僕が無罪放免になっても、他の諸君の後を追って自殺する」と語ったという。これは彼の心境をよく尽した言葉であろう。死刑求刑が行われたのは十月二十二日で、このとき北は裁判長に向い「青年将校等既に刑を受けて居ります事故、私が三年、五年と今の苦痛を味ふことは出来ません。総てを運命と感じて居ります。私と西田に対しては情状酌量せられまして、何卒求刑の儘たる死刑を判決せられん事を御願ひ申上ます」と述べ、ただ『改造法案』が不逞思想であるという点と、自分たちが今次反乱を計画指導したという点だけは判決から除くことを望んだ。彼が『法案』を不逞思想と認定されるのにこのように強くこだわったのは、「天皇を擁し、大権を発動」する北の革命にひそむ不敬性をあばかれては、死後『法案』の実現する日は到来しないという判断によるものと考えられる。彼は、自分たちや反乱将校の死を、『法案』実現の人柱と考えていた。

「私は日本は結局改造法案の根本原則を実現するに到るものであることを確信して如何なる失望落胆の時も、此確信を以て今日迄生き来て居りました」。これは北が警視庁で取調べ官に述べた言葉である。しかしその実現のためには、「改造の道程を塞」ぐ「障害的勢力を打破して、目的を遂行する事」が必要である。ところがこの点では彼は、「今日迄私自身は無力にして未だ斯る場合に直面しなかつた」といっている。この言葉は、「実現の行程はなか〳〵人間の智見を以ては予め予測する事は出来」ず、「総て運命の致す処と考へるより外何等具体的に私としては計画を持つては」いないという、例の天則まかせの機会主義的思考のしからしむるところといってよい。それが彼の革命家としての、一種のイムポテンツをあらわす特徴でもあることはすでに触れておいた。

だが彼は取調べ官に対して、改造のために打倒すべき政治勢力は「牧野を中心として結成された」重臣ブロックであると明言し、しかも今次反乱は国民の呪詛の的である重臣ブロック打倒を第一目標とするもので、たんに一部の青年将校の思想に起因するのではなく、「日本全国からの生活苦に悩んで居る壮丁」によって編成された兵卒たちと、彼ら青年将校との「涙の結合」「血の約束」が、ついに「火の爆発」を見たものであると主張していた。だとすれば、彼が今次反乱と『改造法案』の実現とは別ものだとしばしば言明したのは遁辞というもので、その本質からすれば、これはまさに彼が陣頭に立ってみずから指導すべき反乱なのであった。彼は命を惜しんだのであろうか。

彼が命を惜しむ人物でなかったことはあきらかである。彼が将校たちとともに立たなかった理由は、ふたつ考えられる。ひとつは彼と、反乱実行者たちの関係の間接性である。彼は革命組織の育成については関知せず、すべてを西田に任せた。反乱将校の中心部分はあきらかに『改造法案』の信奉者であり、磯部のごときはその一点一劃の修正も許さずとする信徒であったが、彼らと北のあいだには、教義について薫陶を受け、革命の方途についてともに攻究するような関係はなかった。ある教義を生み出し、その解釈は信徒の自由に任して超然たる教祖が、その教義の実行と称するものに責任を感じないのは、およそ当然なことかも知れない。すなわち北はその教祖的位相から、反乱の指導者となることはできなかったのである。

しかし、仮に北がともに反乱に立ち、しかもその反乱が成功したとしても、そのとき北はある重大な当惑に突き当らずにすんだだろうか。これが北が反乱に立てなかった理由の第二である。すなわち北の天皇観と反乱将校たちのそれは、いつかかならず対立を見たにちがいない。渋川善助はあるとき、末松太平に次のように語ったという。「実は北さんの『国体論及び純正社会主義』が、天皇機関説なんだ。それでおれは北さんにただしてみた。が、北さんは、あれは書生っぽのとき書いたものだから、というだけで、てんでとりあわないんだ」。北の天皇観の秘義を解するものは、反乱将校のなかに誰ひとりいなかった。もっともラディカルな磯部といえども、秘義への関頭に立ちえたのは、獄中の苦悶を経たのちにすぎなかった。北が反乱将校をひきいて立ったとしても、宮門を鎖して天皇を擁する瞬間、彼らのしりごみと背反に出会わねばならなかったろう。周知のように、天皇ははじめから反乱者に激しい憎悪を示し、終始一貫、動揺する周囲を叱咤して、弾圧へと局面をリードしつづけたのである。この天皇には幽閉をもってするしか、手段はない。それは反乱将校の断じてとりうる手段ではなかった。

かくして、「無力にして未だ直面しなかつた」千載一遇の機会を、北はものにしそこねた。これは戦前において可能だった革命の唯一のチャンスだったが、北はその思想的行程から必然的に導かれる絶対的不能性のために、この機会を生かしえなかったのである。

北と西田に死刑の判決を下すことには、法廷内部にも異論があった。そのために判決は昭和十二年八月十四日まで、のびにのびた。獄中での北の態度が悠々自若たるものであったことは、多くの証言によって知られている。同囚の島野三郎は、看守の計らいで北と通信を交わすことができたが、北からの通信のほとんどは哲学上の質問であった。島野によれば、北は日頃ベルグソン、カント、キルケゴールらの哲学書を愛読し、大正九年に知り合って以来、島野はつねに哲学に関する質疑に答える役目を果して来たという。北のこれまで知られていなかった一面である。

軍事法廷の一員吉田悳の手記によれば、死刑判決後「西田氏は裁判官に対し何事か発言せんとする様子に見受けられたが、北氏は穏かに之を制し」て退廷したという。兄は悠然というよりむしろ冷然と死を迎えた、というのは昤吉の評である。死刑執行は八月十九日であった。西田が天皇陛下万歳を三唱しましょうかと問うたのに、それには及ぶまいと答えたのは有名なエピソードである。享年五十四、彼はついに城山の西郷のごとく死に就いたといえよう。

死刑執行前、八月十六日から十八日にかけて、家族友人が北と面会した。彼の愛はとくに大輝の上にあり、彼に向って「お前ほど不幸なものはない」といって泣いた。スズは結婚後、北が泣くのを初めて見たという。彼はスズに「言っちゃおうか」と二度問いかけたが、スズが掌を合わせて頭を振ったので、口をつぐんだ。もちろん、大輝の出生の秘密を明かそうとしたものである。大輝はこれがきっかけで、その秘密を知るに至ったといわれる。

大輝は大変かわいい少年であったが、長ずるに従って素行上に問題が生じ、のちには見るからにいやな感じの青年になったそうだ。日本敗戦の直後、上海で客死した。麻雀が上手で、西田が「血だね」といってぺろっと舌を出したという話もあるが、北は彼を「若様」などと女中に呼ばせたといい、複雑な出生とあわせて、この北の盲愛ぶりが大輝の人柄をそこねたともいえるかも知れない。彼はこのとき大輝に、「大輝は若いから、まだ麻雀にも舞踏場にも行きたかろう。お父さんはこれから霊界で自由の身になるのだから、これからどこにでもおまえといっしょに行くよ」と語ったという。彼が大輝に法華経を遺し、その裏に「父ハ只此ノ法華経ヲノミ汝ニ残ス。父ノ想ヒ出サルル時、父ノ恋シキ時、汝ノ行路ニ於テ悲シキ時、迷ヘル時、怨ミ怒リ悩ム時、又楽シキ嬉シキ時、此ノ経典ヲ前ニシテ南無妙法蓮華経ト唱ヘ念ゼヨ。然ラバ神霊ノ父一直ニ汝ノ為メニ諸神諸仏ニ祈願シテ汝ノ求ムル所ヲ満足セシムベシ」と書いたのは、人のよく知るところである。

母とは死刑前日に会った。北は会うのをつらがったというが、この母は「男は生きている間好きなことをやって死ぬのが一番幸せだ。お父さんも好きな酒をさんざん飲んで、五十歳で死んで行った。お前も自分の好きなことをして死んで行くのだから幸せだ」という言葉を贈った。北は莞爾たる思いにつつまれたにちがいない。

妻スズは北について、次のような言葉を書き残している。「彼は結局、革命家でもなければ政治家でもない。学者でももちろんない。自分自身の生涯を一枚の絵のように綺麗に画きあげようと努力した芸術家ではなかったでしょうか」。さらにまた島野三郎によれば、北は次のようにおのれを自釈したという。「おれはゲーテなんだ。おれの学問には体系はない。おれは窮屈なシステムなんか持っていない。しかしあらゆることに共鳴する豊かな感情を持っている」。さすがに、おのれを知る言葉というべきである。

北一輝年譜

西暦	年号	年齢	
一八八三	明治一六	〇	四月三日佐渡郡湊町に生る。輝次と名づけらる。酒造家北慶太郎の長男。母はリク。姉に四歳上のイチ。二年後に弟昤吉、四年後に弟晶出生。
一八八八	二一	五	湊小学校入学。
一八九一	二四	八	眼病のため一年余り休学。
一八九三	二六	一〇	加茂高等小学校入学。若林玄益について漢学を学ぶ。
一八九七	三〇	一四	佐渡中学校入学。
一八九八	三一	一五	『彦成王ノ墓ヲ訪フ記』を書く。十月、選抜試験により三年に進級。
一八九九	三二	一六	一月ごろ眼病のため新潟の病院に入院、帝大病院に移り、夏まで東京滞在、二学期より復学。
一九〇〇	三三	一七	四月、落第し四年にとどまる。十一月、退学届提出。
一九〇一	三四	一八	眼病のため新潟の病院に入院（前年よりひきつづきか）。『明

			星』に投稿。この年出京。
一九〇二	三五	一九	夏、帰郷、『佐渡新聞』に執筆を開始。
一九〇三	三六	二〇	五月、父死す。『佐渡新聞』に論説を続々発表、うち『国民対皇室の歴史的観察』、不敬問題を惹起し連載中止。
一九〇四	三七	二一	夏、出京。佐渡紙に詩三篇を発表。
一九〇五	三八	二二	十月、祖母ロクの死にあたり帰島、年末東京へ帰る。
一九〇六	三九	二三	五月『国体論及び純正社会主義』出版、発禁に処せらる。十一月、革命評論社に入り、十二月、中国同盟会の集会で演説。
一九〇七	四〇	二四	中国同盟会内の反孫の動向に加担。宋教仁との親交始まる。
一九〇八	四一	二五	夏より黒沢家に寄留。
一九一一	四四	二八	黒龍会『時事月函』編集にたずさわる。七月、中部同盟会成立。武漢革命の報を聞き、十月末上海へ渡り、武漢、南京の死地に出入。年末、間淵スズと同棲。
一九一三	大正二	三〇	三月、宋教仁暗殺され、四月、三年間の退清命令を受け帰国。
一九一五	四	三二	十一月『支那革命外史』起筆、十二月、前編配布。
一九一六	五	三三	一月、一輝と号し法華経信仰に入る。五月『外史』稿了。六月、上海へわたる。年末、譚瀛生をひきとり大輝と名づく。
一九一九	八	三六	六月、断食を始め、八月『国家改造案原理大綱』を執筆、同月、

			大川周明と会見。年末帰国。
一九二〇	九	三七	一月、東京牛込の猶存社に入る。三月皇太子に法華経献上。暮、千駄谷に移転、宮中某重大事件に介入。
一九二一	一〇	三八	八月『支那革命外史』序文を書き、十一月大鐙閣より出版。九月、朝日平吾、安田善次郎を刺殺、血染めの衣を贈らる。
一九二三	一二	四〇	五月『ヨッフェ君に訓ふる公開状』を頒布、猶存社を解散。五月『日本改造法案大綱』を改造社より出版。
一九二五	一四	四二	十一月、西田税、大川一派と絶縁、北直系の弟子となる。十二月、十五銀行怪文書事件起る。
一九二六	昭和元	四三	一月、十五銀行より五万円受けとる。五月西田税、『日本改造法案大綱』発行。同月宮内省怪文書事件起る。七月、朴烈・文子怪写真事件。八月、入獄。
一九二七	二	四四	二月ごろ出獄。
一九二八	三	四五	宮内省事件・十五銀行事件により公判に付さる。八月、パリ不戦条約問題で動く。
一九二九	四	四六	四月『霊告集』の記載始まる。
一九三〇	五	四七	一月、安田銀行を脅迫。四月、ロンドン海軍条約問題で、浜口内閣攻撃に動く。十月、前記二事件につき執行猶予の判決。

一九三一	六	四八	年末、三井の有賀長文より三万円贈らる。
一九三二	七	四九	四月『対外国策ニ関スル建白書』。五・一五事件で西田、狙撃されて重傷。これを機に青年将校との接触深まる。
一九三四	九	五一	夏、初恋の人テルを訪問。三井より盆暮、各一万の手当を受く。
一九三五	一〇	五二	六月『日米合同対支財団ノ提議』。十月、中野区桃園町に豪宅を構う。
一九三六	一一	五三	二月二十八日、検挙さる。
一九三七	一二	五四	八月十四日死刑判決。同十九日、銃殺。

あとがき

この本を書きあげたいま、なによりも、宿題を終えたという安堵感が強い。三年まえ、私は『北一輝問題』という文章を書いたが、北を十分論じ尽せなかった気がかりが、それからずっと尾を曳いていた。いまは、彼についてはすべて論じ尽したという思いがある。北については、すでに多くの本が書かれているが、屋上屋を架したつもりは私にはない。そのどれかに私がある程度でも満足していたのなら、この本が書かれる必要はなかった。

北のテクストを読みとくのはスリリングな作業であり、そのレヴェルでいえば、読み返すごとに発見があった。だが、彼の書いたことから、今日の私が、ほんとうの意味で啓発的なものを受けとるということがなかったのは、わびしいことだった。私は力業をしたつもりでいるが、その力業には、自分にすでにわかっていることを書いたという、徒労感のようなものもつきまとっている。ただ私は、日本の近代精神史についてもっていた日頃のアイデアを、この本のなかで、多少はっきりさせ発展させることができたかも知れない。

北からの引用文は、読みやすくするために、自由に読点をふやした。また一部省略しながら、それと断っていないところもある。引用中〔 〕内の語句は、文意を明らかにするために筆者が補ったものである。

この仕事を仕上げるについては、担当編集者赤藤了勇氏の献身的な奉仕を受けた。記して、感謝の意を表したい。〆切り日につきたびたび違約して、氏を窮地に追いこんだこと、申訳もない次第だった。ただ考えてみれば、私は準備期間は措くとして、この本の執筆には九カ月あまりしかかけておらず、そんなに怠惰であったわけでもなかった。

世のなかには、わけもわからぬくせに、遮二無二北に敵意を燃さねばおれぬような人間が多い。そういう連中に対する嫌悪も、私にこの本を書かせた動力のひとつだった。

一九七八年九月

著者

文庫版あとがき

この本は一九七八年に『朝日評伝選』の一冊として刊行され、その後『朝日選書』に収められた。私の本としてはかなりの部数が出廻ったわけで、まさか文庫になろうとは思ってもいなかった。意外でもあり、ありがたいことでもある。

この本を仕上げたあと、二・二六事件について試論も書いたし、昭和前期の騒乱を自分なりに描き直してみたい気持ちはもとよりあった。だが、関心がいろんな方向へ逸れていって、この本、あるいはその前後に出した『評伝宮崎滔天』や『日本コミューン主義の系譜』で提出しておいた。日本近代のはらむ逆説に関する仮説を、きちんとしたものに仕上げることはとうとうできず仕舞いに終った。

心残りはある。しかし久しぶりにこの本を読み返してみて、もし北一輝もそのひとりに含まれる昭和前期の思想家の群像をいま描くとすれば、その光源と視角は三十年前とはかなり異なったものにならざるをえないことを悟った。むろん、それは私の北一輝理解が変ったということではない。北に関して私は言うべきことはみな言っていて、三十年前の自分の頭を「おまえはよくやったよね」と撫でてやりたいくらいだ。だが、それは終った仕事である。自分が描いた北の像について、私は一点の修正の必要も認めない。ただ、私自身の課題がそういう北の像を遠く置きざりにせざるをえなかったというだけである。

今は亡き葦書房の社主久本三多君は、私をひいきにして売れぬ本を何冊も出してくれたが、ある日「あなたの本のなかでは『北一輝』が一番好きだ」と言ってくれた。この言葉でこの本に関する私の労役はすべてむくわれたのである。

二〇〇六年十一月

著者識

解説

臼井隆一郎

I

どの国にも国民の心をときめかせる叛乱の神話的光景がある。日本には、赤穂浪士ともう一つ、白く雪化粧した首都中枢を制圧した叛乱兵士の立ち並ぶ光景がある。日本近代史においてただ一度だけ、革命の可能性が、低く垂れ籠める雪雲のように地上に近づいた例外的状況である。それはまた、日本の真の主権者が誰であるかを露わにした瞬間であった。「主権者とは例外状況において決定を下す者である」（カール・シュミット）。戒厳令を布き、鎮圧を決定したのは昭和天皇であった。青年将校たちの「恋闕の情」と叶わぬ恋情。天皇制日本の心理深層に棲み着いた愛憎共存の原風景と見える。

北一輝を天皇制から切り離して考えることは難しい。天皇制軍国ファシストという分類が、北の「其の頭蓋骨を横ざまに万世一系の一語に撃たれて悉く白痴となつた」明治の国体論の批判を知れば不当であることはすぐに分かるとしても、「天皇絶対制という、一切の日本の束縛を逆手にとって軍事革命を起こそうとし、その同じ天皇によって殺害された北一輝」(高橋和巳)という理解は依然、逃れ難い。

しかし、北一輝をつねに二・二六の舞台背景の前に立たせて考えることには注意が必要ではないだろうか。刑死した叛徒以外の北一輝が考えられなくなってしまう。むしろ北一輝にはもっと違う尺度が必要なのではないだろうか。渡辺京二はこう言う。

われわれが、個―共同体―国家―世界という、日本の近代政治史を貫通する問題連関、今日なお十分に解かれきってはいない難問について、たんなる文献学的関心ではなく、生きているがゆえに思考せざるをえない人間として関心を寄せるとき、明治・大正・昭和の三代にわたる厖大な政治思想的著作のうち、精魂をこめてとりくむに値するものはそんなに多くはない。北のこの著作はそういう数少ないもののひとつで、彼がこの国の近代思想史上もっとも重要な人物のひとりであるのは、ただこの本の著者であるためである。私の考えでは『国体論及び純正社会主義』は思想家北のすべてである。

(本書一〇五頁)

渡辺京二の見る北一輝とは、アジア的国家という伝統を人類史の普遍的課題と結びつけようとして格闘し、西郷隆盛を原点とする「日本的コミューン主義の系列に属する思想家」（本書一一三頁）として第二維新革命という問題に対し、「もっとも近代的、かつもっともよくできた解を提出した」（本書一一三頁）思想家である。北一輝はマルクスの思想を「資本は掠奪の蓄積である」（北一輝『国体論及び純正社会主義』）として受け継ぐが、明治維新と『資本論』の時代的符合は、「日本コミューン主義」の原点との関連で、留意する必要がある。マルクスの『資本論』が出版されたのは明治維新の前年である。『資本論』という「芸術作品」（マルクス）が描き出している「資本」は、資本主義商品交換社会で商品から貨幣へ、そして貨幣から資本へと「輪廻転生」を繰り返しながら、そして世界市場と植民地支配の中で「すべての毛穴から血と汚物を滴らせながら生まれた怪物」である。日本の幕末・明治という時代は、まさにこの怪物が最終的な怪物に完全変態するために、グローバルな世界市場という巣作りを完了させ、「地球を独占し」、地球を「私有する」に至った時点なのである。『資本論』の一節でマルクスは日本について触れている。

ヨーロッパによって強制された外国貿易が日本で現物地代から貨幣地代への転化を伴うならば、日本の模範的な農業もそれでおしまいである。この農業の窮屈な経済的存立条件は解消するであろう。

マルクスが提示する資本主義の世界はすべてが転倒する「逆立ちした世界」である。社会の富は昔から自然（大地、土地）と人間の労働に由来するものであった。しかし、工業と農業の大規模化を伴いながら資本主義経済が貫徹されれば、自然も、人間の労働も、資本の胎内を通過してしか実現しないものとなる。とくに「現物地代の貨幣地代への転化」は諸国民の生命力の最後の備蓄場である農業を疲弊させ、「人を土地に結びつける心情的紐帯」を解消し、「封建的な領主と家臣の絆」ばかりか「人間生活の源基的な家族紐帯」を引き裂き——北一輝の言葉で言えば、「父子相見えず兄弟妻子離散す」——ついには「いっさいの富のほとばしり出る源泉である大地と労働を掘り崩す」。

幕末の攘夷運動がある時期から欧米の、とはつまり資本主義生産様式の、圧倒的優位を認めて以降、日本は、資本主義的近代化にこぞって邁進したとしか見えない。岩倉特命使節団、版籍奉還、地租改正という、日本の近代化の中で、この資本主義的生産様式の土着化に抵抗する動きは皆無だったのだろうか、と考えてすぐに思い浮かぶのは西南戦争である。西南戦争とは何だったのか。西郷隆盛とは。

はるか彼方を眺むれば
十七・八の娘御が
両手に花もち線香もち

明治十年戦役に
うち死になされしお父様
西郷の娘でございます

恥ずかしながら、わたしは西郷隆盛に関して小学校の時分、お手玉をしながら覚えた歌と修学旅行で見た上野の銅像の西郷サン以上のことはろくに知らなかった。早速、図書館から借り出した『日本の国士』に収められていた「死者の国からの革命家」という西郷隆盛論が、はじめて読んだ「渡辺京二」であった。目を開かれる思いであった。古い権益に固執する封建不平士族の叛乱とばかり思い込んでいた西南戦争は、「商法支配所」と化した東京政府に抗して、西郷を押し立てた農民と兵士のコミューン叛乱の様相を呈していた。続けて『評伝宮崎滔天』、『神風連の乱とその時代』、『日本コミューン主義の系譜』と読み進めるうち、ふと気がつけば筆者は、渡辺京二の多年にわたる力業の連続技というべき「日本の逆説史観」を辿っていたのである。そのクライマックスが本書『北一輝』であるのは言うまでもない。

II

西南戦争や資本による大地と労働の死などと話を進めると、石牟礼道子の『西南役伝説』や『苦海浄土』を連想する。『苦海浄土』は周知の通り、渡辺京二編集の「熊本風土記」に一九六五年より連載された。そして、事柄の順序に応じて「水俣病を告発する会」の渡辺京二は、などと書きたくなるのであるが、さすがにためらいが生じる。御自身がこう書いておられるからである。

私は当初から「水俣病闘争」にはけっして表現者としてはかかわるまいという決心を持っていた。「水俣病闘争」という現実的政治的な運動において、私は単純素朴な運動者として一貫すれば十分である。運動者は運動の中で理論的な文書やアジビラを書く必要には迫られても、運動についてレトリカルな広報文や、とりとめない文明論ふうのエッセイや、ルポルタージュまがいの感傷的な美文をジャーナリズムに書き散らす必要は感じない。「運動」を飯のたねにしている文筆の徒に災いあれ。

(「現実と幻のはざまで」石牟礼道子編『水俣病闘争　わが死民』所収)

氏を「公害名士」に仕立てるつもりはない。しかし、この側面は氏と氏の『北一輝』を考える上で欠かすことができないと思う。渡辺京二という書き手を理解する上で非常に特徴的な文章に「小さきものの死」という短文がある。京都生まれの氏は活動弁士を父とする家族とともに大連に赴き、戦後大連から帰って熊本に落ち着かれた。旧制高校が新制大学に変わるあの時期、氏は昭和二十三年春、最後の五高生として旧制五高（熊本大学）に入学したものの最初の夏休みに喀血して休学、翌年結核療養所に入り、その後、長期の入院生活をされている。手術を終えたばかりのある夜、どこからともなく泣き声が聞こえる。

しかし、それはその後でも私が繰り返し疑ったようにいかにも笑い声に似ており、世の中にそのような奇妙な泣き声のあることを、その時私は初めて知らされる思いをした。それは長く続き、私がおそい眠りに就くまで続いた。その声には確実に私を脅かすなにものかがあった。このように女が泣く。しかしまだ一年に満たぬ療養所暮しの見聞によっても、私は患者が病苦の故にはそのように泣かぬのを知っていたので、自然私の想像に導き出されるのは男女の愛憎に関する葛藤であった。

翌朝、私は事実を知った。昨日天草の一農村から極度に衰弱した母娘がこの療養所に送りこまれた。付添ってきた父親はそのまま送ってきた車で立ち去った。母娘は二人部屋に入れられたが、夜に入って母娘の容態が悪化した。そして娘が泣き始めた。どちらが先に死んだのか。もう私は憶えていない。とにかく明け方までに二人とも死んだ。

この話を看護婦の抑制の利いた口ぶりで聞かされた時、私は鮮やかにひとつの光景を見た。死にかけている母親の痩せた腕が機械じかけのように娘の体をさすっている光景を。そしてこの母親は娘もまたすぐに死ぬであろうことを確実に知っている。この光景が与えた衝撃――いやそれはもっと鈍い、浸みこむような感じのものだったが――は実に奇妙で、今でも私は忘れられない。それは何ともいえぬいやな感じだった。（中略）

あの冬の夜の母娘のように死にたくはない。その思いは、今私が怠惰な自己を鞭うって何がしかの文章を書き連ねることの底にもつながっている。

（「小さきものの死」『渡辺京二評論集成II』所収）

渡辺京二は別の箇所（「歴史と日常」）でこの母娘の死にもう一度触れ、この母娘の死が引き起こした「何ともいえぬいやな感じ」を「何に向けて怒ればよいのかわからない不条理、神に祈るほかないようないやな感じ」と言い換え、「人間がその人間的原理の中に絶対とりこめない死、人間的思考の体系で了解することのできない死」を契機として、「無名の死」の上に「超越者」のように君臨する歴史に対する「深い疑惑」をもつに至ったことを記している。

渡辺京二という書き手の基盤をなしているのは、こうした「小さきものの死」に向けられた目であり、耳であり、手ざわりであるように思われる。ヒューマンな、と言うだけでは足りない、いわばすでに超越的に決定された救済か否かの微細なしるしを探し求めるピューリタンを思わせるような、しかし超越的に振る舞う歴史に対して深い疑惑を突きつけながら歴史の細部の「小さきものの死」を見つめるまなざしとでも言えるだろうか。それは時として、氏の言説を、単に、物事の見方にはいつでも別の観点があるのだといった次元とは違うイロニー、いわば、「小さきものの死」を囲繞する不条理な歴史に目を凝らしながら、極小の世界に焦点を合わせて待ち受けたレンズに、例えば政治や社会制度といったけたの違うサイズの巨大なものがヌッと映り続けると奇妙な違和感が醸し出されるといったアイロニカルな効果が現れる。例えば氏は、北一輝を日本コミューン主義の系譜の中でただひとり高度な理論化を達成した人間として評価し続けながらなお、「彼の思索は生涯ついに、この政治的大義という一点を離れることがなかった。これが、近代日本の生んだ屈指の政治思想家であることがあきらかな彼の、とどの詰まりのつまらなさというものであった」（本書九七頁）と言い切る。小さきものに焦点を合わせて緊張する氏のまなざしにとって、北一輝もまた時としてあまりに粗大、あまりにナイーブに感受されるのである。

III

明治維新を既に社会主義革命と見なし、明治政体のような、経済的諸侯を戴いた近代民主主義社会をおよそ通過する必要のないものとして拒否し、西郷の「農耕に従事する屯田兵的兵士コミューンと、薩摩に遺存するような土地共有制の上に成りたつ農民コミューンとが結合された、生産性は低いが道義的な国家」(本書一六九頁)の理想を引き継いで、直接「社会的共同性の貫徹するコミューン社会」(本書一六八頁)の実現を図る第二維新革命という思考は、「近世村落共同体からいきなり資本制市民社会のただなかに引き出されたわが国の基層民の、市民社会的論理に対する恐怖と嫌悪」(本書一六七頁)に共鳴・共振する関係にある。むろん、「直訳型」の社会主義的近代推進者たちは「資本の文明化作用」に訴え、近代的個我の確立と個人の人権を民主主義の目標に据えるのであろうが、『資本論』に描かれた「資本」は、とりわけベルリンの壁の倒壊の後、一切の障害物を一掃したグローバル資本主義の国際新自由競争の美名の下で、地球を独占・私有する怪物的な「資本」となって、個人が確立されるよりも前に、前述したような「大地と労働の掘り崩し」を完了しかねない勢いである。掘り崩されているのは、「諸国民の生命力の備蓄を貯蔵する農業」ばかりではない。家族的紐帯も、伝統も、ナショナルな情緒を保証する思想的物理的風土全般も掘り崩されている。封建的遺制だからいいのだとばかりは言えない。むしろ、近代の政治制度を支えていたさまざまな太古的概念の信頼性が揺るがされているのではないだろうか。貧富の格差の増大に対して、政治家たる者「寡《すく》なきを患《うれ》へずして、均《ひと》しからざるを患ふ」(孔子)ではなかったのか。人の上に立つ者たる者「何ぞ利を必ずしも曰はん。亦仁義あるのみ」（孟子）ではなかったのか。

北一輝は古代ギリシアの社会民主主義としてプラトンの『国家』を称揚している。ギリシアの都市国家でわたしにとっても理想的なものと思えるのは、その独特な多数者原理である。原初の共同体は単に生者からだけで構成されているのではない。これから生まれてくる者も、そしてなによりもすでに死んだ多くの者たちもまたその構成員なのである。ギリシア語で死者のことを多数者（*οἱ πλέονες* ヨリ多キ者タチ）と呼ぶことがある。「多数者のところに行く」とは死んでこの世を去ることであった。メガラの市民が市政の重要な決定を下すことになり、デルフォイに伺いを立てたとき、託宣は「多数者」と相談するようにと出た。市民はそれが「死者」を意味していると考え、市庁舎の真ん中に墓を立てたと伝えられる。死者とは「より多くの者たち」である。そして、人の現世の命はたちまちのうちに過ぎ、死者は増える一方なのだから、死者とはつねに絶対的な「多数者」である。『国家』のプラトンが、哲学とは死を学ぶことであるというのは、死者のように「全時間と全存在を観想するほどの精神、そのような人が、この人の世の生を何か重大なものとみなすということ」はありえないからであり、そのような哲学者こそ国家の指導者にふさわしいからである。

あゝ国家主義を厳粛なるプラトーの意義に於いて主張せよ。而して経済的君主等の掠奪より手段として取扱はれつゝある国家主義を救ひ出せよ。（北一輝『国体論及び純正社会主義』）

しかし、プラトンにせよ、北一輝にせよ、その気宇壮大に天下国家を論じる様は、つい渡辺京二のいう「とどの詰まりのつまらなさ」を連想してしまう。渡辺京二を通して北一輝を読むことから得られる日本的コミューンの理想型はおそらく、小さな死を死んだ死者の一人一人が「死民」として参政権を有する多数決原理のコミューンである。

しかし、それが最終的な理想であると言い切るには、ひとつだけためらわれる問題がある。死者の魂を現実政治に招き寄せ、管理することこそ、共同体国家の果たすまつりごとのそもそも第一の案件ではないのか。墓がその周りに人々の集う共同体の核ともいうべき制度であるとしても、それはまた生まれを同じくする人々が集い、和み合う場でもあると同時に、異なる民族共同体同士の間ではさまざまに異なる民族精神が互いに軋轢を生み出す源泉でもある。渡辺京二は本書を佐渡訪問から始めている。北一輝の生地と墓地を訪ねたのだ。伝記的体裁を整えようとしているのだろうか。らしくない、と思いながら読み進めると、渡辺京二はこう記している。

つまり北一輝のために立てられた墓なるものはこの世に存在しない。この事実に行き当ったとき、私ははじめて佐渡に来た甲斐のようなものを感じた。柔媚な湖面を光らせている加茂湖を見はるかし、鬱然たる松林に囲まれたこの高台の一隅には、たしかに北の骨の一部が埋められている。だが、そこにあるのは彼の墓ではない。彼の骨は祖父の墓の一隅に寄寓しているにすぎぬのである。私は、彼の骨がおのれの名を刻んだ墓碑をもたぬことがうれしかった。北一輝はついに墓すらも立たなかった男なのだ。

（本書一八頁以下）

北一輝の骨と墓を巡ってその故郷佐渡の風景に向けられた文言が表現しているのは、些事ではない。死者の魂は暗い不潔な地下冥界の黄泉の国に行くのではなく、なつかしく、美しい故郷の風景に包まれた墓《おくつき》のほとりにとどまって、故郷の土や水や風と共に、子孫を見まもると考えたのは、狭いながらも十全な生と死の円環を備えた故郷で生死を全うできた古人の伝統的な生死感情の表現であったのだろう。加茂湖周辺の佐渡の景観は——死者のまなざしを通せばなおさらに——美しい。結局、佐渡を訪れた渡辺京二は、やはりいかにも渡辺京二らしい逆説を用意しながら、北一輝をそうしたナショナルな感情の噴出する生誕と墓の場に解き放ったのである。

ナショナリズムがいかに多くの問題領域の錯綜する場であるとしても、そこを通過することによってしか、ナショナリズムの彼方は思考可能にならない。ナショナリストの汚名を怖れて、経済的グローバリゼーションの近代的合理的アンチ・ナショナリズムに身を委ねるべきなのだろうか。アジア固有の難題を避けるために、「ヨーロッパ共同体」を「直訳的」に「東アジア共同体」に当てはめ、経済合理的な利益追求社会の達成を優先し、アジア的で不合理な徳性、ましてや、北一輝が『支那革命外史』で素描したような「東洋的共和政」の夢なぞはさっさと忘れるに越したことはないのであろうか。

『北一輝』は日本とアジアの近代の逆説性を考え続けた渡辺京二の到達点である。と同時に、その後の渡辺京二が「人類史的考察」(『なぜいま人類史か』)へと向かう転回点でもある。とは言っても、それは視野の拡大は伴っても、大きな焦点移動を生じさせるわけではない。渡辺京二が北一輝を手掛かりにあぶり出した、日本近代政治思想上の「今日なお十分に解かれきってはいない難問」は、それ自体すでに、「人類史」の中枢的な難問を構成しているからである。

本書は一九八五年四月二十日刊行の朝日選書版を底本とした。

津島家の人びと　秋山耿太郎　福島義雄

津軽の大地主の栄華をしのばせる斜陽館。太宰治を生んだ家がたどった明治・大正・昭和の盛衰を、丹念な取材で浮き彫りにする。（長部日出雄）

完本 風狂始末　安東次男

極めて緻密な考証と、研ぎ澄まされた想像力を駆使して、スリリングに読み解く芭蕉連句の世界。著者の主著、ライフワーク。（粟津則雄）

漢詩の魅力　石川忠久

陶淵明、李白、杜甫など大詩人の人間像とその名詩名作の真髄に第一人者が迫った、漢詩鑑賞読本の決定版。代表的な日本漢詩を含む130首を収録。

江藤淳コレクション（全4巻・分売不可）　江藤淳　福田和也編

人生と言葉を鮮やかに捉え、存在の核に肉薄した江藤淳。戦後日本を代表する文芸評論家の全容を提示する愛弟子による文庫オリジナル。

日本文学史序説（上）　加藤周一

日本文学の特徴、その歴史的発展や固有の構造を浮き上がらせて、万葉の時代から源氏・今昔・能・狂言を経て、江戸時代の徂徠や俳諧まで。

日本文学史序説（下）　加藤周一

従来の文壇史やジャンル史などの枠組みを超えて、幅広い視座に立ち、江戸町人の時代から、国学や蘭学を経て、維新・明治、現代の大江まで。

書物の近代　紅野謙介

書物にフェティッシュを求める漱石、リアリズムに徹し書物の個性を無化した藤村。モノ―書物に顕現するもう一つの近代文学史。（川口晴美）

明治の話題　柴田宵曲

博覧強記にしてゆかしい佇まい。明治書生の心と姿をそのままに生きた著者が遠く明治を振り返る。風俗史料としても貴重な一冊。（川本三郎）

江戸の想像力　田中優子

平賀源内と上田秋成という異質な個性を軸に、江戸18世紀の異文化受容の屈折したありようとダイナミックな近世の〈運動〉を描く。（松田修）

益田勝実の仕事2　益田勝実　鈴木日出男／天野紀代子編

原始日本人の想像力とその変容プロセスに迫った力作『火山列島の思想』（一九六八年）と、単行本未収録の物語論考で編む。解題　天野紀代子

益田勝実の仕事3　益田勝実　鈴木日出男／天野紀代子編

記紀の歌謡に〈抒情以前の抒情〉の出現を見出す『記紀歌謡』（一九七二年）を中心に、古代歌謡・万葉集についての論考を収める。解題　鈴木日出男

益田勝実の仕事4　益田勝実　鈴木日出男／天野紀代子編

神話的想像力の主題を、それを担う主体の側から焦点化した傑作『秘儀の島』（一九七六年）と、単行本未収録の神話論考で編む。解題　坂本勝

益田勝実の仕事5　益田勝実　幸田国広編　鈴木日出男／天野紀代子監修

高校教師、教科書編集委員として三十年にわたり携わった戦後国語教育への発言を、古典教育論・「現代国語」論などジャンル別に収録。解題　幸田国広

宮沢賢治　吉本隆明

生涯を決定した法華経の理念は、独特な自然の把握や倫理に変換された無償の資質といかに融合したのか？　作品への深い読みが賢治像を画定する。

不敬文学論序説　渡部直己

近現代小説が描かなかった〈天皇〉。不可視から見えてくる小説なる欲望形態じたいがはらむ政治・社会性。不在の言説は挑発する。（青山真治）

雨月物語　上田秋成　高田衛／稲田篤信校注

上田秋成の独創的な幻想世界「浅茅が宿」「蛇性の婬」など九編を、本文、語釈、現代語訳、評を付しておくる〝日本の古典〟シリーズの一冊。

梁塵秘抄　西郷信綱

遊びをせんとや生れけむ――歌い舞いつつ諸国をめぐる「遊女」が伝えた今様の世界を、みずみずしい切り口で今によみがえらせる名著。（鈴木日出男）

古事記注釈（全8巻）　西郷信綱

片々たる一語の中に古代の宇宙が影を落す。一語一語に正対し、人類学、神話学等の知見も総合して根本から解釈を問い直した古事記研究の金字塔。

江戸・東京を造った人々2　『東京人』編集室編

江戸開府四百年。巨大都市へと成長する江戸・東京の都市文化をリードした立役者と知られざる裏方の物語24話。意表をつくユニークな人物論集。

魔術の帝国(上)　R・J・W・エヴァンズ　中野晴夫訳

ハプスブルク家の畸人皇帝ルドルフ二世。宗教戦争で分裂の危機に立つ帝国を、ルネサンス普遍主義で蘇生させようとする驚異の肖像を活写する。

魔術の帝国(下)　R・J・W・エヴァンズ　中野晴夫訳

ヨーロッパ全土からプラハのルドルフ宮廷に集まった芸術家・錬金術・魔術的思想家達の知的群像と政治的夢想を描く大著・完結編。（平井浩）

性家族の誕生　川村邦光

豊壌な江戸の性は、文明開化を経て、西洋性科学等の影響を受けつつ変質する。近代化の中での日本のセクシュアリティの変貌を追う。（斎藤美奈子）

東京の下層社会　紀田順一郎

性急な近代化の陰で生みだされた都市の下層民。落伍者として捨て去られた彼らの実態に迫り、日本人の人間観の歪みを焙りだす。（長山靖生）

暗黒日記1（全3巻）　清沢洌　橋川文三編

すぐれたリベラリストが戦時下日本を詳細に書き遺した「現代への遺言」とも言うべき記録の完全文庫版。1巻は18年末まで収録。（解題　橋川文三）

暗黒日記2　清沢洌　橋川文三編

戦争というものが何を意味するかを納得することは将来の日本に大切である――戦況悪化する昭和19年、戦後を見据えた言論人の日々刻々の記録。

暗黒日記3　清沢洌　橋川文三編

官僚と軍人の政治が、こうも日本をめちゃにさせてしまった――昭和20年、空襲下に綴った逼迫の記録。硬骨の評論家の絶筆。（北岡伸一）

絵巻で読む中世　五味文彦

絵巻には独自の表現法がある。「鳥獣人物戯画」「伴大納言絵巻」等の代表的な絵巻の読み解きを通して中世の時代像を鮮やかに描き出す。（池田忍）

クワイ河収容所　アーネスト・ゴードン　斎藤和明訳

「戦場に架ける橋」の舞台となったタイ・クワイ河流域の日本軍俘虜収容所での苛酷な経験を綴った、イギリス将校による戦争ノンフィクション。

虜人日記　小松真一

一人の軍属が豊富な絵とともに克明に記したジャングルでの逃亡生活と収容所での捕虜体験。戦争の真実、人間の本性とは何なのか。（山本七平）

中国の赤い星　上・下　エドガー・スノー　松岡洋子訳

若き日の毛沢東に率いられた紅軍と四カ月間生活を共にしたジャーナリストが共感をもって描く、二〇世紀革命中国の草創期の姿。

八月の砲声（上）　バーバラ・W・タックマン　山室まりや訳

一九一四年、ある暗殺が欧州に戦火を呼びこむ。情報の混乱、指導者たちの誤算と過信は予期せぬ世界大戦を惹起した。ピュリッァー賞受賞の名著。

八月の砲声（下）　バーバラ・W・タックマン　山室まりや訳

なぜ世界は戦争の泥沼に沈んだのか。政治と外交と軍事で何がどう決定され、また決定されなかったのかを克明に描く異色の戦争ノンフィクション。

戦争の記憶　イアン・ブルマ　石井信平訳

日本とドイツは第二次世界大戦を国家と国民のレベルでどう総括したのか。冷静な視座から取材と考察を進めた内外で定評ある名著。（保阪正康）

増補　ケインズとハイエク　間宮陽介

真の自由主義とは何か。20世紀を代表する思想家が突き当たった「自由」の探求を通して、二人の思想の本質を明らかにする。新たに補論を増補。

マレー諸島　上・下　A・R・ウォーレス　新妻昭夫訳

「ウォーレス線」に名を残すウォーレスが見た熱帯の島々の人間と自然。一九世紀の紀行文の傑作が詳細な訳注と資料を併載した新訳でよみがえる。

人間の本性について　E・O・ウィルソン　岸由二訳

美を感じ、神を信じるのも遺伝子の仕業だとしたら、我々の心とはいったい何なのか。世界中を震撼させた社会生物学の記念碑的著作。（新妻昭夫）

ちくま学芸文庫

北一輝《きたいっき》

二〇〇七年二月十日　第一刷発行

著者　渡辺京二（わたなべ・きょうじ）

発行者　菊池明郎

発行所　株式会社　筑摩書房
東京都台東区蔵前二―五―三　〒一一一―八七五五
振替〇〇一六〇―八―四一二三

装幀者　安野光雅

印刷所　株式会社精興社

製本所　株式会社鈴木製本所

乱丁・落丁本の場合は、左記宛に御送付下さい。
送料小社負担でお取り替えいたします。
ご注文・お問い合わせも左記へお願いします。
筑摩書房サービスセンター
埼玉県さいたま市北区櫛引町二―六〇四　〒三三一―八五〇七
電話番号　〇四八―六五一―〇〇五三

ISBN978-4-480-09046-1 C0112